河南省社科基金后期资助项目

《明世宗实录》考证

王志跃 著

天津出版传媒集团

天津古籍出版社

图书在版编目（CIP）数据

《明世宗实录》考证 / 王志跃著. —天津：天津古籍出版社，2022.2
ISBN 978-7-5528-1198-8

Ⅰ.①明… Ⅱ.①王… Ⅲ.①明世宗（1507-1566）—实录②《明实录》—研究 Ⅳ.①K248.207

中国版本图书馆CIP数据核字（2022）第020112号

《明世宗实录》考证
MINGSHIZONG SHILU KAOZHENG

王志跃 / 著

出　　版	天津古籍出版社
出 版 人	张　玮
地　　址	天津市和平区西康路35号康岳大厦
邮政编码	300051
邮购电话	（022）23517902
责任编辑	门　辉
装帧设计	鞠佳美
印　　刷	北京虎彩文化传播有限公司
经　　销	全国新华书店发行
开　　本	710毫米×1000毫米　1/16
印　　张	25.25
字　　数	386千字
版次印次	2022年2月第1版　2022年2月第1次印刷
定　　价	126.00元

版权所有　侵权必究
图书如出现印装质量问题，请致电联系调换（022-23517902）

前　言

《明世宗实录》凡566卷,共计260万余字。起正德十六年(1521)四月,讫嘉靖四十五年(1567)十二月。始修于隆庆元年(1567)四月,由徐阶任总裁。神宗即位,改命张居正等续修。万历五年(1577)八月修成。是书记载了嘉靖一朝的诏勅、律令、礼仪、政治、经济、军事、文化、民族交往等各个方面的大事,是后世人们了解和研究此段历史最为系统、最为重要的基本史料。

自1930年始,在胡适的支持下,由傅斯年亲自挂帅,组织了一个有关明实录的校勘团队,持续奋战了30年,最后在著名学者黄彰健的主持下,利用73种版本和部分他考完成了校勘明实录的重要阶段性任务,这其中也包括《明世宗实录》。据《明世宗实录校勘记》引据各书目录,我们知道现行《明世宗实录》是以当时国立北平图书馆藏红格抄本为底本的,其中卷八〇至八三缺失,卷一五六、卷一五七、卷一六三、卷一六四误抄前朝实录,以上各卷并据广本抄补。馆本卷三一、卷二一六与卷二四六文字错乱,旧校取晒蓝本剪贴粘缀。在此基础上,台湾学者参据了广方言馆本、抱经楼本、天一阁本、内阁大库旧藏钞本、内阁大库旧藏散叶等另外8个版本,来对《明世宗实录》进行校勘与整理,先后参与整理者有李晋华、那廉君、杨华燮、曾超球、王恒余、杨庆章六人。所作《明世宗实录校勘记》凡2830页4万余条。然而限于各种因素,《明世宗实录校勘记》仍存在不少问题。概而言之,有以下几个方面。

一是版本尚有残缺。据南炳文先生考察,大陆现存《明世宗实录》如下:国家图书馆存564卷,明钞本;武汉大学图书馆存495卷,明钞本;温州市图书馆存120卷,明钞本;上海图书馆存67卷,明钞本;南京图书馆存38卷,明钞本;湖南省社科院图书馆存31卷,清钞本;曲阜文物管理委员会存12卷,明钞本;北京大学图书馆存6卷,清钞本。以上8个版本《明世宗实录》作《明世宗实录校勘记》时未曾参阅,因此需要进一步补充。

二是论据较为单一。现行《明世宗实录校勘记》在进行考校时通常只有一种其他史籍。然而,在诏令、文集、奏疏、当事人著述、墓志碑铭、年谱、进士登科录、进士题名碑录、明功臣袭封底簿、大明一统志、大明会典、史料笔记、地方志等大量史籍仍然存在的今天,对原考进行充实与完善,使得原有论断建立在更为坚实与丰富的史料基础之上,便显得十分必要。

三是原考仍有遗漏。现行《明世宗实录校勘记》仍有不少漏而未考之处。

四是原考有误判者。限于史料等因素,现行《明世宗实录校勘记》存在一定数量的误判之处,有必要订正之。

鉴于此,本书在《明世宗实录校勘记》的基础上开展了以下工作。

其一,利用国家图书馆现存的564卷《明世宗实录》进行版本校。之所以如此,一是其他版本因为馆方、经费等各种条件所限暂未使用;二是根据考证的众多条目来看,版本通常只能提供异同校,对于人名、数字等大量史实无法取得正确判断。版本的多寡并非决定因素。

其二,对《明世宗实录》逐字逐句逐卷进行审读,并参稽诏令、文集、墓志碑铭、年谱、进士登科录、史料笔记、地方志等365种现存史籍进行重新考证。在进行版本考与他考的过程中,又做了以下工作。

首先,在他考中,着重对《明世宗实录》漏考、误考和考证不周者进行订补,具体言之:其一,对于仅有论断而无论据者,或寻找版本依据,或补充其他证据;其二,对于仅有版本依据者,除了进一步补充版本依据外,再尽可能增加其他证据;其三,对于既有版本依据且有少数他考者,则既补充版本依据,又补充他考;其四,对于应考而遗漏者,有版本依据则补充版本依据,版本与其他依据均有者,则两方面依据均相应增补;其五,对于原考有误者,除进行版本考以外,最主要的是利用诏令、文集、奏疏、当事人著述、墓志碑铭等更为原始的资料以求得其真。

其次，在上述工作的基础上，本书所做新的考证条目共1300余条，从而使《明世宗实录校勘记》较之以前显得更加丰富、充实与完善。

《明世宗实录》是一部明代列朝实录中除《明神宗实录》以外篇幅最大的，也是学者研究与系统了解嘉靖时期政治、经济、军事、民族关系等各方面史料最为重要的官修编年体史籍。因此，对《明世宗实录》存在的错误及不足进行订正，一方面有利于史料更准确、记载更完备的新版本《明世宗实录》的产生，另一方面也有利于学界获得更为可靠的嘉靖时期的史料。

凡 例

（一）原校勘记所用各版本之简称，本书仍沿用。本书所参据之国家图书馆本简称"国图本"。

（二）与原校勘记以"页前""页后"的标法不同，本书以"页上"与"页下"表示前后页。

（三）原校勘记以"原考"表示，新校勘记以"新考"表示。

（四）除个别校证需用繁体字方能说明问题外，本书一律采用简体。

（五）版本后之"同书"通常指馆本（个别卷指广本）。

（六）本书引文中的缺字均以□表示。

（七）《明世宗实录》《进士登科录》《皇明贡举考》《明清进士题名碑录索引》分别简称为《实录》《登科录》《贡举考》《碑录索引》。

（八）《国朝献征录》等书凡墓志铭、行状类名极长者，则简写为某某墓志铭或某某行状。

（九）已经订正的人名或职官名，后文再次出现，则以详参某卷、某页、某条表示，不再重复订正。

（十）对于原考仅有论断而无论据者，或寻找版本依据，或补充其他证据。

（十一）对于原考仅有版本依据者，除进一步补充版本依据外，再尽可能增加其他证据。

（十二）对于原考既有版本依据且有少数他考者，则既补充版本依据，又补充他考。

（十三）对于原考应出校而遗漏者，有版本依据则补充版本依据，版本与其他依据均有者，则两方面均相应增补。

1

(十四)对于原考有误者,除了进行版本校以外,最主要的是利用诏令、文集、奏疏、当事人著述、墓志碑铭等更为原始的资料以求得其真。

(十五)原考引用书目通常无卷数、页码等信息,而本书引用原考所用书目时,则标明其卷数与页码等。

(十六)本书考证虽以订正史实为准则,但因不少人物与地名等相关记载过多,篇幅所限,对史料极多者,仅择登科录、地方志、文集、墓志铭等主要史料来订正,而不以穷尽史料为目的。而对史料较少者,则穷搜博采,以期取得更为客观的论断。

(十七)对于原考所引人名不完整的情况,在考证时则以全名来处理。

(十八)对于某卷未有进一步推进者,则统以"本卷未在原考的基础上有新的发现和明显推动。对原考保持肯定"之语进行处理,以标明该卷的考证进程。

(十九)本书以考证《明世宗实录》错误为主,凡《明世宗实录》不误,而校勘者误判或不做判断并经考证不误者,一概不录。

目　录

卷一考证 …………………………………………………………… 1

卷二考证 …………………………………………………………… 4

卷三考证 …………………………………………………………… 7

卷四考证 …………………………………………………………… 7

卷五考证 …………………………………………………………… 8

卷六考证 …………………………………………………………… 10

卷七考证 …………………………………………………………… 12

卷八考证 …………………………………………………………… 13

卷九考证 …………………………………………………………… 13

卷十考证 …………………………………………………………… 16

卷十一考证 ………………………………………………………… 16

卷十二考证 ………………………………………………………… 17

卷十三考证 ………………………………………………………… 18

卷十四考证 ………………………………………………………… 18

卷十五考证 ………………………………………………………… 19

卷十六考证 ………………………………………………………… 20

卷十七考证 ………………………………………………………… 20

卷十八考证 ………………………………………………………… 21

卷十九考证 ………………………………………………………… 22

卷二十考证 ………………………………………………………… 23

卷二一考证 ………………………………………………………… 24

卷二二考证 ………………………………………………………… 25

卷二三考证	26
卷二四考证	28
卷二五考证	29
卷二六考证	30
卷二七考证	31
卷二八考证	33
卷二九考证	34
卷三〇考证	35
卷三一考证	36
卷三二考证	37
卷三三考证	38
卷三四考证	38
卷三五考证	40
卷三六考证	40
卷三七考证	41
卷三八考证	42
卷三九考证	43
卷四〇考证	44
卷四一考证	45
卷四二考证	46
卷四三考证	47
卷四四考证	48
卷四五考证	49
卷四六考证	50
卷四七考证	51
卷四八考证	52
卷四九考证	52
卷五〇考证	53
卷五一考证	54

卷五二考证	……	55
卷五三考证	……	56
卷五四考证	……	57
卷五五考证	……	57
卷五六考证	……	58
卷五七考证	……	59
卷五八考证	……	59
卷五九考证	……	60
卷六〇考证	……	61
卷六一考证	……	61
卷六二考证	……	62
卷六三考证	……	63
卷六四考证	……	63
卷六五考证	……	64
卷六六考证	……	65
卷六七考证	……	66
卷六八考证	……	66
卷六九考证	……	66
卷七〇考证	……	67
卷七一考证	……	67
卷七二考证	……	68
卷七三考证	……	69
卷七四考证	……	69
卷七五考证	……	70
卷七六考证	……	71
卷七七考证	……	72
卷七八考证	……	73
卷七九考证	……	73
卷八〇考证	……	74

卷八一考证	75
卷八二考证	76
卷八三考证	76
卷八四考证	78
卷八五考证	78
卷八六考证	79
卷八七考证	80
卷八八考证	80
卷八九考证	81
卷九〇考证	82
卷九一考证	83
卷九二考证	84
卷九三考证	84
卷九四考证	85
卷九五考证	85
卷九六考证	86
卷九七考证	87
卷九八考证	87
卷九九考证	88
卷一〇〇考证	89
卷一〇一考证	90
卷一〇二考证	90
卷一〇三考证	90
卷一〇四考证	91
卷一〇五考证	92
卷一〇六考证	92
卷一〇七考证	93
卷一〇八考证	93
卷一〇九考证	94

卷一一〇考证 ·· 94
卷一一一考证 ·· 95
卷一一二考证 ·· 95
卷一一三考证 ·· 96
卷一一四考证 ·· 97
卷一一五考证 ·· 97
卷一一六考证 ·· 98
卷一一七考证 ·· 99
卷一一八考证 ·· 99
卷一一九考证 ·· 100
卷一二〇考证 ·· 101
卷一二一考证 ·· 101
卷一二二考证 ·· 102
卷一二三考证 ·· 102
卷一二四考证 ·· 103
卷一二五考证 ·· 104
卷一二六考证 ·· 104
卷一二七考证 ·· 105
卷一二八考证 ·· 105
卷一二九考证 ·· 106
卷一三〇考证 ·· 107
卷一三一考证 ·· 108
卷一三二考证 ·· 108
卷一三三考证 ·· 109
卷一三四考证 ·· 110
卷一三五考证 ·· 111
卷一三六考证 ·· 111
卷一三七考证 ·· 112
卷一三八考证 ·· 112

卷一三九考证……………………………………………… 113
卷一四〇考证……………………………………………… 113
卷一四一考证……………………………………………… 113
卷一四二考证……………………………………………… 114
卷一四三考证……………………………………………… 114
卷一四四考证……………………………………………… 115
卷一四五考证……………………………………………… 115
卷一四六考证……………………………………………… 116
卷一四七考证……………………………………………… 117
卷一四八考证……………………………………………… 118
卷一四九考证……………………………………………… 118
卷一五〇考证……………………………………………… 119
卷一五一考证……………………………………………… 120
卷一五二考证……………………………………………… 121
卷一五三考证……………………………………………… 122
卷一五四考证……………………………………………… 123
卷一五五考证……………………………………………… 124
卷一五六考证……………………………………………… 124
卷一五七考证……………………………………………… 125
卷一五八考证……………………………………………… 126
卷一五九考证……………………………………………… 127
卷一六〇考证……………………………………………… 128
卷一六一考证……………………………………………… 129
卷一六二考证……………………………………………… 130
卷一六三考证……………………………………………… 130
卷一六四考证……………………………………………… 131
卷一六五考证……………………………………………… 132
卷一六六考证……………………………………………… 133
卷一六七考证……………………………………………… 133

卷一六八考证……………………………………………………134
卷一六九考证……………………………………………………135
卷一七○考证……………………………………………………136
卷一七一考证……………………………………………………137
卷一七二考证……………………………………………………138
卷一七三考证……………………………………………………138
卷一七四考证……………………………………………………140
卷一七五考证……………………………………………………141
卷一七六考证……………………………………………………142
卷一七七考证……………………………………………………142
卷一七八考证……………………………………………………144
卷一七九考证……………………………………………………144
卷一八○考证……………………………………………………145
卷一八一考证……………………………………………………145
卷一八二考证……………………………………………………147
卷一八三考证……………………………………………………148
卷一八四考证……………………………………………………148
卷一八五考证……………………………………………………149
卷一八六考证……………………………………………………149
卷一八七考证……………………………………………………150
卷一八八考证……………………………………………………151
卷一八九考证……………………………………………………152
卷一九○考证……………………………………………………153
卷一九一考证……………………………………………………154
卷一九二考证……………………………………………………155
卷一九三考证……………………………………………………156
卷一九四考证……………………………………………………157
卷一九五考证……………………………………………………158
卷一九六考证……………………………………………………159

卷一九七考证 ·· 160
卷一九八考证 ·· 160
卷一九九考证 ·· 160
卷二〇〇考证 ·· 161
卷二〇一考证 ·· 161
卷二〇二考证 ·· 162
卷二〇三考证 ·· 162
卷二〇四考证 ·· 163
卷二〇五考证 ·· 163
卷二〇六考证 ·· 163
卷二〇七考证 ·· 164
卷二〇八考证 ·· 164
卷二〇九考证 ·· 165
卷二一〇考证 ·· 166
卷二一一考证 ·· 167
卷二一二考证 ·· 168
卷二一三考证 ·· 169
卷二一四考证 ·· 170
卷二一五考证 ·· 171
卷二一六考证 ·· 172
卷二一七考证 ·· 173
卷二一八考证 ·· 174
卷二一九考证 ·· 174
卷二二〇考证 ·· 175
卷二二一考证 ·· 175
卷二二二考证 ·· 176
卷二二三考证 ·· 177
卷二二四考证 ·· 177
卷二二五考证 ·· 179

卷二二六考证 …………………………………………… 179
卷二二七考证 …………………………………………… 180
卷二二八考证 …………………………………………… 181
卷二二九考证 …………………………………………… 181
卷二三〇考证 …………………………………………… 182
卷二三一考证 …………………………………………… 182
卷二三二考证 …………………………………………… 183
卷二三三考证 …………………………………………… 184
卷二三四考证 …………………………………………… 184
卷二三五考证 …………………………………………… 184
卷二三六考证 …………………………………………… 185
卷二三七考证 …………………………………………… 185
卷二三八考证 …………………………………………… 185
卷二三九考证 …………………………………………… 186
卷二四〇考证 …………………………………………… 187
卷二四一考证 …………………………………………… 187
卷二四二考证 …………………………………………… 187
卷二四三考证 …………………………………………… 188
卷二四四考证 …………………………………………… 188
卷二四五考证 …………………………………………… 189
卷二四六考证 …………………………………………… 190
卷二四七考证 …………………………………………… 191
卷二四八考证 …………………………………………… 192
卷二四九考证 …………………………………………… 193
卷二五〇考证 …………………………………………… 194
卷二五一考证 …………………………………………… 195
卷二五二考证 …………………………………………… 196
卷二五三考证 …………………………………………… 197
卷二五四考证 …………………………………………… 198

卷二五五考证	199
卷二五六考证	200
卷二五七考证	200
卷二五八考证	201
卷二五九考证	201
卷二六〇考证	202
卷二六一考证	202
卷二六二考证	203
卷二六三考证	203
卷二六四考证	203
卷二六五考证	203
卷二六六考证	204
卷二六七考证	204
卷二六八考证	206
卷二六九考证	206
卷二七〇考证	206
卷二七一考证	207
卷二七二考证	208
卷二七三考证	208
卷二七四考证	209
卷二七五考证	210
卷二七六考证	210
卷二七七考证	210
卷二七八考证	211
卷二七九考证	211
卷二八〇考证	212
卷二八一考证	212
卷二八二考证	214
卷二八三考证	215

卷二八四考证 …… 215
卷二八五考证 …… 215
卷二八六考证 …… 216
卷二八七考证 …… 216
卷二八八考证 …… 216
卷二八九考证 …… 216
卷二九〇考证 …… 217
卷二九一考证 …… 218
卷二九二考证 …… 218
卷二九三考证 …… 218
卷二九四考证 …… 219
卷二九五考证 …… 220
卷二九六考证 …… 221
卷二九七考证 …… 221
卷二九八考证 …… 222
卷二九九考证 …… 222
卷三〇〇考证 …… 223
卷三〇一考证 …… 223
卷三〇二考证 …… 224
卷三〇三考证 …… 224
卷三〇四考证 …… 225
卷三〇五考证 …… 225
卷三〇六考证 …… 225
卷三〇七考证 …… 227
卷三〇八考证 …… 227
卷三〇九考证 …… 228
卷三一〇考证 …… 228
卷三一一考证 …… 228
卷三一二考证 …… 228

卷三一三考证	229
卷三一四考证	229
卷三一五考证	229
卷三一六考证	231
卷三一七考证	231
卷三一八考证	232
卷三一九考证	232
卷三二〇考证	233
卷三二一考证	234
卷三二二考证	234
卷三二三考证	235
卷三二四考证	235
卷三二五考证	236
卷三二六考证	237
卷三二七考证	237
卷三二八考证	237
卷三二九考证	238
卷三三〇考证	238
卷三三一考证	239
卷三三二考证	240
卷三三三考证	241
卷三三四考证	241
卷三三五考证	242
卷三三六考证	242
卷三三七考证	242
卷三三八考证	243
卷三三九考证	243
卷三四〇考证	243
卷三四一考证	243

卷三四二考证 …… 244
卷三四三考证 …… 244
卷三四四考证 …… 244
卷三四五考证 …… 245
卷三四六考证 …… 245
卷三四七考证 …… 246
卷三四八考证 …… 246
卷三四九考证 …… 247
卷三五〇考证 …… 247
卷三五一考证 …… 247
卷三五二考证 …… 248
卷三五三考证 …… 248
卷三五四考证 …… 249
卷三五五考证 …… 249
卷三五六考证 …… 249
卷三五七考证 …… 250
卷三五八考证 …… 251
卷三五九考证 …… 251
卷三六〇考证 …… 251
卷三六一考证 …… 252
卷三六二考证 …… 252
卷三六三考证 …… 252
卷三六四考证 …… 253
卷三六五考证 …… 254
卷三六六考证 …… 255
卷三六七考证 …… 255
卷三六八考证 …… 257
卷三六九考证 …… 258
卷三七〇考证 …… 258

卷三七一考证	259
卷三七二考证	260
卷三七三考证	261
卷三七四考证	261
卷三七五考证	263
卷三七六考证	263
卷三七七考证	263
卷三七八考证	264
卷三七九考证	265
卷三八〇考证	266
卷三八一考证	266
卷三八二考证	267
卷三八三考证	267
卷三八四考证	268
卷三八五考证	268
卷三八六考证	269
卷三八七考证	269
卷三八八考证	270
卷三八九考证	270
卷三九〇考证	270
卷三九一考证	271
卷三九二考证	272
卷三九三考证	272
卷三九四考证	273
卷三九五考证	273
卷三九六考证	274
卷三九七考证	274
卷三九八考证	275
卷三九九考证	275

卷四〇〇考证 …… 276
卷四〇一考证 …… 276
卷四〇二考证 …… 277
卷四〇三考证 …… 278
卷四〇四考证 …… 278
卷四〇五考证 …… 279
卷四〇六考证 …… 280
卷四〇七考证 …… 280
卷四〇八考证 …… 281
卷四〇九考证 …… 281
卷四一〇考证 …… 281
卷四一一考证 …… 281
卷四一二考证 …… 282
卷四一三考证 …… 282
卷四一四考证 …… 283
卷四一五考证 …… 283
卷四一六考证 …… 283
卷四一七考证 …… 283
卷四一八考证 …… 284
卷四一九考证 …… 284
卷四二〇考证 …… 285
卷四二一考证 …… 285
卷四二二考证 …… 286
卷四二三考证 …… 286
卷四二四考证 …… 287
卷四二五考证 …… 288
卷四二六考证 …… 288
卷四二七考证 …… 289
卷四二八考证 …… 289

卷四二九考证	290
卷四三〇考证	290
卷四三一考证	291
卷四三二考证	291
卷四三三考证	292
卷四三四考证	292
卷四三五考证	293
卷四三六考证	293
卷四三七考证	294
卷四三八考证	294
卷四三九考证	294
卷四四〇考证	295
卷四四一考证	295
卷四四二考证	295
卷四四三考证	296
卷四四四考证	296
卷四四五考证	297
卷四四六考证	298
卷四四七考证	298
卷四四八考证	299
卷四四九考证	299
卷四五〇考证	299
卷四五一考证	300
卷四五二考证	301
卷四五三考证	301
卷四五四考证	302
卷四五五考证	302
卷四五六考证	303
卷四五七考证	303

卷四五八考证	305
卷四五九考证	305
卷四六〇考证	305
卷四六一考证	306
卷四六二考证	307
卷四六三考证	308
卷四六四考证	308
卷四六五考证	308
卷四六六考证	309
卷四六七考证	309
卷四六八考证	310
卷四六九考证	311
卷四七〇考证	311
卷四七一考证	311
卷四七二考证	312
卷四七三考证	312
卷四七四考证	312
卷四七五考证	313
卷四七六考证	313
卷四七七考证	313
卷四七八考证	314
卷四七九考证	314
卷四八一考证	315
卷四八二考证	315
卷四八三考证	316
卷四八四考证	317
卷四八五考证	318
卷四八六考证	318
卷四八七考证	319

卷四八八考证	319
卷四八九考证	320
卷四九〇考证	320
卷四九一考证	321
卷四九二考证	321
卷四九三考证	322
卷四九四考证	322
卷四九五考证	322
卷四九六考证	322
卷四九七考证	323
卷四九八考证	323
卷四九九考证	323
卷五〇〇考证	324
卷五〇一考证	324
卷五〇二考证	324
卷五〇三考证	325
卷五〇四考证	325
卷五〇五考证	325
卷五〇六考证	326
卷五〇七考证	326
卷五〇八考证	327
卷五〇九考证	327
卷五一〇考证	328
卷五一一考证	328
卷五一二考证	328
卷五一三考证	328
卷五一四考证	329
卷五一五考证	330
卷五一六考证	330

卷五一七考证	330
卷五一八考证	330
卷五一九考证	331
卷五二〇考证	331
卷五二一考证	332
卷五二二考证	332
卷五二三考证	333
卷五二四考证	333
卷五二五考证	333
卷五二六考证	333
卷五二七考证	334
卷五二八考证	334
卷五二九考证	335
卷五三〇考证	335
卷五三一考证	336
卷五三二考证	336
卷五三三考证	337
卷五三四考证	337
卷五三五考证	337
卷五三六考证	338
卷五三七考证	338
卷五三八考证	339
卷五三九考证	340
卷五四〇考证	341
卷五四一考证	341
卷五四二考证	341
卷五四三考证	342
卷五四四考证	342
卷五四五考证	343

卷五四六考证……………………………………	344
卷五四七考证……………………………………	345
卷五四八考证……………………………………	345
卷五四九考证……………………………………	346
卷五五〇考证……………………………………	346
卷五五一考证……………………………………	347
卷五五二考证……………………………………	348
卷五五三考证……………………………………	348
卷五五四考证……………………………………	348
卷五五五考证……………………………………	349
卷五五六考证……………………………………	350
卷五五七考证……………………………………	352
卷五五八考证……………………………………	352
卷五五九考证……………………………………	353
卷五六〇考证……………………………………	353
卷五六一考证……………………………………	354
卷五六二考证……………………………………	354
卷五六三考证……………………………………	355
卷五六四考证……………………………………	356
卷五六五考证……………………………………	357
卷五六六考证……………………………………	358
征引古籍………………………………………	360
参考及引用今人著作……………………………	373

卷一考证

页六下行三　　遣赠谕祭

〔新考〕"遣",国图本、《皇明诏令》卷一九《即位诏》第四二三页下、《名臣经济录》卷一四《嘉靖登极诏草》第二五五页下、《皇明诏制》卷七第二三九页上皆作"追",当是。

页六下行五　　朝廷大体

〔新考〕"体",国图本、《皇明诏令》卷一九《即位诏》第四二三页下、《名臣经济录》卷一四《嘉靖登极诏草》第二五六页上、《皇明诏制》卷七第二三九页上皆作"礼",当是。

页一四上行九　　殴阳

〔新考〕国图本、《皇明诏令》卷一九《即位诏》第四三〇页下、《名臣经济录》卷一四《嘉靖登极诏草》第二六三页上、《皇明诏制》卷七第二四七页下皆作"殴伤"。馆本"阳"宜作"伤"。

页一五下行四　　督学字书

〔新考〕国图本、《皇明诏令》卷一九《即位诏》第四三一页下作"习学书字",《名臣经济录》卷一四《嘉靖登极诏草》第二六四页下、《皇明诏制》卷七第二四八页下均作"习学字书"。馆本"督"宜作"习"。

页一五下行五　　选拨不不公

〔新考〕国图本、《皇明诏令》卷一九《即位诏》第四三一页下、《名臣经济录》卷一四《嘉靖登极诏草》第二六四页下、《皇明诏制》卷七第二四八页下皆作"选拨不公"。馆本衍一"不"字。

页二二上行一〇　　宸濠就擒已两月矣

〔原考〕阁本作"时去宸濠就擒之日已将两月"。

〔新考〕国图本作"宸濠就擒之日已将两月"。又据《明武宗实录》卷一七八正德十四年九月乙巳条第三页上,知"逆濠已于七月二十六日就擒",且同卷同页载张忠等于正德十四年九月丁未遭遇王守仁。按,该月壬辰朔。丁未为十六日,距离七月二十六日确不足两月。而《王阳明年谱》第六二三页载张忠等至江西于"九月十二日",亦不足两月。馆本作"已两月矣",误。

页二三下行一二　　舆轮

〔新考〕国图本、《鳌峰类稿》卷一《勅礼部议尊谥》第一五页上、《皇明诏令》卷一九《议武皇尊谥勅》第四三五页上所载原诏均作"舆论"。馆本"轮"当作"论"。

页二四上行六　　王燥

〔新考〕国图本作"王璟"。《明武宗实录》卷一五〇正德十二年六月壬戌条第三页上载:"升都察院右都御史王璟为左都御史。"《国朝列卿纪》卷七二《都察院左右都御史年表》第三七六页下亦作"王璟",其注文曰:"山东沂州人,进士。正德十年右。十二年左。掌院事,加太子太保。十六年致仕。"此外,嘉靖《山东通志》卷一七《科目》第一三九页下成化壬辰科载有"王璟",且载其为"沂州人。仕至都御史"。复稽《登科录》第一二三二页、《贡举考》卷四第三〇八页下、《国朝献征录》卷五四《都察院左都御史王公璟传》第四六页下、《碑录索引》第二四六七页,皆作"王璟",且据《登科录》知,王璟"兄璋、瓒",王璟兄弟之名皆从玉。馆本"燥"为"璟"之误。

页二五上行五　　吴严亦言

〔原考〕阁本"严"作"岩"。"言"下有"魏彬不宜仍令供职,其弟英不宜止削伯爵,及言"十九字。

〔新考〕国图本所载与阁本同。《明武宗实录》卷七八正德六年八月甲午条第六页下至第七页上载:"升授行人司行人雷雯……吴岩……为给事中。"《掖垣人鉴》卷一二第二五八页下亦作"吴岩",其注文曰:"字瞻之……直隶吴江县人,正德三年进士。六年八月,由行人选工科给事中。"查《登科录》第四一页下、《贡举考》卷六第三八一页上、《国朝献征录》卷九八《四川布政司右参政吴君岩碑铭》第五二六页上、《碑录索引》第二四九六页皆作"吴岩",且据《登科录》知,吴岩"兄山、峤、昆",吴岩兄弟名皆从山。馆本"严"宜作"岩"。关于"言"下十九字,《弇山堂别集》卷九七《中官考八》第一八四九页亦载。《国朝典汇》卷三三《中官考下》第七一页下虽有漏载,但大体所载与阁本同,馆本当误。

页二七下行一二　　御史杨秉忠

〔原考〕阁本"御"上有"云南道监察"五字。

〔新考〕国图本作"云南道监察御史杨秉中"。《明武宗实录》卷一二八正德十年八月戊辰条第二页上载:"授推官向信……行人熊兰、石金、杨秉中……为试监察御史……秉中、慕,云南道。"据《武功县志》卷三《选举志第七》第四一页上知,杨秉中为"正德六年进士、行人司行人、监察御史"。复稽《登科录》第六一页上、嘉靖《陕西通志》卷二七《科贡》第一四九二页、《贡举考》卷六第三八八页下、《碑录索引》第二四九九页,亦均作"杨秉中",且据《登科录》知,杨秉中"弟允中",杨秉中兄弟名之末字均为"中"。馆本作"杨秉忠"误。此外,《国朝典汇》卷三四《吏部》第一〇二页下载《实录》事,亦作"杨秉中",可为辅证。

卷二考证

页二上行四　　杨王

〔原考〕抱本、阁本"王"作"玉"。

〔新考〕国图本作"杨玉"。细观周宣奏言，杨玉当属依附刘瑾之徒，据《弇山堂别集》卷二七《史乘考误八》第四九一页载"十六年，荫顺天府丞周玺子襄为国子生。玺故以都给事中论劾逆瑾及党恶锦衣卫指挥杨玉"、《明史》卷一八八《周玺传》第四九八四页载"至是，命玺与监丞张淮、侍郎张缙、都御史张鸾、锦衣都指挥杨玉勘近县皇庄。玉，瑾党"，知杨玉确为刘瑾同党，而据《弇山堂别集》卷九五《中官考六》第一八〇八页载"传旨，收吏部尚书张彩、掌锦衣卫事都指挥使杨玉、掌镇抚司事指挥使石文义，送都察院狱"，知杨玉曾与张彩同罪入狱。馆本此处当作"杨玉"。《国朝典汇》卷四二《论劾》第二一四页上载《实录》文，亦作"杨玉"，可为旁证。

页四上行七　　张仕镐

〔新考〕国图本作"张仕镐"。《明武宗实录》卷一七三正德十四年四月戊寅条第三页下作"张士镐"。光绪《重修安徽通志》卷一八四《人物志》第三九六页下载："张士镐字景周，歙县人，正德辛未进士，授大理寺评事。武宗南巡，抗疏谏，廷杖，谪南刑部照磨。"查《登科录》第三七页下、《贡举考》卷六第三八七页下、《碑录索引》第二四九九页，皆作"张士镐"。馆本"仕"为"士"之误。

页九下行六　　常峪城

〔新考〕国图本作"常峪城"。《国朝献征录》卷二九《户部尚书李瓒传》第四五九页上载瓒为副都御史时，曾"经略边关，建镇边、长峪二城"。《谭襄敏奏议》卷一〇《举劾大小将领以饬边备疏》第八一八页上、八二〇页下,《图书编》卷四三《九边要害》第九○六页下,卷四五《直隶三关》第三三页上,《宣府总叙》第三六页上,《春明梦余录》卷四十三《兵部二》第七四六页下亦作"长峪城"。馆本"常"当作"长"。

页一二上行九　　许庭光

〔原考〕抱本"庭"作"廷"。

〔新考〕国图本作"许庭光"。据《万姓统谱》卷七六第一三三页上,知许庭光字本栋,汤阴人,弘治己未科进士。查《登科录》第一○页下、嘉靖《河南通志》卷一七《科目》第二六二页下、《贡举考》卷五第三六一页下、《碑录索引》第二四八八页均作"许庭光",且据《登科录》知许庭光"弟庭槐、庭桂",许庭光兄弟以"庭"字排行。馆本是。

页一二下行一二　　刘斐

〔新考〕国图本作"刘斐"。嘉靖《江西通志》卷二《右参政》第六○页下亦作"刘斐",且注曰:"广东潮州府海阳人。由进士历户部郎中。正德十一年十二月任。十四年六月,因宸濠汲叛,坐罪谪戍。"嘉靖《广东通志初稿》卷一九《科贡》第三四九页下弘治十二年己未科载有"刘斐",其官职为"参政",当即此处之人。查《登科录》第二九页下、嘉靖《潮州府志》卷六《选举志》第二五三页上、《贡举考》卷五第三六二页下,皆作"刘斐"。馆本"棐"当作"斐"。

页一六上行八　　正德四年以擒逆藩寘鐇功封咸宁伯

〔新考〕"四年",国图本所载与馆本同。然《明武宗实录》卷六七正德五年九月丙辰条第二页下载"封总兵仇钺为咸宁伯"。《弇山堂别集》卷三八《永乐以后功臣公侯伯年表》第六九四页载:"咸宁伯仇钺,正德五年为游击将军、都指挥佥事,以平安化王寘鐇功封。"《明史》卷一六《武宗纪》第二○三页亦载:"(正德五年)九月丙辰,论平寘鐇功,封仇钺咸宁伯。"馆本系于"正德四年",误。

页二〇下行二　　礼部右侍郎

〔新考〕国图本作"礼部右侍郎"。然《钤山堂集》卷一四贾咏神道碑第二八九页下载"（贾咏）服除。会上登极，擢为礼部左侍郎"。《董学士泌园集》卷二二《少保贾公神道碑》第三七七页上载"（贾咏）服满，迁礼部左侍郎"，《国朝献征录》卷一五贾咏行状第五三七页下载"夏五月，迁礼部左侍郎，明年嘉靖改元"，《礼部志稿》卷五六《侍郎贾咏》第一〇一五页下载"世庙登极，擢礼部左侍郎"，皆证贾咏是时升为礼部左侍郎。馆本作"礼部右侍郎"，误。

页二一上行六　　敢武营

〔新考〕国图本作"敢武营"。然同书卷一〇嘉靖元年正月甲子条第七页下、《明武宗实录》卷一八七正德十五年六月丁巳条第一页上、《何文简疏议》卷三《军务疏》第七四页上、《弇山堂别集》卷九〇《中官考一》第一七三一页等均只载有"敢勇营"，而无"敢武营"。同页"五军营"之校勘记载此段文字下文有"奋武营"。疑馆本"敢"当作"奋"。

页二六下行九　　右佥都御史

〔新考〕国图本缺载。《明武宗实录》卷一六三正德十三年六月乙未条第一二页上载："升顺天府府丞张润为都察院左佥都御史，整饬蓟州边备，兼巡抚顺天府等处地方。"《国朝列卿纪》卷七九《都察院左右佥都御史年表》第四七一页上、《国朝献征录》卷二七《资政大夫南京吏部尚书赠太子少保谥恭肃张公润墓志铭》第四〇〇页下、卷二九《户部尚书张润传》第四七四页下、雍正《山西通志》卷一一一《山西通志平阳府人物》第七八〇页上亦载张润此时为"左佥都御史"。馆本作"右佥都御史"，误。

卷三考证

页八下行六　　亦先引云

〔新考〕"云",国图本、《林次厓先生文集》卷一《新政八要疏》第四三四页下均作"去",是。

页一六上行六　　载钦

〔原考〕阁本"载"作"戴"。

〔新考〕国图本缺载。同书卷四正德十六年七月庚申条第一二页上载:"巡按陕西御史曹珪以星变劾奏延绥总兵戴钦、宁夏副总兵路瑛……贪残不法事。"《明武宗实录》卷一五八正德十三年正月庚申条第一〇页上载:"太监张钦传旨调镇守蓟州总兵官、都督金事戴钦于延绥。"康熙《延绥镇志》卷三之四《名宦志》第三七五页下、雍正《陕西通志》卷二二《职官三延绥总兵》第二二一页上均载延绥总兵名为"戴钦"。馆本"载"当作"戴"。"载""戴",形近讹。

卷四考证

页七上行七　　浙江右布政使方良永

〔新考〕国图本所载与馆本同。然同书卷一一嘉靖元年二月庚辰条第一页载:"起致仕浙江左布政使方良永升都察院右副都御史,抚治郧阳。"《明武宗实录》卷一一四正德九年七月辛巳条第六页下至第七页上载:"升山东布政司右布政使方良永为浙江左布政使。"卷一三二正德十年十二月癸丑条第一页上载:"浙江布政司左布政使方良永乞致仕,许之。"《方简肃文集》卷一第八三页至第八五页有方良永多次乞致仕奏疏,均自称为"浙江左布政使"。另据《明史》卷二〇一《方良永传》第五三一一页,知其为福建莆田人,检乾隆《福建通志》卷四四《方良永传》第五一

7

〇页下,也载其为"浙江左布政"。馆本"右"当作"左"。

页二六下行二　　鲁论

〔原考〕抱本、阁本"论"作"纶"。

〔新考〕国图本作"鲁纶"。同书卷二三嘉靖二年二月癸酉条第一页上、卷二九嘉靖二年七月甲午条第六页下均载南京给事中名"鲁纶"。《明武宗实录》卷一九二正德十五年十月壬寅条第一页载:"以行人孟奇、夏言、顾济、知县徐景嵩……进士胡泂、陈江、鲁纶为给事中……奇、景嵩,户科……纶,南京兵科。"《明世宗实录》卷三二嘉靖二年十月乙丑条第七页上载:"升……南京兵部(科)给事中鲁纶为江西按察司佥事。"此外,嘉靖《辽东志》卷六《进士》第六一一页上正德十二年丁丑科载有"鲁纶",其注文曰:"辽阳人。仕至江西按察司佥事。"查《登科录》第六八页下、嘉靖《江西通志》卷二《佥事》第八〇页下、《贡举考》卷六第四〇三页上、《碑录索引》第二五〇五页,皆作"鲁纶"。馆本"论"当作"纶"。

卷五考证

页三上行五　　彭瑛

〔新考〕国图本作"彭瑛"。《明武宗实录》卷一五一正德十二年七月甲申条第三页上载"命绥德卫纳级指挥同知彭横守备环庆地方",即《实录》之人,然作"彭横"。《殊域周咨录》卷一九《鞑靼》第一五五页上载延绥游击将军为"彭横"。据《明世宗实录》卷三四嘉靖二年十二月己亥条第一页上载"升分守掠(凉)州副总兵、署都指挥佥事彭横署都督佥事,充总兵官,镇守延绥地方",查《关中奏议》卷一三《一为敌众声息事》第四〇〇页下,卷一四《一为套中走回人口供报敌情事》第四〇六页下,康熙《延绥镇志》卷三《镇守延绥都督府》第三四三页上,雍正《陕西通志》卷二二《延绥总兵》第二二一页上,皆载延绥总兵为"彭横"。馆本"彭瑛"当作"彭横"。

页三下行九　　誉枾

〔新考〕国图本作"誉枾",《明孝宗实录》卷一九六弘治十六年二月己亥条第二页下、《弇山堂别集》卷三五《郡王岷府》第六二六页载同。然《明史》卷一〇二《诸王世表三》第二七四二页、《钦定续文献通考》卷二〇五《帝系考》第八一〇页上、卷二〇八《封建考》第九二二页上均作"誉柳"。按,柳为树名,明代宗室常以树木命名,如橚、桢、梗、桂等,疑馆本"枾"为"柳"之误。

页四上行三　　会宁侯孙杲

〔新考〕国图本作"会宁侯孙杲"。然同书卷二正德十六年五月癸酉条第二三页下、卷一一嘉靖元年二月己丑条第五页下、卷三一嘉靖二年九月乙未条第一〇页下、卷四五嘉靖三年十一月戊寅条第七页上、卷四九嘉靖四年三月甲子条第二页上,《东江家藏集》卷三二《代会昌侯谢恩表》第七四六页上,《弇山堂别集》卷七四《谥法五》第一四二二页,《明臣谥考》卷下第四五四页上,《明谥纪汇编》卷一八《臣谥下》第五八七页上,皆载孙杲为"会昌侯"。《明功臣袭封底簿》卷一《会昌侯》第一八二页载:"正德十五年三月二十四,(孙铭)病故,孙铭妻杜氏奏要将庶长男孙杲袭爵。正德十六年二月十七日,本部题:奉圣旨,是孙杲准袭侯爵。钦此!"《皇明功臣封爵考》卷七《会昌侯孙忠》第六〇八页上亦载孙杲为"会昌侯"。综上,馆本"会宁侯"当为"会昌侯"。

页四下行四　　许讚

〔原考〕抱本、阁本"讚"作"瓒",馆本"许"字模糊。

〔新考〕国图本作"许讚"。同书卷四六嘉靖三年十二月戊申条第六页上载:"升四川按察使许瓒为浙江右布政。"据《国朝献徵录》卷一六许讚神道碑第五八二页下至第五八三页,知许讚曾担任浙江按察使副使、浙江左右布政使、四川参政等职。此外,《国朝列卿纪》卷一四四《光禄寺卿行实》第二八四页下载:"许讃字廷美,河南灵宝县人,弘治丙辰进士。嘉靖六年由浙江左布政使升任。"查《登科录》第一九五七页、《明一统志》卷三八《浙江布政司》第九六四页上、嘉靖《河南通志》卷一七《科目》第二六二页下、《贡举考》卷五第三五七页下、《碑录索引》第二四八七页,皆作"许讃"。且据《登科录》知,许讃"兄诏、诰,弟记、词、志、论、诗"。许讃兄弟之名皆从"言"。馆本是。

页一四下行一二　　张仕隆

〔新考〕国图本作"张仕隆"。然《明武宗实录》卷八二正德六年十二月己丑条第六页下载:"授……推官张士隆、张鹏……为试监察御史……士隆 浙江道。"《本朝分省人物考》卷八九《张士隆》第四六二页至第四六三页上载:"张士隆字仲修,安阳人,弘治乙卯举于乡……乙丑举进士,授广信府推官,晋监察御史……嘉靖初,复御史……乃得汉中守备副使,其地居终南、太白间。"查《登科录》第二五五二页、嘉靖《陕西通志》卷一九《副使》第九三八页、嘉靖《河南通志》卷一七《科目》第二六三页上、《贡举考》卷六第三七六页下、《碑录索引》第二四九五页,皆作"张士隆"。据《登科录》,张士隆"弟士陞、士升",知张士隆兄弟以"士"字排行。馆本"仕"当作"士"。

卷六考证

页一上行一二　　右参政

〔原考〕抱本、阁本"政"作"议"。

〔新考〕国图本作"右参议"。同书卷三四嘉靖二年十二月乙卯条第七页上亦载孙懋为"广东布政使司右参议"。嘉靖《广东通志初稿》卷七《右参议》第一四七页上、万历《广东通志》卷一〇《右参议》第二五四页下、《国朝献征录》卷七五孙懋墓志铭第一五一页上、《明史》卷二〇三《孙懋传》第五三七三页皆载孙懋为广东"参议"。馆本"政"当作"议"。

页三上行八　　太子少保

〔新考〕国图本作"太子太保"。《明臣谥考》卷下第四五三页上、《明谥纪汇编》卷一六《臣谥下》第五七三页上所载与馆本同。《明一统志》卷六二《荆州府》第三〇四页上、万历《湖广总志》卷四〇《明兴以来大臣表》第二七八页下、《弇山堂别集》卷一七《四长史》第三二〇页、卷七四《谥法五》第一四一八页、《国朝献征录》卷一五袁宗皋神道碑第五三二页下、《国榷》卷五二第三二四〇页等皆载袁宗皋赠官为"太子太保"。雍正《湖广通志》卷四九《乡贤志》第七六页下载袁宗皋赠官亦为"太子太保",且注明其史源为《分省人物考》。馆本"太子少保"误。

页五上行七　　缕金床

〔新考〕"缕",国图本、《明史稿》卷二七八《裴绍宗传》第一九页下、《明史》卷一九二《裴绍宗传》第五〇九七页均作"镂"。《明太祖实录》卷一四甲辰三月庚午条第六页下载"江西行省以陈友谅镂金床进。上观之,谓侍臣曰:'此所载与孟昶七宝溺器何异。以一床工巧若此,其余可知。陈氏父子穷奢极靡,焉得不亡?'即命毁之",当即裴氏所言。《明神宗实录》卷三〇万历二年十月戊午条第五页下亦载此事,曰:"有以陈友谅所用镂金床进者,即投于火。"故馆本"缕"当作"镂"。

页六上行四　　王佩

〔新考〕国图本作"王佩"。然同书卷二正德十六年五月乙卯条第七页上"习字出身"之校勘记曰:"复除丁忧服阕南京湖广道监察御史王珮于山东道。"《明武宗实录》卷五〇正德四年五月壬寅条第六页上载:"授……进士朱志荣……王佩……为试监察御史……珮,南京湖广道。"《南京都察院志》卷六《湖广道》第一五七页下作"王珮",其注文曰:"字朝鸣,四川南充人。由进士。升副使。"查《登科录》第六一页上、《贡举考》卷六第三八二页上、《碑录索引》第二四九七页,皆作"王珮"。馆本"佩"当作"珮"。

卷七考证

页四上行三　　王时忠

〔原考〕抱本、阁本"忠"作"中"。

〔新考〕国图本作"王时中"。同书卷三六嘉靖三年二月庚子条第一页下载:"复除都察院右副都御史王时中原职。"《张文定公靡悔轩集》卷五《明故资政大夫刑部尚书海山王公墓志铭》第二一页至第二二页载:"公王氏,讳时中……辛巳(正德十六年),召为右副都御史,入佐院事。因以觐省,请特命给驿归。"《国朝列卿纪》卷七六第四五二页下载王时中于"正德十六年,召升右副都御史",且据《国朝列卿纪》同页,知王时中字道夫,山东黄县人,弘治庚戌进士。检《登科录》第四七页上、嘉靖《山东通志》卷一七《科目》第一四四页上、《贡举考》卷五第三四五页上、《碑录索引》第二四八二页,皆作"王时中"。馆本"忠"为"中"误。

页四下行一　　微臣时旧交也

〔原考〕抱本、阁本"微臣"作"臣微"。

〔新考〕国图本、《国朝典汇》卷四二《论劾》第二一三页上所载均与抱本、阁本同。又,《明史稿》卷二六九《吴廷举传》第五六五页上载"致仕少师梁储,臣微时故交",与抱、阁二本表述虽有差异,但仍可证"微臣"为"臣微"之倒。

页五上行二　　其一其一则止臣随侍先帝南巡

〔新考〕国图本、《国朝典汇》卷四二《论劾》第二一三页下均作"其一则指臣随侍先帝南巡"。《湘皋集》卷六《请因吴廷举之愧亟赐罢黜奏》第六九页下原奏作:"近因兵部右侍郎吴廷举自劾,谓有愧古人者数端。其一,则指臣随侍先帝南狩之事。"故馆本衍"其一"二字,"止"应作"指"。

卷八考证

页五上行七　　马思骢

〔新考〕国图本作"思聪"。《明武宗实录》卷一八一正德十四年十二月乙亥条第五页上载："宸濠之举逆也……户部主事马思聪、参议黄宏不食死。"《明一统志》卷七七《兴化府》第六三五页上亦作"马思聪",其注文曰："莆田人,弘治乙丑进士。官户部主事,督粮江西,与宸濠生辰之燕。翼旦入谢,度必有变……濠怒其不从,果遇害。"查《登科录》第二四八七页、《王文成全书》卷一二《处置从逆官员疏》第三三四页上、《今献备遗》卷三七许逵第七〇〇页下、《贡举考》卷六第三七五页上、《碑录索引》第二四九四页,皆作"马思聪"。馆本"骢"当作"聪"。

页六上行七　　孙英

〔新考〕国图本作"孙英"。然同书卷二二七嘉靖十八年闰七月乙卯条第七页上,《明武宗实录》卷一六三正德十三年六月甲戌条第二页上、卷一九四正德十五年十二月己丑条第一页下均载"怀宁侯孙瑛"。《明功臣袭封底簿》卷三《怀宁侯》第四七六页、《皇明功臣封爵考》卷五《怀宁侯》第五三八页上、《国榷》卷五七第三五八六页皆载怀宁侯为"孙瑛"。馆本"英"当作"瑛"。

卷九考证

页一六下行九　　颜熙寿

〔新考〕国图本作"颜颐寿"。同书卷八正德十六年十一月癸丑条第二页下载"刑部右侍郎颜颐寿"。《国朝列卿纪》卷三四《南京户部尚书行实》第五六三页下载："颜颐寿字天和,湖广岳州府巴陵县人,弘治庚戌进士……(正德)十六年升刑部右侍郎。本年转左。"查《登科录》第六四页下、《贡举考》卷五第三四六页上、《国朝献征录》卷四五颜颐寿墓志铭第三五一页上、《碑录索引》第二四八二页,皆作"颜颐寿",国图本是。

页一七上行八　　未鸣

〔原考〕抱本、阁本"未"作"朱",是也。

〔新考〕国图本作"朱鸣阳"。《明武宗实录》卷一四七正德十二年三月己丑条第二页上载"六科给事中朱鸣阳"、卷一五八正德十三年正月丁卯条第一三页上载"六科都给事中朱鸣阳"。据《掖垣人鉴》卷一二第二五七页上,知朱鸣阳"福建莆田县人。正德六年进士,本年八月除户科给事中。十年升兵科右。十一年升吏科左。十二年升礼科都,以忧归。十六年,复除"。检《登科录》第九页上、《贡举考》卷六第三八六页上、崇祯《闽书》卷一〇八《进士》第六九八页上、《碑录索引》第二四九八页均作"朱鸣阳"。且遍查史籍,此期无名为"未鸣"或"朱鸣"的给事中。馆本"未鸣"当作"朱鸣阳"。

页一七下行三　　葛桧

〔原考〕阁本"桧"作"檜"。

〔新考〕国图本作"葛檜"。同书卷一三嘉靖元年四月甲午条第五页上载:"升通政使司右通政张瓒为左通政,左参议陈霱为右通政,右参议陈经为左参议,推选监察御史葛檜为右参议。"《明武宗实录》卷一六九正德十三年十二月庚午条第二页载:"实授试监察御史谢珊等十一人为监察御史,珊,浙江道……葛檜,山东道。"《国朝列卿纪》卷一一九《巡抚辽东行实》第五五页下载:"孙檜(即葛檜)……锦衣卫籍,直隶庐州府合肥县人,正德甲戌进士授曲沃县知县。十三年,擢山东道监察御史。嘉靖元年,升通政司右参议。"查嘉靖《辽东志》卷五《官师志》第五七九页下、嘉靖《嘉兴府图记》卷一七选举第五一一页下、《贡举考》卷六第三九五页上、雍正《畿辅通志》卷六二《进士》第四六四页上、《碑录索引》第二五〇二页,皆作"葛檜"。馆本"桧"为"檜"之误。

页一七下行六　　徐灏

〔新考〕国图本作"徐灏"。《雒闽源流录》卷一八第六三七页上载："徐灏字子淳,浙江钱塘人,正德辛巳进士。授南京刑部主事,练达刑名,数剖疑狱。"然《登科录》第三〇三四页、嘉靖《仁和县志》卷八《进士》第一二一页上、隆庆《临江府志》卷五《知府》第六页下、《贡举考》卷六第四〇七页下、《国朝献征录》卷八七《徐临江颢墓志铭》第六七一页下、《碑录索引》第二五〇七页皆作"徐颢"。且据《登科录》知,徐颢"弟颐、颁、颉"。馆本"灏"当作"颢"。

页一八上行一〇　　孙镗

〔新考〕国图本作"孙镗"。然《明功臣袭封底簿》卷三第四七五页、《皇明功臣封爵考》卷五第五三八页上均载怀宁侯孙镗于"(成化)七年正月内病故"。此处"孙镗"当误。据《明功臣袭封底簿》卷三第四七六页、《皇明功臣封爵考》卷五第五三八页上,知此期怀宁侯为"孙瑛"。馆本"孙镗"当作"孙瑛"。

页一八上行一二　　顾泌

〔新考〕国图本、同页下文均作"顾佖"。《国朝列卿纪》卷九四《大理寺左右少卿行实》第五六三页下载："顾佖……四川仪卫司人,正德甲戌进士。授江西丰城县知县。十六年,以告逆濠变升南大理寺右寺丞。"查《明一统志》卷四九《名宦》第一八页上、嘉靖《江西通志》卷五《知县》第一八二页下、嘉靖《丰乘》卷二《知县》第五九页、《贡举考》卷六第三九七页下、《碑录索引》第二五〇三页,皆作"顾佖"。馆本"泌"当作"佖"。

卷十考证

页七下行二　　祐樗

〔新考〕国图本作"祐樗"。然同书卷二二一嘉靖十八年二月丁卯条第二〇页下、卷二四八嘉靖二十年四月己卯条第一七页上、卷三七二嘉靖二十年四月辛未条第五页上均作"汝工祐梈"。《明孝宗实录》卷五四弘治四年八月己未条第五页载"上御奉天殿传制……持节册封……第十弟祐梈为汝王"。《吾学编》卷一六《汝王》第二六九页下、《弇山堂别集》卷七〇《谥法一》第一三一九页、《弇山堂别集》卷六六《巡幸考》第三三页下、《国朝献征录》卷二《汝王》第九一页下、《明谥纪汇编》卷一〇第五〇七页下皆载汝王名"祐梈"。馆本"樗"当作"梈"。

页一七下行九　　魏璋

〔新考〕国图本作"魏璟"。《国朝列卿纪》卷一五六《鸿胪寺卿行实》第三四九页上载："魏璟……直隶合肥人，羽林卫籍，正德戊辰进士。六年，任鸿胪寺左少卿。十五年九月，考满，升本卿。初，通事缺人，见在通事假访保名，横行求索，视利轻重为出入。嘉靖元年，璟疏其弊。"《登科录》第七一页上、《贡举考》卷六第三八二页下、万历《顺天府志》卷五《人物志》第二〇三页上、《碑录索引》第二四九七页皆作"魏璟"。馆本"璋"当作"璟"。

卷十一考证

页五下行一　　张伟

〔新考〕国图本作"张伟"。然同书卷二七嘉靖二年五月癸酉条第一页下、卷二八四嘉靖二十三年三月甲辰条第一页下、《明功臣袭封底簿》卷一《隆平侯》第一八九页、《皇明功臣封爵考》卷二《隆平侯张信传》第三九八页下、《弇山堂别集》卷三八《永乐以后功臣公侯伯年表》第六七六页均载隆平侯名"张玮"。馆本"伟"当作"玮"。

页八上行一〇　　诚演

〔新考〕国图本所载与馆本同。然同书卷三四六嘉靖二十八年三月癸巳条第一一页下，《明宪宗实录》卷四一成化三年四月己未条第九页上、卷一八二成化十四年九月甲子条第二页下，《明孝宗实录》卷一〇二弘治八年七月辛巳条第一页上、卷一九七弘治十六年三月壬午条第五页下，《明武宗实录》卷二二正德二年闰正月己未条第七页上，《南宫奏议》卷一八《交城王长孙表袝比例请封事情》第四〇四页下，《弇山堂别集》卷七四《谥法五》第一四三〇页，《礼部志稿》卷七五《庶子不再传袭》第二八七页上，《明谥纪汇编》卷一二《尊谥九》第五四五页下皆作"诚潢"。馆本"演"当作"潢"。"演""潢"，形近讹。

卷十二考证

页四下行八　　余赞

〔原考〕三本"赞"作"瓒"。

〔新考〕国图本作"余瓒"。同书卷五正德十六年八月庚子条第八页下载"升左给事中熊浃、余瓒为都给事中"，即此处之人。《掖垣人鉴》卷一二第二六〇页下亦作"余瓒"，其注文曰："字君锡……福建莆田县人。正德九(六)年进士。本年六月除兵科给事中……十六年，升工科都。"查《登科录》第六二页下、《贡举考》卷六第三八八页下、《碑录索引》第二四九九页，皆作"余瓒"。此外，《弇山堂别集》卷九七《中官考八》第一八五五页、《国朝典汇》卷一九五《柴炭》第八六九页上载《实录》事，亦均作"余瓒"。馆本"赞"当作"瓒"。

页一〇上行一　　张宗

〔原考〕三本"宗"作"琮"。

〔新考〕国图本作"张琮"。同书卷四正德十六年七月己巳条第一八页上载"复除四川左布政使张琮于广西"、卷一一嘉靖元年二月甲辰条第一〇页上载"升广西左布政使张琮为都察院右副都御史,巡抚湖广"。《明武宗实录》卷一三九正德十一年七月丁亥条第二页载:"升贵州按察使张琮为四川右布政使。"据《国朝列卿纪》卷一一一《湖广巡抚侍郎都御史年表》第七三三页下知张琮为弘治庚进士。查《登科录》第二三页上、嘉靖《广西通志》卷六《秩官表四》之《左布政使》第八二页下、嘉靖《四川总志》卷一《布政使》第二八页下、嘉靖《贵州通志》卷五《职官》之《按察使》第七二〇页、《贡举考》卷五第三四四页上、《碑录索引》第二四八一页,皆作"张琮"。且据《登科录》知,张琮"兄瓛"等名皆从玉。馆本"宗"当作"琮"。

卷十三考证

页二上行一 末良臣

〔新考〕国图本,同书卷八六嘉靖七年三月癸巳条第八页下、卷一七八嘉靖十四年八月戊戌条第一页下、卷一八〇嘉靖十四年十月己丑条第一页上,《明功臣袭封底簿》卷三《西宁侯》第四二五页,《皇明功臣封爵考》卷四《西宁侯》第四四六页上皆载西宁侯为"宋良臣"。馆本"末"当作"宋"。"末""宋",形近误。

卷十四考证

页二上行七 吕化伯

〔新考〕国图本,同书卷二一嘉靖元年十二月辛巳条第三页上、卷二六嘉靖二年闰四月壬寅条第一页上,《明功臣袭封底簿》卷二第三五七页,《皇明功臣封爵考》卷七第六一一页上,《弇山堂别集》卷三九《恩泽公侯伯表》第七〇四页,《国朝献征录》卷三严嵩所撰邵喜神道碑第一一八页下皆载邵喜为"昌化伯"。馆本"吕"当作"昌"。

页三上行五　　陶阶

〔新考〕国图本作"陶谐"。《明孝宗实录》卷一八八弘治十五年六月辛卯条第一页上、卷一九三弘治十五年十一月癸酉条第二页上,《明武宗实录》卷一四正德元年六月庚午条第八页下、卷二一正德二年正月辛丑条第六页上皆载工科给事中名"陶谐"。据《掖垣人鉴》卷一一第二四四页上,知工科给事中陶谐为浙江会稽县人,弘治九年进士。检《登科录》第二〇一页、嘉靖《浙江通志》卷五一《选举志》第三八五页、万历《会稽县志》卷一〇《选举》第四〇七页、《贡举考》卷五第三五八页下、《钤山堂集》卷三七《明故通议大夫兵部左侍郎陶公神道碑》第三一九页下、《国朝献征录》卷四〇陶谐墓志铭第一六七页上、《碑录索引》第二四八七页,皆作"陶谐"。且据《登科录》知,陶谐兄弟之名皆从言。馆本"阶"当作"谐"。

页八下行六　　经扶

〔原考〕三本"扶"作"扶",是也。

〔新考〕国图本、同书卷五二嘉靖四年六月辛亥条第八页上、《明武宗实录》卷一六三正德十三年六月甲戌条第二页下、《吾学编》卷一六《靖江王》第二七一页下、《国朝献征录》卷二《靖江王传》第九八页上、《礼部志稿》卷七七《宗室仪从》第三五一页下、《明谥纪汇编》卷一二第五三五页下皆载靖江王名"经扶"。《明孝宗实录》卷一七〇弘治十四年正月壬子条第二页上载:"靖江王(约麒)嫡长子曰经扶,辅国将军约尘嫡长子曰经挽。"知经扶兄弟名之末字均从手。馆本"扶"当作"扶"。

卷十五考证

页三上行四　　不过十年

〔原考〕阁本"十"作"八"。

19

〔新考〕国图本缺载。《明政统宗》卷二一第五九二页上、《两朝宪章录》卷一第五五九页下均作"十"。据《章文懿公年谱》第一五七页、第一六三页、第二〇二页,知章懋弘治十四年(一五〇一)八月升南京国子祭酒,弘治十六年(一五〇三)八月始赴任,正德三年(一五〇八)二月疏乞致仕得允,首尾七年。复据《章文懿公年谱》第二〇五页、第二〇六页,知章懋正德五年(一五一〇)十一月被起为南京太常寺卿,次年七月奏辞得允,此次任职不足一年。其后,章懋未再任官。因此,章懋在致仕后,经他人举荐而重新任职确不足八年。馆本"十"当为"八"之误。

卷十六考证

本卷未在原考的基础上有新的发现和明显推动。对原考保持肯定。

卷十七考证

页二上行二　　侍读

〔新考〕国图本作"侍读"。然同书卷四正德十六年七月壬申条第二二页上、卷五二嘉靖四年六月丙午条第五页上均载穆孔晖为"侍讲"。《明武宗实录》卷一八六正德十五年五月丁酉条第二页上载:"改国子监司业穆孔晖为翰林院侍讲。"《国朝献征录》卷七〇王道所撰穆孔晖墓志铭第七九〇页下载:"服阕,改翰林侍讲……嘉靖纪元壬午,主顺天乡试。"《翰林记》卷一七《正官题名》之侍讲一目第一〇四六页下也载有"穆孔晖"。馆本"读"当作"讲"。

页二上行四　　河南右参政

〔新考〕国图本作"河南右参政"。然同书卷一正德十六年四月丙午条第二一页下载:"升苏州府知府徐赞为河南布政使司左参政,仍理府事。从吏部覆巡抚苏、松右侍郎李充嗣之请也。"《张文定公靡悔轩集》卷六徐讃墓志铭第三六页上亦载:"今天子践祚,擢(徐讃)河南布政司左参政,仍掌府事。"《吴中水利全书》卷一四《李充嗣奏报开浚各项工完疏》第四三四页上载:"以工部署郎中林文沛、颜如环督同掌苏州府事、河南左参政徐讃亲诣白茆港、吴淞江等处相度会议。"综上,馆本"河南右参政"之"右"当作"左"。

页四上行七　　孙鐩

〔新考〕国图本作"孙燧"。《皇明疏钞》卷六七《悯忠贞以励风俗疏》第七六九页至第七七〇页上、《皇明嘉隆疏抄》卷一四第五九一页至第五九二页、《皇明两朝疏抄》卷一四《悯忠贞以励风俗疏》第四八一页下至第四八二页上赵兑原奏皆作"孙燧"。《国朝列卿纪》卷一〇三《巡抚江西行实》第六五九页至第六六二页上载:"孙燧字德成……弘治壬子以易魁乡荐,癸丑登进士……十月,推升都察院右副都御史,巡抚江西地方……(宸)濠大怒,喝令武夫缚曳燧,逩出诸惠民门外,许与燧同骂不绝口,膝终不屈而卒。"检《登科录》第七七页下、万历《绍兴府志》卷三三《选举志四》第一六〇页下、《贡举考》卷五第三五二页下、《碑录索引》第二四八五页,皆作"孙燧"。且据《登科录》知,孙燧"兄炤、煌"等名皆从火。馆本"鐩"当作"燧"。

卷十八考证

页一下行一　　梁宸

〔新考〕国图本作"梁宸"。然嘉靖《江西通志》卷二《左布政使》第五四页上作"梁辰",其注文曰:"字应枢,广东广州府南海人。由进士。正德十二年任。十四年六月,宸濠反叛,以胁从获罪。"嘉靖《广东通志初稿》卷一九《六年癸丑毛澄榜》第三四九页下亦作"梁辰",其注文曰:"布政。"查《登科录》第二五页上、《贡举考》卷五第三五〇页上、《碑录索引》第二四八四页,皆作"梁辰"。馆本"宸"当作"辰"。

页五下行六　　按察使

〔新考〕国图本作"按察司"。万历《开封府志》卷七《官师》第四九九页下载贺锐"正德八年任。升江西按察司副使"。《明武宗实录》卷一七六正德十四年七月壬辰条第一页下、《明世宗实录》卷二正德十六年五月戊午条第一三页上、嘉靖《江西通志》卷二《命使》第七二页上、《王文成全书》卷一二《处置从逆官员疏》第二二二页下皆载贺锐为按察司"副使"。馆本当脱一"副"字。

卷十九考证

页一下行四　　颜如瓌

〔原考〕广本"瓌"作"环",东本作"怀"。

〔新考〕国图本作"颜如环"。同书卷三三嘉靖二年十一月戊子条第四页下、卷七二嘉靖六年正月戊戌条第五页上、《三吴水考》卷七《水官考》第二三八页上、《吴中水利全书》卷一四《李充嗣奏报开濬各项工完疏》第四三四页上皆作"颜如环"。雍正《江西通志》卷五三《选举》第七五二页上亦作"颜如环",其注文曰:"安福人。工部郎中。"此外,嘉靖《江西通志》卷二七《弘治十一年戊午乡试》第三七八页上亦作"颜如环"。馆本"瓌"当作"环"。

页四上行二　　林文绩

〔原考〕影印本"绩"字模糊。

〔新考〕国图本作"林文绩",字迹清晰,可参补。然《明武宗实录》卷一七五正德十四年六月辛巳条第一一页下至第一二页上载:"升刑部郎中林文缵为湖广布政司右参议。"万历《湖广通志》卷一九《国朝秩官表》之《右参议》第六三七页下亦作"林文缵",其注文曰:"侯官进士。"检《登科录》第二四五六页、万历《福州府志》卷一七《选举》第一六九页上、《贡举考》卷六第三七四页上、《碑录索引》第二四九三页,皆作"林文缵"。馆本"绩"当作"缵"。

页四下行十一　　表扶

〔原考〕阁本"扶"作"秩"。

〔新考〕国图本所载与馆本同。然同书卷一五六嘉靖十二年十一月戊午条第四页下、卷四一五嘉靖三十三年十月丙子条第二页下、《嘉靖事例》之《王府菜户》第一四九页上、《弇山堂别集》卷七五《谥法六》第一四四〇页、《名山藏》卷三六《分藩记一》第二四〇页上、《国朝典汇》卷一二四《郡王谥》第二七页下、《国榷》卷五五第三四九三页、《石匮书》卷一八《晋》第二五一页上皆载靖安王名"表秩"。馆本"扶"当作"秩"。"扶""秩",形近误。

卷二十考证

页六上行四　　刘显麒

〔新考〕国图本作"刘显麒"。然同书卷二正德十六年五月癸丑条第四页上、《明武宗实录》卷一四二正德十一年十月丙辰条第三页上、卷一七三正德十四年四月戊寅条第三页下均载行人"邓显麒"。《明一统志》卷四九《南昌府》第二九页上亦作"邓显麒",其注文曰:"奉新人。由进士授行人。谏武庙南巡,忤旨廷杖,谪国子监学正。"查嘉靖《江西通志》卷六《科目》第二三六页上、万历《新修南昌府志》卷一七《科第》第三四一页下、《贡举考》卷六第三九六页下、《碑录索引》第二五〇三页,皆作"邓显麒"。馆本"刘"当作"邓"。

页十一下行一一　　董凤梧

〔新考〕国图本作"董凤梧"。然同书卷八正德十六年十一月丁丑条第一七页上载:"升山东左布政使陈凤梧为都察院右副都御史,巡抚山

23

东。"《国朝列卿纪》卷一二一《巡抚山东行实》第八二页下载:"陈凤梧字文鸣,江西吉安府泰和县人,弘治丙辰进士……正德十六年以右副都御史任。"查《登科录》第一八七三页、嘉靖《江西通志》卷二七《科目》第三七七页下、《贡举考》卷五第三五五页下、《碑录索引》第二四八六页,皆作"陈凤梧"。馆本"董"当作"陈"。

页一二上行一二　　虞琼

〔新考〕国图本作"卢琼"。同书卷一四嘉靖元年五月癸酉条第九页上、卷二一嘉靖元年十二月丙戌条第五页均载御史"卢琼"。《国朝典汇》卷一六五《寇盗》第四五三页上载《实录》事,亦作"卢琼"。据《本朝分省人物考》卷五九《卢琼》第六三七页下,知卢琼为江西浮梁县人,正德六年进士,曾任顺天御史。查《登科录》第七五页下、嘉靖《江西通志》卷九《科目》第三八七页下、嘉靖《山东通志》卷一〇《巡盐监察御史一人》第四一页上、《贡举考》卷六第三八九页下、《碑录索引》第二五〇〇页,皆作"卢琼"。馆本"虞"当作"卢"。

卷二一考证

页一上行九　　赵镄

〔新考〕国图本作"赵镄"。然同书卷二正德十六年五月丙寅条第二〇页下载"升工部右侍郎赵璜为本部左侍郎"。据张廷玉《明史》卷一九四《赵璜传》第五一四五页至第五一四六页,知赵璜为江西安福人,弘治三年进士。正德时,为工部右侍郎。世宗即位,擢工部左侍郎。嘉靖元年,进尚书。检《登科录》第二七页下、《贡举考》卷五第三四四页上、万历《吉安府志》卷六《选举表三》第八八页下、《碑录索引》第二四八一页,皆作"赵璜"。且据《登科录》,知赵璜"兄瑄"等名皆从玉。馆本"镄"当作"璜"。

页五下行八　　刘勖

〔新考〕国图本作"刘勖"。又,《掖垣人鉴》卷一二第二六六叶下亦作"刘冣",其注文曰:江西崇仁县人,正德十二年进士。十六年八月,由湖广慈利知县选礼科给事中。"查《登科录》第五二页下、嘉靖《江西通志》卷二〇《科目》第九十二页上、《贡举科》卷六第四〇二页上、万历《慈利县志》卷一〇第一页上,皆作"刘冣",且据《登科录》,知刘冣"兄寯",故刘冣兄弟名之上边部首均为"冖",故馆本"刘勖"当做"刘冣"。

页七上行九　　赵锁

〔新考〕国图本作"赵锁",误。当作"赵璜"。详参同卷页一上行九"赵锁"条之辨析。《皇明肃皇外史》卷二第二一页下、《国朝典汇》卷四二《论劾》第二一五页上载《实录》事,亦均作"赵璜",是。

卷二二考证

页三上行六　　秦玮

〔原考〕广本、阁本"玮"作"伟"。

〔新考〕国图本缺载。《明武宗实录》卷一七六正德十四年七月癸丑条第一〇页下载"山西按察司副使秦伟"。雍正《山西通志》卷七八《职官》第六八八页上载:"秦伟,进士。正德时任副使,为左参政。陕西三原人。"查《登科录》第二四三三页、《贡举考》卷六第三七三页下、雍正《陕西通志》卷三〇《进士》第六三二页下、《碑录索引》第二四九三页,皆作"秦伟"。且据《登科录》,知秦伟"兄仁,弟佩、侣、侍、僎、修"。秦伟兄弟之名皆从人。馆本"玮"当作"伟"。

页四上行九　　胡礼

〔原考〕广本、阁本"礼"作"澧",下同。

〔新考〕国图本作"胡澧"。《明武宗实录》卷一四一正德十一年九月庚子条第五页上载:"升叙州府知府胡澧为四川按察司副使,整饬松潘等处兵备。"《涌幢小品》卷一三《投书》第九四页下载:"胡澧,字伯钟,三水县人,弘治癸丑进士。强力有干,为松番副使。"检《登科录》第二五页上、嘉靖《四川总志》卷一《副使》第三四页下、《贡举考》卷五第三五〇页上、万历《四川总志》卷三《副使》第二三七页上、《碑录索引》第二四八四页,皆作"胡澧",且据《登科录》知,胡澧"兄清"等名皆从水。馆本"礼"当作"澧"。

卷二三考证

页二下行三　　朱约

〔原考〕阁本"约"作"豹"。〔新考〕国图本作"朱豹"。又有朱豹《朱福州集》卷四《题为召用大臣修饬边备以裨圣政事》第一六三页至第一六五页载荐推杨一清、伍文定原奏。《千顷堂书目》卷二二《正德丁丑科第》五五七页上载"朱豹《朱福州集》八卷",其注文曰:"字子文,上海人。"据《本朝分省人物考》卷二六《朱豹》第五二八页上,知朱豹字子文,上海人,正德丁丑进士。查《登科录》第四二页上、《贡举考》卷六第四三〇页下、崇祯《松江府志》卷三四《进士》第八六七页上、《碑录索引》第二五〇五页,皆作"朱豹"。且据《登科录》知,朱豹"兄鲤"等均为动物名称。馆本"约"当作"豹"。

页三上行七　　参议刘成

〔新考〕国图本所载与馆本同。然同书卷一九嘉靖元年十月辛卯条第四页下载"升四川按察司佥事刘成德为湖广布政使司右参议"。雍正《山西通志》卷六八《科目》第三八二页下亦载刘成德"蒲州人,湖广参议"。嘉靖《四川总志》卷一《佥事》第三七页上亦作"刘成德",其注文曰:"字润之,蒲州人,进士。正德十三年任。"查《登科录》第三六页下、

《翰林记》卷一八《庶吉士题名》第一〇六五页下、《贡举考》卷六第三八七页下、《碑录索引》第二四九九页,皆作"刘成德"。馆本"刘成"当作"刘成德"。

页三下行九　　王诞

〔原考〕阁本"诞"作"綖"。

〔新考〕国图本作"王綖"。同书卷七正德十六年十月丙申条第四页上"仍赐驰驿"之校勘记云:阁本"驿"下有"调湖广按察司副使王綖于河南,大理寺寺正林遂为湖广按察司佥事"二十八字。检万历《湖广总志》卷一九《副使》第六四三页上,亦作"王綖",且载其为开州人,进士。《万姓统谱》卷四五第六九六页上亦载王綖"开州人,登弘治乙丑进士……后迁湖广副使"。查《登科录》第二四二八页、《明一统志》卷四《大名府》第一三五页上、《贡举考》卷六第三七三页下、《碑录索引》第二四九三页,皆作"王綖"。且据《登科录》知,王綖"兄约"。王綖兄弟之名皆从"纟"。馆本"诞"当作"綖"。

页一三上行四　　马禄

〔新考〕国图本作"马录"。《明武宗实录》卷一一三正德九年六月丙辰条第四页下载:"授知县程启充、马录……卢楫、沈灼俱试监察御史……录、楫、守随四川道。"《国朝献征录》卷六五《御史马录传》第五七九页下载:"马录……信阳人也。正德三年进士。授固安知县……再逾年,征拜监察御史……出按江南。时上改元,嘉靖之初也。"检《登科录》第八七页下、嘉靖《河南通志》卷一七《科目》第二六三页下、《贡举考》卷六第三八三页上、《碑录索引》第二四九七页、雍正《河南通志》卷四五《进士》第五七八页下,皆作"马录",且据《登科录》,知马录"弟锦、鍊"。马录兄弟之名皆从金。馆本"禄"当作"录"。

卷二四考证

页二下行一　　芦焕

〔新考〕国图本作"卢焕"。据同书卷二正德十六年五月丁丑条第二六页上载"改进士廖道南……卢焕……等二十四人为翰林院庶吉士",卷二〇嘉靖元年十一月丙寅条第一三页上载"除翰林院庶吉士……卢焕、陈讲为监察御史",知卢焕曾为进士、庶吉士及御史。检《登科录》第三〇五三页、《翰林记》卷一八《庶吉士题名》第一〇六六页上、嘉靖《河南通志》卷一七《科目》第二六四页下、《贡举考》卷六第四〇八页上、雍正《河南通志》卷四五《进士》第五八〇页上、《碑录索引》第二五〇七页,皆作"卢焕"。馆本"芦"当作"卢"。

页四上行六　　戴继光

〔原考〕广本、阁本"光"作"先"。

〔新考〕国图本作"戴继先"。同书卷三六嘉靖三年二月甲子条第九页下、卷六六嘉靖五年七月戊子条第四页上、卷一〇六嘉靖八年十月戊子条第一〇页下皆载"御史戴继先"。同书卷一〇六嘉靖八年十月戊子条第一〇页下载："升南京福建道御史戴继先为山东左参议。"查嘉靖《山东通志》卷一〇《左参议》第四四页下,亦作"戴继先",且载其为浙江海盐人,进士。检《登科录》第五四页下、嘉靖《嘉兴府图记》卷一七《选举》第五一一页下、《贡举考》卷六第四〇二页上、天启《海盐县图经》卷一五《盐士寓外举科目者例得附后》第六三三页上、《碑录索引》第二五〇五页,皆作"戴继先"。馆本"光"当作"先"。"光""先",形近误。

页十一上行三　　边宪

〔原考〕广本、阁本"宪"作"惠"。

〔新考〕国图本作"边惠"。《明武宗实录》卷一〇五正德八年十月庚子条第三页上载:"授翰林院庶吉士许成名……为编修……张衍庆、边惠为检讨。"《殿阁词林记》卷二一《吉士》第三九五页上载"三甲金皋、吴惠、郭维藩、王元正、陈寰、张衍庆、边惠授检讨",是知"边惠"为进士、庶吉士与翰林院检讨。检《登科录》第七九页下、《翰林记》卷一八《庶吉士题名》第一〇六五页下、《贡举考》卷六第三八九页下、《碑录索引》第二五〇〇页,皆作"边惠"。馆本"宪"当作"惠"。"宪""惠",形近误。

卷二五考证

页二上行一一　　张介

〔原考〕广本、阁本"介"作"玠"。

〔新考〕国图本作"张玠"。同书卷四正德十六年七月甲戌条第二三页下载:"升光禄卿张玠为都察院右副都御史,总理南京粮储。"《明武宗实录》卷一七六正德十四年七月辛酉条第一八页上载:"升太仆寺少卿张玠为光禄寺卿。"检《国朝列卿纪》卷九九《总督南京粮储侍郎都御史年表》第五八七页上,亦作"张玠",且载其为顺天宛平人,弘治丙辰进士,正德十六年以右副都御史任。查《登科录》第一八七八页、万历《顺天府志》卷五《进士》第一九七页上、《贡举考》卷五第三五五页下、《碑录索引》第二四八六页,皆作"张玠"。馆本"介"当作"玠"。

页三下行一　　右参政

〔原考〕广本、阁本"右"作"左"。

〔新考〕国图本作"左参政"。同书卷二正德十六年五月庚辰条第二八页上载以"台州府知府顾璘为浙江左参政"。万历《应天府志》卷二六《人物传一》第六三四页下载顾璘为"浙江布政司左参政",万历《杭州府志》卷六二《浙江左布政使》第三八二三页载顾璘为"布政司左参政",雍正《浙江通志》卷一一八《承宣布政司左参政》第一七一页上载有"顾璘"。馆本"右"当作"左"。

页五上行九　　宋宽

〔原考〕广本、阁本"宽"作"冕"。

〔新考〕国图本作"宋冕"。同书卷五三嘉靖四年七月己未条第一页上载:"升河南布政使司右布政使宋冕为陕西左布政使。"《明武宗实录》卷一七七正德十四年八月庚辰条第八页下载:"升河南布政司左参议宋冕为福建左参政。"据雍正《河南通志》卷三一《右布政使》第一四七页下,知宋冕为浙江余姚人,进士。复稽《登科录》第三一页上、嘉靖《浙江通志》卷五一《选举志》第三七九页、《贡举考》卷五第三六八页下、万历《绍兴府志》卷三三《进士》第一六一页上、《碑录索引》第二四九一页,皆作"宋冕"。馆本"宽"当作"冕"。"宽""冕",形近误。

页一〇上行一〇　　吴琪

〔原考〕三本"琪"作"祺"。

〔新考〕国图本作"吴祺"。同书卷四六嘉靖三年十二月癸卯条第四页上载:"升太仆寺卿吴祺为都察院右副都御史,巡抚云南。"《明武宗实录》卷一七三正德十四年四月己巳条第一页下载"升大理寺右少卿吴祺为左少卿"。此外,《国朝列卿纪》卷九四《大理寺左右少卿行实》第五六二页下载:"吴祺字贵德,江西丰城人,弘治壬戌进士,任御史。正德八年升大理寺右寺丞,十年转左。十二年升右少卿,十四年转左。"查《登科录》第五三页下、《贡举考》卷五第三六九页下、万历《新修南昌府志》卷一七《科第》第三三九页下、《碑录索引》第二四九二页,皆作"吴祺"。馆本"琪"当作"祺"。

卷二六考证

页二下行一　　名虽不同一

〔新考〕国图本、《国朝典汇》卷一六《祈祷祠醮》第五六〇页下均作

"名虽不同同一"。《杨文忠三录》卷二《请慎选左右速停斋醮疏》第七九一页上、《名臣经济录》卷三〇《题停斋醮疏》第六六八页上、《皇明疏钞》卷一一《速停斋醮以光圣德疏》第四九三页上杨廷和原奏皆作"名虽不同,其实同一虚诞",均证馆本"同"后脱一"同"字。

页七上行一二　　怒其烦卖

〔新考〕"卖",国图本、《嘉靖大政类编》第七〇八页下、《弇山堂别集》卷九八《中官考九》第一八六五页、《国朝典汇》卷三三《中官考》第七七页上、《西园闻见录》卷八四《执法》第四二页下皆作"渎",是。

页七下行五　　臣爱国恩

〔新考〕"爱",国图本、《弇山堂别集》卷九八中官考九第一八六五页、《国朝典汇》卷三三《中官考》第七七页上、《西园闻见录》卷八四《执法》第四二页下皆作"受",是。

页八上行九　　右寺卿

〔原考〕广本作"右评事",阁本作"右少卿"。

〔新考〕国图本作"右少卿"。同书卷四二嘉靖三年八月庚戌条第七页上载:"升大理寺右少卿徐文华为左少卿。"《国朝列卿纪》卷九四《大理寺左右少卿年表》第五五三页下载徐文华"嘉靖二年,任按察使,擢右少卿。三年,转左",是知此时徐文华当为"右少卿"。明制大理寺卿无左右之分。馆本作"右寺卿",误。而大理少卿则有左右之分。据前文知,徐文华此时当为"右少卿"。

卷二七考证

页一上行五　　隆殷

〔原考〕广本、东本作"殷隆"。

〔新考〕国图本、《殊域周咨录》卷一九《鞑靼》第一五七页下、《皇明疏钞》卷五一《严武备以壮国威疏》第四五九页上、《皇明两朝疏抄》卷一七《严武备以壮国威疏》第五九二页上、《国榷》卷五二第三二八一页、《明史》卷一七《世宗纪一》第二一八页皆载《实录》事,虽详略有异,但皆载指挥名"殷隆"。馆本"隆殷"当为"殷隆"之倒。

页一下行五　　用费

〔原考〕阁本、东本作"费用"。

〔新考〕国图本、《皇明嘉隆疏抄》卷一五第六一七页上、《皇明两朝疏抄》卷一五《重国计以保盛治疏》第五〇四页下黎贯原奏均作"费用"。馆本"用费"当为"费用"之倒。

页三上行四　　何塘

〔新考〕国图本作"何瑭"。同书卷五正德十六年八月癸巳条第五页下载:"升原任东昌府同知何瑭为山西按察司副使,提调学政。"《国朝列卿纪》卷七四《南京都察院左右都御史行实》第四三四页下载:"何瑭字粹夫,其先扬州如皋人,国初隶河南怀庆卫籍……辛酉举解元,壬戌举进士。入为翰林院庶吉士,甲子授编修……世宗嗣位,起瑭为山西提学副使。以父忧不赴。癸未,改浙江提学副使。"稽《登科录》之《弘治十五年壬戌科第》二〇页上、嘉靖《开州志》卷五《同知》第二一页下、嘉靖《浙江通志》卷三五《官师志第五之十五》第七四〇页、《翰林记》卷一七《史官题名》第一〇五二页下、嘉靖《河南通志》卷一七《科目》第二六三页上、《礼部志稿》卷四二《左右侍郎》第七六五页上、《碑录索引》第二四九一页,皆作"何瑭"。且据《登科录》知何瑭"弟璋"。何瑭兄弟之皆从玉。馆本"塘"当作"瑭"。

页三下行九　　襄敏

〔新考〕国图本作"襄敏"。然《明武宗实录》卷一五九正德十三年二月戊寅条第二页载："工部右侍郎兼都察院右佥都御史刘丙卒。丙,字文焕,江西安福人,成化丁未进士。改翰林庶吉士……讣闻,赠工部尚书,谥恭襄。"《明一统志》卷五六《吉安府》第一五六页下、《弇山堂别集》卷七二《谥法三》第一三六一页、万历《吉安府志》卷一九《列传二》第二八七页下、《续文献通考》卷一五〇《谥法考》第五九页上、《万姓统谱》卷六〇第九一〇页下、《本朝分省人物考》卷六六《刘丙》第五七页上、《明臣谥考》卷上第四四二页下皆载刘丙谥号为"恭襄"。《国朝列卿纪》卷一一三《敕使四川尚书侍郎都御史年表》第七四五页下载刘丙谥"恭肃",《国榷》卷五二第三二八一页载刘丙谥"襄敏"。三者相较,似以"恭襄"为是。

卷二八考证

页二下行八　　户部右侍郎

〔新考〕国图本作"户部右侍郎"。然同书卷一〇嘉靖元年正月丁巳条第五页上载"升河南巡抚副都御史李瓒为工部右侍郎兼都察院左佥都御史,总理河南、山东、直隶河道",卷四三嘉靖三年九月乙丑条第二页上载改"工部右侍郎兼右佥都御史李瓒为户部右侍郎,提督仓场"。《国朝列卿纪》卷三八《提督仓储尚书侍郎行实》第六一一页载:"李瓒……(正德)十六年升工部右侍郎,总理河道。嘉靖三年,改总储户部右侍郎。"均证正德十六年至嘉靖三年之间李瓒为"工部右侍郎"。馆本"户部"当作"工部"。

页六上行一一　　张翀

〔原考〕阁本"翀"作"𦐇"。

〔新考〕国图本作"张𦐇"。同书卷一五嘉靖元年六月丁酉条第四页下载:"擢……进士周琅、张𦐇……俱为给事中……𦐇户科。"《掖垣人鉴》卷一三第二六九页上亦作"张𦐇",其注文曰:"字腾汉……直隶完县人,正德十六年进士。嘉靖元年六月除户科给事中。"查《登科录》第三一五一页、《贡举考》卷六第四一〇页下、《碑录索引》第二五〇八页皆作"张琡"。据《明世宗实录》卷二四嘉靖二年三月甲寅条第四页下、《掖垣人鉴》卷一二第二五九页上,知张琡此时为"礼科都"给事中,而《实录》此处所言显然是户部事。馆本"翀"当作"琡"。

页六下行一二　　梁栋

〔原考〕广本、阁本、东本"栋"作"谏"。

〔新考〕国图本作"梁谏"。同书卷一〇嘉靖元年正月乙丑条第八页下、《国朝典汇》卷一〇一《附库贮》第六六四页下均载承运库太监名"梁谏"。《明世宗实录》卷三八嘉靖三年四月乙卯条第一二页上、《弇山堂别集》卷九九《中官考十》第一八八〇页、《国朝典汇》卷一九六《采珠宝》第八七六页上皆载此期有名"梁谏"的太监。馆本"栋"当作"谏"。

卷二九考证

页六上行八　　张远

〔原考〕广本、阁本、东本"远"作"迬"。

〔新考〕国图本作"张迬"。同书卷二〇嘉靖元年十一月丙寅条第一三页上载:"除翰林院庶吉士郑一鹏……张迬、葛鸦为给事中。"《掖垣人鉴》卷一三第二七〇页下亦作"张迬",其注文曰:"字懋登……浙江余姚县人,正德十六年进士。嘉靖元年十一月由庶吉士授刑科给事中。"查《登科录》第三〇一二页、《翰林记》卷一八《庶吉士题名》第一〇六六页上、《贡举考》卷六第四〇七页上、万历《绍兴府志》卷三三《进士》第一六二页下、《碑录索引》第二五〇六页,皆作"张迬",且遍查他史,未见此期有名"张远"的给事中。馆本"远"当作"迬"。"远""迬",形近误。

页七上行一一　　原烇

〔新考〕国图本作"厚烇"。《明孝宗实录》卷一一五弘治七年九月甲子条第六页上载"赐荆王祐橺长子名曰厚烇"。《明武宗实录》卷六四正德五年六月甲辰条第八页载:"初,荆王见㴂并其子祐枘降为庶人,乃以靖王嫡孙都梁王祐橺进封荆王,而其子厚烇仍袭都梁王。及祐橺薨,厚烇进为王。复请以其庶弟厚焜袭都梁之封。"《嘉靖事例》之《荆王支禄养病》第八三页下载《实录》事,也作"厚烇"。《吾学编》卷一六《荆王》第二六四页上、《弇山堂别集》卷七〇《一字谥》第一三一七页、《国朝献征录》卷二《荆王传》第七四页下、《礼部志稿》卷七四《改封世子世孙》第二六四页下、《国朝典汇》卷一二四《亲王谥》第二五页上皆载荆王名"厚烇"。且据《钦定续文献通考》卷二〇五《帝系考》第八一五页上载"五世祐橺子厚烇、厚焜、厚熿,祐构子厚焌,祐樇子厚熙",知厚烇兄弟以"厚"字排行。馆本"原"当作"厚"。"原""厚",形近误。

卷三〇考证

页五下行四　　胡纳

〔原考〕广本、阁本"纳"作"沕",东本作"沥"。

〔新考〕国图本作"胡沕"。同书卷二六嘉靖二年闰四月乙巳条第一页下载升"户科给事中孟奇……工科给事中胡沕俱本科右给事中"。《明武宗实录》卷一九二正德十五年十月壬寅条第一页载:"以行人孟奇……进士胡沕……为给事中……沕工科。"检《掖垣人鉴》卷一二第二六五页下,知胡沕为浙江秀水县籍,新昌县人,正德十二年进士。查《登科录》第二三页下、嘉靖《嘉兴府图记》卷一七《选举》第五一一页、《贡举考》卷六第四〇〇页下、万历《绍兴府志》卷三三《进士》第一六二页上、《碑录索引》第二五〇四页,皆作"胡沕"。且据《登科录》知胡沕"弟滨",故胡沕兄弟之名皆从水。馆本"纳"当作"沕"。

页五下行一二 薛登

〔原考〕广本、阁本"登"作"澄"。

〔新考〕国图本作"薛澄"。同书卷四九嘉靖四年三月辛巳条第七页上载"辽东都指挥薛澄"。《明武宗实录》卷一一七正德九年十月甲寅条第七页下载"命都指挥同知薛澄于辽东都司佥书管事",卷一三五正德十一年三月癸巳条第三页下载"都指挥同知薛澄"。查嘉靖《辽东志》卷五《官师志》第五八九页上,亦载"薛澄"曾为"都指挥同知"。此外,《四镇三关志》卷八《都司》第四九一页上亦载有"薛澄"。馆本"登"当作"澄"。

卷三一考证

页一上行一一　　在参政

〔原考〕广本、阁本"在"作"右",抱本作"左"。

〔新考〕国图本作"右参政"。同书卷四二嘉靖三年八月辛酉条第一一页上、《国朝献征录》卷四五《尚书吴公山传》第三六四页上、《本朝分省人物考》卷二二《吴山》第四四八页下皆载吴山为陕西"右参政"。嘉靖《陕西通志》卷一九《右参政》第九二七页、雍正《陕西通志》卷二二《右参政》第一九八页下亦均载有"吴山"。馆本"在"当作"右"。

页二上行一二　　沃朝

〔新考〕国图本作"沃朝"。同书卷二五嘉靖二年四月戊戌条第一四页上载:"巡按山东御史李献按邹县知县沃潮事,杖之死。其母讼冤。都察院请下巡抚都御史覆勘。"卷三六嘉靖三年二月辛酉条第八页下载:"罢陕西按察司佥事李献。先是献以御史按山东,杖死知县沃潮。潮母讼其事。"嘉靖《广德州志》卷八《乡贡》第四三三页载:"沃潮,正德五年中。任邹县知县。"此外,嘉靖《建平县志》卷六《举人》第六页下、万历《顺天府志》卷五《举人》第二〇三页下、《国朝典汇》卷七七《按察司》第四七一页下、《国榷》卷五二第三二七九页、《罪惟录》卷一二《世宗肃皇帝》第一五七页上或载《实录》事,或载举人"沃潮"。是疑馆本"朝"当作"潮"。

页八下行一　　虏入自羊口

〔新考〕国图本作"白羊口"。《国朝献征录》卷五《成国公赠太傅谥恭僖朱辅神道碑》第一六四页下载:"正德丙子秋,虏寇白羊。廷议遣将往御。公(朱辅)毅然请行。既奉诏佩平胡将军印,充总兵官。会虏退而止。"正德元年为丙寅,丙子适为正德十一年。复检《明武宗实录》卷一三九正德十一年七月乙未条第五页上,恰载"虏寇白羊口等处"。馆本"自羊口"当作"白羊口"。

卷三二考证

页二上行七　　皇孝惠太后

〔原考〕广本作"孝惠皇太后",是也。

〔新考〕国图本作"孝惠皇太后"。同书卷二三嘉靖二年二月丁亥条第六页上载"礼部上孝惠皇太后梓宫发引礼仪",表明此时尚未安葬。而期服为守丧一年。孝惠皇太后此时显然"期服未满",且此期并无其他太后卒。馆本"皇孝惠太后"当作"孝惠皇太后"。

页三上行五　　孟椿

〔新考〕"椿",国图本、《弇山堂别集》卷九八《中官考九》第一八六七页、《国朝典汇》卷三三《中官考》第七六页下均作"孟春"。据校勘记前条,知孟春为顺天抚按官。《国朝列卿纪》卷一一七《整饬蓟州边备兼巡抚顺天等府行实》第三二页下至第三三页上载:"孟春……山西泽州人,弘治丙辰进士……(正德)十六年升应天府府尹。本年升都察院右副都御史,巡抚顺天等府。"查《登科录》第一九一四页、《贡举考》卷五第三五六页下、万历《顺天府志》卷二《营建志》第六五页上、万历《山西通志》卷二三《国朝进士》第七二一页、雍正《山西通志》卷六七《科目》第三七四页下、《碑录索引》第二四八六页,皆作"孟春"。馆本"椿"当作"春"。

页五上行四　　太和伯

〔新考〕国图本、同书卷三〇嘉靖二年八月庚子条第一页下、《明功臣袭封底簿》卷二《泰和伯》第二四三页、隆庆《赵州志》卷三《田赋》第一一页上、《皇明功臣封爵考》卷七第六一一页下等皆载陈万言为"泰和伯",是。

卷三三考证

页四下行三　　湿川王府

〔新考〕国图本作"隰川王府"。据《礼部志稿》卷七三《宗藩备考》第二三八页上,知代府下有"隰川王"。《明宪宗实录》卷六三成化五年二月乙卯条第九页上、《明孝宗实录》卷八六弘治七年三月壬寅条第三页下、《明世宗实录》卷一八嘉靖元年九月丙辰条第三页下皆载有"隰川王府"。因分封是以地域为前提的,据《大清一统志》卷一二三《隰州》第四四四页上,明代确有隰川县。馆本"湿"当作"隰"。

卷三四考证

页一下行八　　许詺

〔新考〕国图本作"许铭"。同页下文亦作"铭"。《山斋文集》卷八《复勘甘肃兵变疏》第四七页下郑岳原奏作"许铭"。据《国朝列卿纪》卷一三〇《甘肃巡抚尚书侍郎都御史年表》第一八五页下,知许铭为"顺天府宛平县籍,直隶吴县人,弘治己未进士。正德十六年以右副都御史任。本年,激军变遇害"。查《登科录》第一二页下、嘉靖《山东通志》卷一〇《职官》第四二页上、《贡举考》卷五第三六一页下、万历《顺天府志》卷五《进士》第一九七页上、《碑录索引》第二四八八页,皆作"许铭"。且据《登科录》知许铭"弟錞",故许铭兄弟之名皆从金。馆本"詺"当作"铭"。

页一下行一一　　恨铭次骨

〔新考〕"次"，国图本、《山斋文集》卷八《复勘甘肃兵变疏》第四七页下郑岳原奏均作"刺"，当是。

页四上行四　　徐讚

〔原考〕广本"讚"作"缵"，抱本作"谐"。

〔新考〕国图本作"徐讚"。同书卷一七嘉靖元年八月辛巳条第二页上载："改苏州府管府事、河南右参政徐讚为江西左参政。"据嘉靖《江西通志》卷二《左参政》第五八页下，知徐讚为"浙江金华府永康人。由进士授监察御史……嘉靖元年十二月至今，升贵州按察使"。查《登科录》之《弘治十八年乙丑科》第二五六七页、《张文定公靡悔轩集》卷六徐讚墓志铭第三五页上、嘉靖《贵州通志》卷五《按察使》第七二一页、《贡举考》卷六第三七七页上、《两浙名贤录》卷一九《工部右侍郎徐朝仪讚》第五六一页上、《碑录索引》第二四九五页，皆作"徐讚"。且据《登科录》知徐讚"弟谊、谔、访"，故徐讚兄弟之名皆从言。馆本是。

页六上行一〇　　乱政怀事

〔新考〕"怀"，国图本、《杨文忠三录》卷二《请停止织造第二疏》第七九八页上杨廷和原奏、《皇明辅世编》卷四《杨文忠廷和》第六二一页下均作"坏"，是。

页七上行八　　右参政

〔原考〕三本"右"作"左"。

〔新考〕国图本缺载。隆庆《仪真县志》卷一〇《人物考》第一八页下、《国朝列卿纪》卷一四一《应天府府尹行实》第二七二页上、《国朝献征录》卷四九王大用行状第五五六页下、崇祯《闽书》卷一一二《王大用传》第二七页下皆载王大用为江西"左参政"。嘉靖《江西通志》卷二《左参

39

政》第五八页下亦载有"王大用"。馆本"右"当作"左"。

卷三五考证

页五上行四　　千户埸

〔原考〕广本"埸"作"场"。

〔新考〕国图本作"埸"。同书卷二〇四嘉靖二十四年十月戊午条第六页上载"升锦衣卫千户许玚职一级。玚，江西副使逵之子也"。卷一六〇嘉靖十三年闰二月癸卯条第页载"荫前死事江西按察司副使、赠礼部尚书许逵(次)子玪为国子生"，知许玚兄弟之名皆从玉。《明政统宗》卷二一第五九一页下、《弇山堂别集》卷二七《史乘考误》第四八七页、《国朝典汇》卷八三《恩荫》第五〇三页上、《国榷》卷五八第三六八〇页皆载锦衣卫千户名"许玚"。馆本"埸"当作"玚"。

页六下行八　　得佑

〔新考〕国图本作"得祐"，但国图本错简。《本朝分省人物考》卷三赵得祐第八七页下载："赵得祐，字符吉，卢龙县人……登嘉靖癸未进士……甫三月，选陕西道监察御史……上疏纠劾辅臣，群党侧目。升贵州佥事以去。"《登科录》第三〇页上、嘉靖《贵州通志》卷五《佥事》第七二五页、《贡举考》卷六第四一四页上、《国朝献征录》卷一〇四《永平志》所载赵得祐传第一一一页上、《南京都察院志》卷六陕西道第一七二页下、《碑录索引》第二五一〇页也皆作"赵得祐"。且据《登科录》知赵得祐兄弟名之末字皆从示。馆本"得佑"当作"得祐"。

卷三六考证

页二下行一二　　新诏然革

〔新考〕"然"，国图本、《弇山堂别集》卷九八《中官考九》第一八六九页、《国朝典汇》卷五一《请乞传升》第二七一页上均作"严",当是。

页四下行五　　杨濂

〔新考〕国图本作"杨濂"。然《昭代典则》卷二六第七六二页上、《昭代芳摹》卷二六第四三〇页上均作"杨廉"。《明武宗实录》卷一七二正德十四年三月丁巳条第一七页上载"南京礼部右侍郎杨廉",《明世宗实录》卷五正德十六年八月己亥条第八页上载"升南京礼部右侍郎杨廉为本部尚书"。《国朝列卿纪》卷四二《南京礼部尚书行实》第六七一页下至第六七二页载:"杨廉字方震,号月湖,世家江西,丰城人……成化丁酉以邑庠生中乡试第一,丁未会试第三,廷试赐同进士出身,改翰林庶吉士……世庙登极,用廷荐升尚书。"稽《登科录》第八六页上、嘉靖《江西通志》卷六《科目》第二三三页上、《贡举考》卷五第三四〇页下、万历《新修南昌府志》卷一七《科第》第三三九页下、《国朝献征录》卷三六南京礼部尚书杨公行状第七二八页上、《碑录索引》第二四八〇页,皆作"杨廉"。馆本"濂"当作"廉"。

页五下行一一　　顾秦

〔原考〕三本"秦"作"溱"。

〔新考〕国图本作"顾溱"。同书卷一五嘉靖元年六月丁酉条第四页下载:"擢……进士周琅……顾溱俱为给事中……溱南京工科。"《登科录》第三一四三页、《贡举考》卷六第四一〇页上、《碑录索引》第二五〇八页亦均作"顾溱"。且据《登科录》知顾溱兄弟之名皆从水。馆本"秦"当作"溱"。

卷三七考证

页三上行八　　遵称

〔新考〕"遵",国图本作"尊",但错简。《两朝宪章录》卷二第五七〇页下亦作"尊",当是。

页九上行七　　右侍郎

〔新考〕国图本作"右侍郎"。然同书卷三〇嘉靖二年八月乙巳条第四页下载升"礼部右侍郎吴一鹏为本部左侍郎"。《国朝列卿纪》卷一六《詹事府詹事行实》第二七七页下至第二七八页上载："吴一鹏……嘉靖元年升礼部右侍郎。二年转左。"《弇山堂别集》卷五六《礼部左右侍郎》第一〇四八页、《礼部志稿》卷四二《左右侍郎》第七六五页上亦均载吴一鹏嘉靖元年任礼部右侍郎,"二年转左"。馆本"右"当作"左"。

页一〇上行八　　政臣等所谓徒争一皇字

〔新考〕"政",国图本、《昭代典则》卷二六第七六五页下均作"正",是。

页一〇下行六　　不同之故耳

〔新考〕国图本、《昭代典则》卷二六第七六六页上均作"不同之故事耳",当是。

页一五下行五　　清明

〔新考〕国图本、《湘皋集》卷七《自陈失职求罢疏》第八四页下蒋冕原奏、《名山藏》卷三三《开圣记》第二一五页上、《明史稿》卷二六六《蒋冕传》第五二七页上皆作"晴明",当是。

卷三八考证

页一六下行一一　　吏科左给事中

〔原考〕阁本"左"作"右"。

〔新考〕国图本作"右"。《掖垣人鉴》卷一二第二六〇页上载黄重"广东南海县人。正德三年进士。九年六月,由行人选户科给事中……嘉靖二年复除吏科右,三年升兵科左"。万历《粤大记》卷一九《献征类》第三六〇页下至第三六一页上载:"黄重,字子任。南海人。正德戊辰(三年)进士,授行人……擢户科给事中……癸未(嘉靖二年),起补吏科右给事中……甲申(嘉靖三年)夏,进兵科左给事中。"馆本"左"当作"右"。

页一六下行一一　　刑科左给事中

〔原考〕阁本"左"作"右"。

〔新考〕国图本作"右"。同书卷二五嘉靖二年四月辛巳条第四页载升"(给事中)郑自璧为右给事中……自璧刑科"。馆本言郑自璧由"刑科左给事中"升为本科"左给事中",于理不通。按,明代官阶尚左。由右至左,常视为升迁。馆本"左"当为"右"。

卷三九考证

页一上行一二　　伏望乞皇上

〔原考〕广本、阁本无"乞"字。抱本无"望"字。

〔新考〕国图本作"伏望皇上"。《湘皋集》卷七《议礼失职恳求休退奏》第九〇页蒋冕原奏亦作"伏望皇上"。馆本"乞"字当删。

页二下行四　　春容尔雅

〔原考〕广本"春"作"从",是也。

〔新考〕国图本、《两朝宪章录》卷二第五七二页上、《国朝典汇》卷三二《辅臣考》第七九八页上均作"春容尔雅"。《吾学编》卷四四《太傅王文恪公》第五六六页下载"公学问赡博,有识鉴,为文春容尔雅",《两浙名贤录》卷四《张子荩先生》第一四七页下载"其(王鏊)文章春容尔雅,粹然一出于正"。馆本当不误。

页九下行九　　右都御史

〔新考〕国图本作"右副都御史"。同书卷四四嘉靖三年十月癸卯条第四页上亦载李铎为"右副都御史"。《国榷》卷五三第三三〇一页亦载李铎所升为"右副都御史"。按明代官制,都察院左右都御史为正二品,都察院左右副都御史为正三品,都察院左右佥都御史为正四品。官员通常逐级升迁,李铎此时为正四品的右佥都御史,升迁为右副都御史(正三品),始合常理。馆本"右"下当补"副"字。

卷四〇考证

页二上行一〇　　谢赟

〔新考〕国图本作"谢赟"。然同书卷一五嘉靖元年六月丁酉条第四页下载:"擢……进士周琅……谢賮……俱为给事中……侨、賮礼科。"《掖垣人鉴》卷一三第二六九页上亦作"谢賮",其注文曰:"字惟盛……福建闽县人,正德十六年进士。嘉靖元年六月除礼科给事中。"查《登科录》第三一二三页、《贡举考》卷六第四〇九页下、万历《福州府志》卷一七《国朝进士》第一六九页下、崇祯《闽书》卷七三《皇朝科第》第六九七页上、《碑录索引》第二五〇八页,皆作"谢賮"。馆本"贲"当作"賮"。

页三上行二　　梁世摽

〔原考〕旧校改"摽"作"标",广本、阁本作"骠"。

〔新考〕国图本作"梁世骠"。同书卷一九嘉靖元年十月乙未条第六页上、卷六三嘉靖五年四月壬戌条第三页下均载"御史梁世骠"。《执斋先生文集》卷一〇《刑部左侍郎题体勘赈济》第四〇六页上《实录》原奏亦作"梁世骠"。此外,崇祯《九华志》卷六《望九华》第三四四页下也作"梁世骠",其注文曰:"顺德人。御史。"查《登科录》第三〇六二页、嘉靖《广东通志初稿》卷一九《进士科第》三五〇页下、《贡举考》卷六第四〇八页上、《碑录索引》第二五〇七页,皆作"梁世骠"。馆本"摽"当作"骠"。

页四下行三　　杨维听舒芳

〔原考〕旧校改"听"作"聪"。抱本"芳"作"芬",是也。

〔新考〕引文当作"杨惟听 舒芳"。国图本、《嘉靖大政类编》之大礼第六八五页下、《国朝典汇》卷一一六《献庙大礼》第八四一页上均作"杨维聪、舒芬"。据《国朝列卿纪》卷一四五《南京光禄寺卿年表》第二八五页下,知杨维聪为顺天固安人,进士。查《登科录》之《正德十六年辛巳科第》三〇〇页、《殿阁词林记》卷一八《谪谴》第三六一页上、《翰林记》卷一七《修撰》第一〇五〇页上、《贡举考》卷六第四〇六页下、万历《顺天府志》卷五《进士》第一九八页下、《碑录索引》第二五〇六页,皆作"杨维聪"。且据《登科录》,知杨维聪兄弟以"维"字排行。馆本"杨惟听"当作"杨维聪"。《明武宗实录》卷一四七正德十二年三月甲辰条第八页下载:"授一甲进士舒芬为翰林院修撰。"据《本朝分省人物考》卷五八《舒芬》第六〇一页下,知舒芬为江西进贤人。查《登科录》第八页上、《殿阁词林记》卷一八谪谴第三六一页上、《翰林记》卷一七《修撰》第一〇五〇页上、《贡举考》卷六第三九九页下、万历新修南昌府志卷一九《人物传》第四一七页上、《碑录索引》第二五〇四页,皆作"舒芬"。馆本"芳"当作"芬"。

卷四一考证

页三下行八　　吕忠

〔原考〕广本、阁本、东本作"许中"。

〔新考〕国图本、《国朝典汇》卷三四《吏部》第一〇三页上、《名山藏》卷七四《乔宇》第二一三页下均作"许中"。且遍稽史籍,未见此期有名为"吕忠"的御史。馆本"吕忠"当作"许中"。

页二三下行九　　藏应魁

〔原考〕疑应作"臧应奎"。

〔新考〕国图本、《嘉靖大政类编》之《大礼》第六八六页上、《国朝典汇》卷一一六《献庙大礼》第八四四页下均作"臧应奎"。据《本朝分省人物考》卷四六《臧应奎》第二三○页上,知臧应奎为"湖州人,正德丁丑进士……嘉靖初,以争大礼跪门哀恸,赐廷杖,而应奎竟死于杖下"。查嘉靖《浙江通志》卷五一《选举志第七之二》第四○○页、万历《湖州府志》卷六《甲科》第一三八页下、《贡举考》卷六第四○四页上、《国朝献征录》卷三五臧应奎墓志铭第七○五页下、《碑录索引》第二五○六页,皆作"臧应奎"。馆本"藏"当作"臧","魁"当作"奎"。

卷四二考证

页一上行三　　太仆寺少卿

〔新考〕国图本作"太仆寺少卿"。然同书卷四一嘉靖三年七月丙子条第四页上载"升吏部文选司郎中《夏良胜》为南京太常寺少卿"。嘉靖《辽东志》卷六流寓第六四八页下、《国朝列卿纪》卷一三六南京《太常寺少卿年表》第二三二页下、《国朝献征录》卷七○夏良胜墓志铭第七九六页上、《本朝分省人物考》卷六一《夏良胜》第六七八页下皆载夏良胜为"太常寺少卿"。嘉靖《衡州府志》卷五书院第五页上虽载为"大常夏良胜",但"大""太"通假。此处仍指"太常"。馆本"仆"当作"常"。

页八下行一○　　之于三四人

〔新考〕"之",国图本、崔铣《洹词》卷四《甲申陈言急务疏》第四七○页下均作"止",当是。

页八下行一二　　易者

〔新考〕"易",国图本、崔铣《洹词》卷四《甲申陈言急务疏》第四七〇页下作"议",当是。

卷四三考证

页一上行三　　山西

〔原考〕阁本"西"作"东"。

〔新考〕国图本作"山东"。《明武宗实录》卷八二正德六年十二月己丑条第六页下载授"进士王介、屠侨、宋廷佐、卢雍、施儒、林有孚……为试监察御史……有孚,山东道"。同书卷一五〇正德十二年六月辛酉条第三页上、《明世宗实录》卷七〇嘉靖五年十一月乙未条第四页上、《本朝分省人物考》卷七四《林有孚》第二二七页上亦均载林有孚为"山东道御史"或"山东道监察御史"。馆本"山西"当作"山东"。

页二上行六　　右佥都御史

〔新考〕国图本所载与馆本同。然同书卷一〇嘉靖元年正月丁巳条第五页上载:"升河南巡抚副都御史李瓒为工部右侍郎兼都察院左佥都御史,总理河南、山东直隶河道。"同书卷一九嘉靖元年十月丁亥条第四页上、卷二三嘉靖二年二月己卯、癸未条第三页上、第五页上皆载李瓒为都察院"左佥都御史"。是疑馆本"右"当作"左"。

页十一下行八　　都指挥

〔新考〕"指挥",国图本、《五边典则》卷一六第三九〇页上均作"御史"。《明世宗实录》卷一〇嘉靖元年正月己巳条第一二页下载:"寻升陕西按察使陈九畴为都察院右佥都御史。"同书卷二八嘉靖二年六月癸丑条第三页上、卷三九嘉靖三年五月壬午条第六页下、卷四五嘉靖三年十一月己巳条第五页上、卷四七嘉靖四年正月丙寅条第二页上皆载此期陈九畴为"都御史"。馆本"指挥"当作"御史"。

页一二上行一〇　　林廷棉

〔新考〕国图本作"林庭㭿"。嘉靖《江西通志》卷二《右参政》第六〇页下、万历《湖广总志》卷一九《右布政使》第六三七页上均作"林庭㭿"。据嘉靖《江西通志》第六〇页下,知林庭㭿"字利瞻,福建闽县人。由会魁、进士历兵部郎中、苏州知府、云南参政。终养,□荐复起。嘉靖二年八月任,三年升湖广右布政使"。查《登科录》第八页下、《贡举考》卷五第三六一页下、万历《福州府志》卷一七《国朝进士》第一六九页上、《国朝献征录》卷五〇林庭㭿墓志铭第六〇〇页下、崇祯《闽书》卷七三《英旧志》第六九六页上、《碑录索引》第二四八八页,皆作"林庭㭿"。《明一统志》卷七四《人物》第五七五页上载"林庭㭿",其注文曰:"瀚子,弘治己未进士。仕至工部尚书。……弟庭机亦进士,官礼部尚书。"《国朝献征录》卷三六林庭机神道碑第七四五页上载:"公讳庭机,字利仁……父瀚……公举九子皆贵,其仲为司空少保庭㭿,其季为公。"乾隆《福建通志》卷三七《明举人》第二〇四页上载"(林庭㭿)瀚子,庭桂弟。己未进士",是知林庭㭿兄弟以"庭"字排行。馆本"廷"当作"庭"。

卷四四考证

页二下行一〇　　同经

〔原考〕阁本"经"作"鉒",抱本"鋞"。

〔新考〕国图本作"同鉒"。《明宪宗实录》卷一〇三成化八年四月己卯条第四页上载册封"周府汝阳安宪王长子同鉒为汝阳王"。《明世宗实录》卷四正德十六年七月丁卯条第一六页下、卷二一嘉靖元年十二月庚子条第一二页上,《弇山堂别集》卷七四《谥法五》第一四〇九页,《国朝典汇》卷一二四《谥法》第三二页下,《明谥纪汇编》卷一二《尊谥九》第五三六页上皆载汝阳王名"同鋑"。馆本"同经"当作"同鋑"。

页九上行九　　晋宁伯

〔新考〕国图本作"宁晋伯"。同书卷五〇嘉靖四年四月乙卯条第八页下载："五军营左掖坐营管操宁晋伯刘岳以病辞任,许之。"《明武宗实录》卷五六正德四年十月辛亥条第七页上、《明功臣袭封底簿》卷一《宁晋伯》第六七页、《皇明功臣封爵考》卷五《宁晋伯》第五一八页上均载刘岳为"宁晋伯"。馆本"晋宁伯"当作"宁晋伯"。

卷四五考证

页六上行二　　萧景典

〔原考〕广本、阁本、东本"典"作"腆"。

〔新考〕国图本、《弇山堂别集》卷九九《中官考十》第一八七六页均作"萧景腆"。《名山藏》卷二二《世宗肃皇帝》第六一页上载："(嘉靖三年)十一月,苏杭织造太监(吴)勋、(张)志聪诬奏浙江布政使马卿、杭州知府查仲道、长洲知县郭波、典史萧景腆,皆逮问。"万历《泉州府志》卷二一《人物志下之中》第一六六八页至第一六六九页、崇祯《闽书》卷七四《英旧志》第七一六页下均载《实录》事,也均作"萧景腆"。此外,嘉靖《定远县志》卷二《典史》第六三三页上亦作"萧景腆",且载其为"福建晋江人"。馆本"典"当作"腆"。

页六下行九　　王乔

〔原考〕广本、阁本、东本及《明史外戚恩泽侯表》作"王桥"。

〔新考〕国图本作"王桥"。同书卷四七嘉靖四年正月己巳条第三页下、卷四八嘉靖四年二月己亥条第四页下、卷五三嘉靖四年七月壬申条第四页上,《钤山堂集》卷三二《淑人王氏墓志铭》第二七二页上皆载瑞安侯名"王桥"。《明功臣袭封底簿》卷一《瑞安侯》第八二页至第八三页载:

"嘉靖五年,(王源)病故,赠太师。伊嫡长男锦衣卫带俸指挥佥事王桥奏要承袭父爵。本年十一月十四日,本部题:奉圣旨,王桥准袭父爵。钦此!"此外,《费文宪公摘稿》卷一七《王源》墓志铭第六二一页下、《皇明功臣封爵考》卷七《瑞安伯王源》第六一〇页上、《国朝献征录》卷三王源墓志铭第一一三页上皆载嗣伯者为王桥。馆本"王乔"当作"王桥"。

卷四六考证

页六上行二　　许瓉

〔新考〕国图本作"许瓉"。当作"许讃",详参卷五页四下行四"许讃"条之辨析。

页六上行二　　周輗

〔原考〕抱本、东本作"邹輗"。

〔新考〕国图本缺载。嘉靖《广西通志》卷六《右参议》第八二页上作"邹輗",且载其为"武进人,进士"。《登科录》第五三页下、正德《常州府志续集》卷三《甲科第》二〇九页下、《贡举考》卷六第三八八页下、《碑录索引》第二四九九页皆作"邹輗"。馆本"周輗"当作"邹輗"。

页八上行八　　左副都御史

〔新考〕国图本作"左副都御史"。然同书卷二正德十六年五月丙寅条第二〇页下载"升巡抚宁夏都察院右佥都御史王时中为右副都御史,协理院事",卷三六嘉靖三年二月庚子条第一页下载"复除都察院右副都御史王时中原职",卷五一嘉靖四年五月戊寅条第一〇页上载"升都察院右副都御史王时中为兵部右侍郎"。《国朝列卿纪》卷七六《都察院左右副都御史年表》第四四一页下亦载其"嘉靖三年,任右。四年,迁兵侍",与《实录》所载官职变迁适相吻合。《弇山堂别集》卷六一《都察院左右副都御史》第一一五〇页、《国朝献征录》卷四五《刑部尚书王时中》第三五四页上、《本朝分省人物考》卷九八《王时中》第六五三页下皆载王时中仅曾担任"右副都御史"。馆本"左"当作"右"。

卷四七考证

页四上行三 　　机巧谲作

〔新考〕"作",国图本、《国朝列卿纪》卷一一七《整饬蓟州边备兼巡抚顺天等府行实》第三三页上均作"诈",当是。

页四下行一〇 　　梁世表

〔原考〕广本、阁本"表"作"骠"。

〔新考〕国图本作"梁世骠",是。详参卷四〇页三上行二"梁世摽"条之辨析。

页七下行八 　　杨卿

〔原考〕广本、阁本"卿"作"钦"。

〔新考〕国图本作"杨钦"。同书卷二四嘉靖二年三月癸亥条第八页下载"添注服阕光禄寺少卿杨钦为原官以赴部,年余无缺也",卷七五嘉靖六年四月丙寅条第三页下载"升南京太仆寺少卿杨钦为南京鸿胪寺卿"。《国朝列卿纪》卷一四七《光禄寺少卿年表》第二九三页下亦作"杨钦",且载其为"直隶合肥人,弘治壬戌进士……嘉靖四年,升南京太仆寺少卿"。查《登科录》第二六页下、《南京太仆寺志》卷七《少卿》第五三九页下、《贡举考》卷五第三六八页上、《碑录索引》第二四九一页,皆作"杨钦"。且据《登科录》知杨钦"兄锐、铎"等名皆从金。馆本"卿"当作"钦"。

卷四八考证

页二下行一二　　劾瓒

〔新考〕"効",国图本、《国朝典汇》卷一四八《冒滥军功》第二六四页上均作"劾",是。

页六下行六　　陈材

〔原考〕阁本"材"作"林"。

〔新考〕国图本作"陈林"。同书卷三八嘉靖三年四月己酉条第六页下、《弇山堂别集》卷九八《中官考九》第一八七〇页、《国朝典汇》卷一九《庄田》第五七七页下皆载此期内官监太监名"陈林"。馆本"陈材"当作"陈林"。

卷四九考证

页二下行二　　王允中

〔原考〕广本、阁本"王"作"周"。

〔新考〕国图本作"周允中"。《明武宗实录》卷一八〇正德十四年十一月癸丑条第二页载"授知县范永銮……儒学教授周允中俱试监察御史……允中,广西道",卷一九二正德十五年十月壬寅条第一页下载"实授南京试监察御史余翱等为监察御史,翱,四川道,周允中,广西道"。《南京都察院志》卷七《广西道》第一八一页下亦作"周允中"。馆本"王"当作"周"。

页五下行三　　卢之问

〔新考〕国图本作"卢问之"。同书卷八六嘉靖七年三月庚寅条第六页下至第七页载"先是,上命兵部会三法司议甘肃功罪……监督太监张忠、都督佥事杭雄与金献民同体论法，不宜有异。都指挥王辅妄报番酋之死，致使镇巡轻信。纪功御史卢问之预防生变，乃至擅决夷囚。以上诸臣法宜究治。镇守太监董文忠与金献民、张忠、杭雄子侄冒授荫升并一切参随人员滥升俸级者，俱宜清查奏请"，即此处之事，然作"卢问之"。同书卷一一嘉靖元年二月丁酉条第七页上载"以两京御史员缺，选行人刘黻于广东道……卢问之，四川道……王世爵，贵州道，俱试御史"，卷一二八嘉靖十年七月乙亥条第七页下载加"御史卢问之为大理寺右寺丞"。查《国朝列卿纪》卷九七《大理寺左右寺丞年表》第五七六页上，亦作"卢问之"，且载其为"山西朔州人，正德甲戌进士"。复检正德《大同府志》卷一一《进士》第三二七页上、《贡举考》卷六第三九六页上、《碑录索引》第二五〇三页，皆作"卢问之"。馆本"卢之问"当作"卢问之"。

页五下行五　　右参议

〔新考〕国图本作"右参议"。然嘉靖《汉阳府志》卷三《创置志》第三六页载"承宣布政使司分守武昌道左参议许路"。万历《湖广总志》卷一九《左参议》第六三七页上、雍正《湖广通志》卷二八《左参议》第一四九页上均载有"许路"。疑馆本"右参议"之"右"当作"左"。

卷五〇考证

页七上行四　　李廷兆

〔原考〕广本、阁本作"李兆延"。

〔新考〕国图本作"李兆延"。《明武宗实录》卷九五正德七年十二月丁卯条第五页下至第六页上载："少师兼太子太师、吏部尚书、华盖殿大学士李东阳致仕……荫其侄兆延为中书舍人。"同治《茶陵州志》卷一七《明恩荫》第一六八页下亦作"李兆延"，且载其为"东阳侄，荫中书舍人。尚宝司丞"。复据同书同页，知李东阳子为李兆先，另一侄为李兆蕃。李兆延兄弟以"兆"字排行。馆本"李廷兆"当作"李兆延"。

页九上行九　　王言并

〔原考〕广本、阁本无"并"字。

〔新考〕国图本作"王言"。嘉靖《山东通志》卷一〇《副使》第四七页上亦作"王言",且载其为"弘农卫人,进士"。查《登科录》第九〇页下、嘉靖《河南通志》卷一七《科目》第二六三页下、《贡举考》卷六第三八三页下、雍正《畿辅通志》卷五九《大名知府》第三九六页上、雍正《河南通志》卷四五《进士》第五七八页下、《碑录索引》第二四九七页,皆作"王言"。馆本"并"字当删。

卷五一考证

页七下行六　　刘仞

〔原考〕广本、阁本"仞"作"𠜱",第八行同。

〔新考〕国图本作"刘𠜱"。同书卷七九嘉靖六年八月戊申条第一页上载"御史刘𠜱"。《南京都察院志》卷三八《人物二》第三九四页上载"刘𠜱字思存,河南鄢陵人……正德丁丑进士。授宁国推官(原作"府",据《本朝分省人物考》卷八七《刘𠜱》改。)……世宗即位,复原职。寻擢御史。"查《登科录》第四七页上、嘉靖《河南通志》卷一七《科目》第二六四页下、嘉靖《鄢陵志》卷五《科目》第二七页上、《贡举考》卷六第四三〇页下、《国朝献征录》卷四五《刑部尚书刘公𠜱传》第三六六页下、《本朝分省人物考》卷八七《刘𠜱》第四三二页下、《碑录索引》第二五〇五页,皆作"刘𠜱"。且据《登科录》知刘𠜱"兄谌"等名皆从言。馆本"仞"当作"𠜱"。

页一二下行三　　郑沂

〔原考〕广本、阁本"沂"作"浙"。

〔新考〕国图本作"郑浙"。嘉靖《四川总志》卷一《佥事》第三七页上亦作"郑浙",且载其为"永丰人,进士。嘉靖四年任。"查《登科录》第八三页下、嘉靖《江西通志》卷一一《科目》第四九〇页下、嘉靖《广信府志》卷一三《乡试》第七八一页、嘉靖《永丰县志》卷一《选举表中》第二〇页下、《贡举考》卷六第三九〇页上、万历《四川总志》卷三《佥事》第二四〇页上、《碑录索引》第二五〇〇页,皆作"郑浙"。馆本"郑沂"当作"郑浙"。

卷五二考证

页四下行四　　杨杲

〔新考〕国图本作"杨果"。同书卷三七嘉靖三年三月辛巳条第六页上载:"升通政司右通政杨果为南京太仆寺卿。"《国朝列卿纪》卷一三二《太常寺卿行实》第二〇七页下亦作"杨果",且载其为"直隶兴化人,弘治壬戌进士。嘉靖三年,历南京太仆寺卿。四年,升太常卿"。检《登科录》第二八页下、《明一统志》卷一二《人物》第二九七页上、嘉靖《惟扬志》卷一九《人物志上》第二九页上、《南京太仆寺志》卷七《卿》第五三七页上、《贡举考》卷五第三六八页上、万历《扬州府志》卷一五《科目》第二二八页下、《国朝献征录》卷三二《嘉议大夫南京户部右侍郎欧溪杨公果传》第五八三页上、《本朝分省人物考》卷三一《杨果》第六三五页上、雍正《江南通志》卷一二二《进士》第六〇一页上、《碑录索引》第二四九一页,皆作"杨果"。馆本"杨杲"当作"杨果"。

页六下行一二　　纪世盈

〔原考〕广本、阁本"盈"作"榲"。

〔新考〕国图本、《国朝典汇》卷一八〇《刑法》第七四〇页下均作"纪世榲"。《国朝列卿纪》卷一二六《总督陕西三边军务尚书侍郎都御史行实》第一三四页下、《国朝献征录》卷五七《兵部尚书太子少保姚公镆墓志铭》第一〇五页下均载"纪世榲"杀弟以钱求免事,且二书均载"纪世榲"

为副总兵。检《明武宗实录》卷一五八正德十三年正月己未条第九页下载升"都指挥纪世楹充副总兵,镇守山西地方兼提督雁门等关"。查《明世宗实录》卷一一嘉靖元年二月庚辰条第一页下、《国榷》卷五〇第三一四三页,均载副总兵名"纪世楹"。馆本"盈"当作"楹"。

页八下行一　　刘兴贤

〔新考〕国图本作"刘兴贤"。然同书卷三四嘉靖二年十二月戊申条第四页上载:"升陕西右布政使刘思贤为本司左布政使。"《国朝列卿纪》卷一五一《南京太仆寺卿年表》第三一五页上亦作"刘思贤",且载其为"湖广石首人,进士。嘉靖四年任"。查《登科录》第一九〇三页、《明一统志》卷六二《人物》第三〇四页上、嘉靖《陕西通志》卷一九《布政使司左布政使》第九二一页、《贡举考》卷五第三五六页上、万历《湖广总志》卷三七《国朝进士》第二二六页上、雍正《陕西通志》卷二二《左布政使》第一九三页上、《碑录索引》第二四八六页,皆作"刘思贤"。馆本"刘兴贤"当作"刘思贤"。

卷五三考证

页一下行三　　为布政使司右参政

〔原考〕广本、阁本"为"下有"本"字,"右"作"左"。

〔新考〕国图本所载与广本、阁本同。同书卷八五嘉靖七年二月乙巳条第三页上载:"升广东左参政胡琏、山东副使周期雍俱为按察使。"嘉靖《广东通志初稿》卷七《左参政》第一四五页上、万历《广东通志》卷一〇《左参政》第二五一页下亦均载有"胡琏"。馆本"右"当作"左"。

页一下行四　　右参议

〔原考〕阁本"右"作"左"。

〔新考〕国图本作"左参议"。嘉靖《广东通志初稿》卷七《左参议》第一四六页下、万历《广东通志》卷一〇《左参议》第二五三页下均载有"徐度"。馆本"右"当作"左"。

页五下行一〇　　杨惟聪

〔原考〕广本、阁本"惟"作"维"。

〔新考〕国图本作"杨维聪",是。详参卷四〇页四下行三"杨维聪 舒芳"条之辨析。

卷五四考证

页一下行七　　范总

〔原考〕广本"总"作"鏓",抱本、阁本作"鏓",下同。

〔新考〕国图本作"范鏓"。《明史》卷一九九《范鏓传》第五二六八页载:"范鏓字平甫,其先江西乐平人,迁沈阳。鏓登正德十二年进士,授工部主事,迁员外郎。……二十年,擢右副都御史,巡抚宁夏。"检《登科录》第五一页上、嘉靖《辽东志》卷六《进士》第六一一页上、嘉靖《宁夏新志》卷二《巡抚》第九九页下、《国朝列卿纪》卷一二九《巡抚宁夏侍郎都御史寺卿年表》第一七六页上、《贡举考》卷六第四〇二页上、《碑录索引》第二五〇五页,皆作"范鏓"。且据《登科录》知范鏓"弟铖、镇、锦"等名皆从金。馆本"总"当作"鏓"。

卷五五考证

页一上行一一　　储洵

〔原考〕广本、阁本"洵"作"洵"。

〔新考〕国图本作"储洵"。同书卷六〇嘉靖五年正月辛亥条第七页上载"福建佥事储洵"。万历《扬州府志》卷一八《人物志》下第三〇七页下载:"储洵字平甫,泰州人,巏犹子,正德辛未进士。官兵部郎中,以诡左迁,守沔阳……时郡多水患,疏请修江汉堤防……迁台州同知,升福建按察司佥事。"查《登科录》第九四页上、《明一统志》卷六〇《名宦》第二三五页上、《贡举考》卷六第三九〇页下、崇祯《泰州志》卷二《学校》第四一页下、乾隆《福建通志》卷二一《佥事》第一〇九页下、《碑录索引》第二五〇〇页,皆作"储洵"。且据《登科录》知储洵"弟溟、汶"等名皆从水。馆本"询"当作"洵"。

卷五六考证

页一上行一一　　给事中

〔原考〕广本"给"上有"左"字,阁本有"右"字。

〔新考〕国图本作"左给事中"。同书卷四三嘉靖三年九月庚午条第四页下载:"升吏科右给事中陈洸……礼科右给事中解一贯、刑科右给事中张嵩俱左给事中……一贯,刑科。"《掖垣人鉴》卷一二第二六七页下载"解一贯……(嘉靖)三年,升礼科右,刑科左。五年,升吏科都"。解一贯此时当为"刑科左给事中"。馆本"给事中"前当补"左"字。

页十一下行九　　杨应凤

〔原考〕广本、阁本无"应"字。

〔新考〕国图本作"杨凤"。嘉靖《广西通志》卷六《佥事》第八五页下亦作"杨凤",且载其"字文瑞,安义人,进士。嘉靖二年任"。雍正《江西通志》卷五四《选举》第七五八页下亦作"杨凤",然载其为"建昌人,广西佥事"。查《登科录》第七七页下、正德《南康府志》卷六《进士》第二七页上、嘉靖《江西通志》卷一三《科目》第五六四页上、《贡举考》卷六第三八二页下、《碑录索引》第二四九七页,皆作"杨凤"。是。

卷五七考证

页一上行七　　梁栋

〔原考〕广本、阁本"栋"作"谏"。

〔新考〕国图本、《弇山堂别集》卷九九《中官考十》第一八八〇页、《国朝典汇》卷一九六《采珠宝》第八七六页上均作"梁谏"。《明世宗实录》卷一〇嘉靖元年正月乙丑条第八页下、卷三八嘉靖三年四月乙卯条第一二页上、卷七五嘉靖六年四月庚戌条第一页上皆载此期有名为"梁谏"的太监。"梁谏"当是。

页一上行九　　折革

〔原考〕三本"革"作"草"。

〔新考〕国图本作"折草"。《弇山堂别集》卷九九《中官考十》第一八八〇页、《国朝典汇》卷一九六《采珠宝》第八七六页上均载《实录》事,前者作"折粮折草",后者作"折草粮"。"草"字当是。

卷五八考证

页一上行二　　张崇

〔原考〕广本、阁本"崇"下有"德"字。

〔新考〕国图本作"张崇德"。同书卷九九嘉靖八年三月戊申条第五页下、卷一〇六嘉靖八年十月壬午条第九页下均载"佥事张崇德"。嘉靖《山东通志》卷一七《科目》第一四〇页下载有"张崇德",且载其为"沂州人。仕至佥事"。检万历《兖州府志》卷三六《科甲表》第八四四页、《贡举考》卷六第三九五页上、《碑录索引》第二五〇二页,皆作"张崇德"。当是。

页一上行一二　　杜同

〔原考〕广本、阁本"同"作"桐"。

〔新考〕国图本作"杜桐"。同书卷二〇嘉靖元年十一月丙寅条第一三页上载："除翰林院庶吉士郑一鹏、赵廷瑞、杜桐……为给事中。"《掖垣人鉴》卷一三第二七〇页上亦作"杜桐",其注文曰:"河南临颍县人,正德十六年进士。嘉靖元年十一月,由庶吉士授户科给事中。"查《登科录》第三〇一五页、《翰林记》卷一八《庶吉士题名》第一〇六五页下、嘉靖《河南通志》卷一七《科目》第二六四页下、《贡举考》卷六第四〇七页上、雍正《河南通志》卷四五《进士》第五七九页下、《碑录索引》第二五〇六页,皆作"杜桐"。且据《登科录》知杜桐"兄柟"等名皆从木。馆本"杜同"当作"杜桐"。

卷五九考证

页三上行五　　等言

〔新考〕"言",国图本、《嘉靖事例》之《议处陕西四镇边储》第一六二页上、《古今盐略》卷六第一二一页下、雍正《山东盐法志》卷一一下《惩奸商以通盐法疏》第五二四页上下原奏均作"盐",是。

页四上行四　　谭佑男纶袭父爵

〔原考〕广本"佑"作"祐"。

〔新考〕国图本作"谭佑"。然同书卷五五嘉靖四年九月戊辰条第二页上、《明宪宗实录》卷二一成化元年九月壬戌条第二页下、《明孝宗实录》卷二四弘治二年三月壬申条第六页下、《明武宗实录》卷三五正德三年二月戊寅条第三页下、《皇明功臣封爵考》卷三《新宁伯》第四二〇页下皆载新宁伯为"谭祐"。据《明功臣袭封底簿》卷三《新宁伯》第四八〇页至第四八一页载"正统十四年四月内,差往浙江镇守,(谭景)病故。本年十月初十日,伊男谭裕袭爵。景泰三年三月内,病故。伊母杨氏奏称庶男谭祐年九岁,乞要承袭……天顺元年六月初二日,本部题:奉圣旨,准他袭",知谭景二子之名均从示。馆本"谭佑"当作"谭祐"。

卷六〇考证

页四上行一一　　王玠

〔新考〕国图本作"王玠"。同书卷五九嘉靖四年闰十二月甲子条第一页下载"王价",卷七二嘉靖六年正月乙未条第三页下载"闲住教授王价",卷八二嘉靖六年十一月丁丑条第一页下载"致仕东昌府学教授王价"。《国榷》卷五三第三三三一页载《实录》事,亦作"王价"。此外,《皇明大政纪》卷二一第四四五页下、《万历野获编》卷二《嘉靖初议大礼》第三九页、《国朝典汇》卷一一六《献庙大礼》第八四二页上皆载"教谕王价"。疑馆本"王玠"当作"王价"。

页七上行一〇　　汪登

〔原考〕三本作"何钺"。

〔新考〕国图本作"何钺"。嘉靖《常德府志》卷一二《郡守》第一五页下亦作"何钺",且载其"字勋伯,应天府江宁县人……嘉靖四年改任"。万历《应天府志》卷一〇《科贡表上》第四一〇页下亦载何钺为江宁人,知府。此外,乾隆《江南通志》卷一三九《人物志》第七九页下载"何钺字勋伯,江宁人……终常德知府"。馆本"汪登"当作"何钺"。

卷六一考证

页二上行一一　　反覆

〔新考〕"覆",国图本、《国朝典汇》卷一七五《西戎》第六五九页下均作"复",是。

页二下行一〇　　八力

〔新考〕"八",国图本、《国朝典汇》卷一六一江防第三九六页下均作"人",是。

页二下行一二　　太常寺卿赵铭

〔新考〕国图本所载与馆本同。然同书卷四三嘉靖三年九月戊寅条第七页下载"升太常寺丞赵铭、吴大田为本寺少卿,俱藩伴读也",卷七五嘉靖六年四月乙卯条第二页上载"赐故太常寺少卿赵铭祭一坛。仍命有司治葬,以铭尝侍潜邸讲读也",可见,赵铭至死亦只是"太常寺少卿"。《国朝列卿纪》卷一三五《太常寺少卿年表》第二二五页上、《太常续考》卷七《少卿》第二八〇页下亦均载"赵铭"。馆本"太常寺卿"当作"太常寺少卿"。

页三下行一二　　丘部

〔新考〕"丘",国图本作"兵",是。

卷六二考证

页六下行一　　周煦

〔原考〕抱本"煦"作"昫"。

〔新考〕国图本、《礼部志稿》卷七二《考选馆职限数》第二三二页下均作"周煦"。《明世宗实录》卷五一嘉靖四年五月壬申条第七页下载"选授行人周煦……推官刘仞……俱为试监察御史……煦,湖广道",卷一五八嘉靖十三年正月庚申条第一〇页上载"升湖广道监察御史周煦为大理寺左寺丞"。《本朝分省人物考》卷六七《周煦》第七一页载:"周煦字启和,号弓冈,吉水人……正德辛巳登进士……随授行人。三年,授监察御史……升大理寺丞,转少卿,历都察院左右佥都、左右副都御史。"查《登科录》第三一二七页、嘉靖《江西通志》卷二六《科目》第三八一页下、万历《吉安府志》卷二〇《列传三》第三〇〇页上、《贡举考》卷六第四〇九页下、《碑录索引》第二五〇八页,皆作"周煦"。馆本"周照"当作"周煦"。

卷六三考证

页二上行五　　侍读

〔新考〕国图本作"侍读"。同书卷五二嘉靖四年六月辛亥条第七页上载:"升纂修官侍读翟銮翰林院学士……修撰唐皋侍讲学士。"《明一统志》卷一六《人物》第三八二页下也载唐皋"修《武宗实录》成,进侍讲学士"。此外,《本朝分省人物考》卷三七《唐皋》第五页上也载唐皋"与修《武宗实录》。《录》成,进侍讲学士"。馆本"侍读"当作"侍讲"。

页九下行七　　无复底上

〔新考〕"上",国图本、《弇山堂别集》卷九九《中官考十》第一八八二页均作"止",是。

卷六四考证

页一上行四　　山西左布政陶谐

〔新考〕国图本所载与馆本同。然《国朝列卿纪》卷一五〇《太仆寺卿行实》第三〇七页下载"闵楷……直隶河间府任丘县人,弘治乙丑进士。嘉靖五年,由山西左布政使升任。六年升工部右侍郎"。《明世宗实录》卷七三嘉靖六年二月辛未条第五页上载"升太仆寺卿闵楷为工部右侍郎"。雍正《山西通志》卷七八《职官》第六九〇页下载"闵楷,进士。嘉靖时任左布政使。直隶任邱人"。查《国朝列卿纪》卷一五〇《太仆寺卿年表》第三〇〇页至第三〇三页上,有"闵楷"而无"陶谐"。馆本"陶谐"当作"闵楷"。

页二上行八　　赐环

〔原考〕三本"环"作"还"。

〔新考〕国图本、《弇山堂别集》卷九九《中官考十》第一八八二页均作"赐还"。《皇明两朝疏抄》卷一二《广至明大英断以昭盛德疏》第四三六页上谢汝仪原奏作"臣又闻御史张衮因春时和,欲陛下宪天行道,乞将因议礼充军为民、降调谕德等官、丰熙等量加放还",亦为"赐还"意。馆本"环"当作"还"。

页六下行九　　练达正体

〔新考〕"正",国图本、《渭厓文集》卷一《辞升少詹事兼学士疏》第四七九页上霍韬原奏、《国朝典汇》卷三六《铨法》第一五六页下皆作"政",是。

卷六五考证

页八下行八　　侍读

〔新考〕国图本作"侍读"。然同书卷五二嘉靖四年六月辛亥条第七页下载"升……叶桂章、王三锡、陈沂、邝灏俱侍讲"。同书卷六三嘉靖五年四月壬戌条第三页下载"侍讲叶桂章",卷八一嘉靖六年十月丙寅条第一二页下载"侍讲陈沂、邝灏",可证嘉靖四年所升"侍讲"一职不误。王三锡当为"侍讲",馆本误。

页九上行九　　欲□宠于己

〔新考〕"□",国图本、《国朝典汇》卷一一六《献庙大礼》第八四八页下均作"固",当是。

卷六六考证

页一上行一一　　叶廷秀

〔新考〕国图本作"叶廷秀"。然同书卷二正德十六年五月己巳条第二一页上载"升藩邸纪善所纪善易辉太仆寺少卿,审理副蔡亨光禄寺少卿,伴读赵铭太常寺寺丞,叶廷芳及教授陈庠俱光禄寺寺丞",卷四九嘉靖四年三月甲戌条第五页上载"命修《献皇帝实录》……其以太傅兼太子太傅、定国公徐光祚、吏部尚书廖纪……寺丞叶廷芳为纂修(官)",卷一一一嘉靖九年三月戊申条第一二页上载"升光禄寺寺丞叶廷芳为本寺少卿"。万历《承天府志》卷二《扈从》第六五页下载"叶廷芳,广西人,由伴读升光禄寺寺丞"。查雍正《广西通志》卷七二《选举》第二二四页下,亦作"叶廷芳"。馆本"叶廷秀"当作"叶廷芳"。

页四上行二　　张录

〔原考〕广本、阁本"录"作"禄"。

〔新考〕国图本作"张录"。然《国朝典汇》卷一三七《兵部》第一七三页下作"张禄"。《明世宗实录》卷六五嘉靖五年六月甲寅条第一页下载"选授……知县端廷敕、张禄……俱试监察御史……禄,福建道"。嘉靖《山东通志》卷一七《科目》第一三八页上亦作"张禄",其注文曰:"平原人。见任御史。"查《登科录》第三一三四页、《贡举考》卷六第四一〇页上、《碑录索引》第二五〇八页,均作"张禄"。馆本"张录"当作"张禄"。

页六上行五　　勋人窃其绪余

〔新考〕"人",国图本、《世庙识余录》卷三第五〇三页下均作"又",是。

页九上行一二　　人尝闻

〔新考〕"人",国图本、《朱福州集》卷四《题为重民牧以安民生以固国本事》第一六一页下朱豹原奏均作"又",是。

卷六七考证

本卷未在原考的基础上有新的发现和明显推动。对原考保持肯定。

卷六八考证

页五下行二　　圣母

〔原考〕抱本、阁本作"母后"。

〔新考〕国图本、《皇明疏钞》卷八《慎守祖宗家法疏》第四六〇页下、《皇明两朝疏抄》卷三《慎守祖宗家法疏》第一〇三页下、《皇明嘉隆疏抄》卷一七第七二七页上石珤原奏均作"母后",当是。

卷六九考证

页一上行二　　瑞昌侯

〔新考〕国图本作"瑞昌侯"。然同书卷四七嘉靖四年正月己巳条第三页下、卷七三嘉靖六年二月乙亥条第六页下、《明功臣袭封底簿》卷一《瑞安侯》第八三页、《费文宪公摘稿》卷一七《王源》墓志铭第六二一页下、《皇明功臣封爵考》卷七《瑞安伯王源》第六一〇页上、《国朝献征录》卷三王源墓志铭第一一三页上皆载王桥为"瑞安侯"。馆本"瑞昌侯"误。

页三下行一一　　遂一议拟

〔新考〕"遂",国图本、《礼部志稿》卷八八《极异加省》第五八八页上均作"逐",是。

卷七〇考证

页一下行一　　如东昊者

〔原考〕三本"东"作"陈"。抱本"昊"作"吴"。

〔新考〕国图本作"如陈昊者"。《皇明疏钞》卷一五《靳滥予以重武阶疏》第五六九页上郑自璧原奏亦作"陈昊"。馆本"东"当作"陈"。

页四下行八　　累升兵部左侍郎

〔原考〕阁本"升"下有"协理"二字。

〔新考〕引文当为"累升兵部右侍郎"。国图本所载与馆本同。然同书卷三正德十六年六月辛丑条第一四页下载"升兵部右侍郎李钺为左侍郎"。卷三九嘉靖三年五月乙亥条第四页上、卷四〇嘉靖三年六月壬寅条第四页上亦均载李钺为"兵部左侍郎"。馆本"右"当作"左"。

卷七一考证

页三下行二　　三十余次

〔原考〕三本"三"作"二"。

〔新考〕国图本、《明政统宗》卷二二第六一八页上、《礼部志稿》卷四七《极异加省疏》第八八二页上、《皇明辅世编》卷三《杨文襄一清》第五九七页上、《明经世文编》卷一一九《灾异修省疏》第一一三二页上皆作"二十余次",当是。

页九上行九　　或以为懦掘

〔原考〕旧校改"掘"作"拙"。

〔新考〕国图本作"或以为懦拙"。《明经世文编》卷一一九《条陈修省事宜》第一一三四页上载杨一清奏议作"则以为拙且懦"。旧校是。

页一四上行四　　上坝

〔新考〕"上"，国图本、《嘉靖大政类编》之《河道》第七〇三页上均作"小"，是。

卷七二考证

页一上行一二　　诸开司开具条件

〔新考〕国图本、《礼部志稿》卷六《世宗肃皇帝修省之训》第八七页上均作"诸司开具条件"，是。

页二下行九　　今从全书

〔新考〕国图本作"今全书"，《太师张文忠公集》卷三《进大礼要略》第五六页上张璁原奏作"今之全书"。馆本"从"字当删。

页六下行七　　归顺官男岑嶂

〔原考〕阁本"官男"作"宣慰"。抱本、阁本"嶂"作"璋"。

〔新考〕国图本、同卷页一上行六均作"岑璋"。《鸿猷录》卷一五《诛灭岑猛》第三九六页下、《咸宾录》卷八《三江诸夷》第三八三页下、《皇明留台奏议》卷一五《计外叛清内蒙疏》第六六三页上、《广西名胜志》卷九《直隶土司》第一〇五页下、《兵机类纂》卷二七《沈希仪料岑猛》第六二九页上、《两浙名贤录》卷一八《兵部尚书姚英之镆》第五四四页上皆载岑猛岳父为"岑璋"。馆本"嶂"当作"璋"。

卷七三考证

页一下行一二　　叶行

〔原考〕广本、阁本"行"作"珩"。

〔新考〕国图本作"叶珩"。雍正《河南通志》卷三一《按察司佥事》第一五九页下亦作"叶珩",其注文曰:"福建莆田人,进士。"《登科录》第一〇页上、《贡举考》卷六第四〇〇页上、乾隆《福建通志》卷三六《明进士》第一四六页上、《碑录索引》第二五〇四页亦均作"叶珩"。且据《登科录》知叶珩"兄琛"等名皆从玉。馆本"叶行"当作"叶珩"。

页六下行三　　恭仁康景皇帝

〔新考〕国图本作"恭仁康定景皇帝"。同书卷四一嘉靖三年七月戊寅条第八页下、《明宪宗实录》卷一四八成化十一年十二月壬辰条第四页下、《明武宗实录》卷四二正德三年九月甲子条第九页上、正德《明会典》卷四三《忌辰朝仪》第五一三页上、《震泽集》卷一八《景皇后尊谥勅》第三二〇页下、万历《明会典》卷四四《忌辰朝仪》第三一三页下、《礼部志稿》卷一〇《忌辰朝仪》第一三一页下、《明谥纪汇编》卷四第四八七页上等大量明代史籍皆载为"恭仁康定景皇帝"。馆本"康"后当补"定"字。

卷七四考证

页一上行二　　汪元锡

〔原考〕阁本"元"作"玄"。

〔新考〕国图本作"汪玄锡"。同书卷六四嘉靖五年五月戊申条第七页上载:"改太仆寺少卿汪玄锡为太常寺少卿,提督四夷馆。"《国朝列卿纪》卷一五〇《太仆寺卿年表》第三〇一页上亦作"汪玄锡",且载其为

"直隶休宁人,进士。嘉靖六年任"。检弘治《徽州府志》卷六科第第三六页、《登科录》第一三页下、嘉靖《徽州府志》卷一三《科第》第二九三页下、《南京太仆寺志》卷七《少卿》第五三九页下、《碑录索引》第二四九八页,皆作"汪玄锡"。馆本"元"当作"玄"。

页一上行一一　　载罪

〔新考〕"载",国图本、《五边典则》卷七第一八页下均作"戴",是。

页九上行八　　尚书嵩张嵩

〔新考〕国图本作"尚书张嵩",是。

卷七五考证

页二上行八　　右侍郎

〔新考〕国图本作"右侍郎"。然同书卷六五嘉靖五年六月壬申条第七页上载:"兵部左侍郎胡世宁再以疾乞休。得旨:世宁既以病弱不能朝参,改南京吏部左侍郎,不允致仕。"《国朝列卿纪》卷六三《南京工部尚书行实》第三〇一页下载胡世宁"嘉靖丁亥(六年),由南吏左侍郎晋南京工部尚书"。《国朝献征录》卷三九《兵部尚书胡端敏公世宁传》第七五页上亦载胡世宁"乃调南吏部左侍郎……丁亥(嘉靖六年)夏五月升南京工部尚书"。胡世宁在晋升南京工部尚书前当为"南京吏部左侍郎"。馆本"右"当作"左"。

页三下行二　　陈时

〔新考〕国图本作"陈时"。然同书卷六三嘉靖五年四月辛未条第六页下至第七页上载"升右给事中陈时明、庞浩、卫道为左给事中……时明,户科",卷一二四嘉靖十年四月戊辰条第四页下载"参议陈时明"。《掖垣人鉴》卷一二第二六九页下载陈时明"山东堂邑县人,正德十六年进士……(嘉靖)五年,升礼科右、户科左。六年,升山西左参议"。查《登科录》第三一五页、嘉靖《山东通志》卷一七《科目》第一四二页上、《贡举考》卷六第四一〇页上、万历《山西通志》卷一二《左参议》第二四二页、雍正《山西通志》卷七八《职官》第六八九页上、《碑录索引》第二五〇八页,皆作"陈时明"。馆本"陈时"当作"陈时明"。

卷七六考证

页二下行七　　思又者

〔新考〕国图本、《楚纪》卷二八第七三一页上廖道南原奏、《两朝宪章录》卷三第五八八页上皆作"思者"。馆本"又"字当删。

页六上行七　　张瀚

〔原考〕广本、阁本"瀚"作"潮"。

〔新考〕国图本作"张潮"。同书卷五二嘉靖四年六月辛亥条第七页上载:"升……侍讲刘朴、尹襄、张潮俱司经局洗马。"《本朝分省人物考》卷一〇七《张潮》第一三七页载:"张潮字惟信……内江县人……正德庚午举于乡。辛未,连举进士。入翰林,为庶吉士。癸酉,授编修。……嘉靖辛巳充经筵展书官。壬午,预修《武庙实录》乙酉,升侍读,充经筵讲官。《实录》成,升司经局洗马。"查《登科录》第二六页下、嘉靖《四川总志》卷四《科第》第九九页下、《翰林记》卷一八《庶吉士题名》第一〇六五页上、《贡举考》卷六第三八七页上、《碑录索引》第二四九八页,皆作"张潮"。馆本"张瀚"当作"张潮"。

页六下行一〇　　工部尚书秦童瑞

〔新考〕国图本作"工部尚书童瑞",是。

卷七七考证

页一上行二　　都御史

〔原考〕广本、阁本、东本"都"上有"右"字。

〔新考〕国图本作"都御史"。然同书卷七二嘉靖六年正月癸巳条第三页上载"平论平岑猛功,升提督两广右都御史姚镆为左都御史"。《国朝献征录》卷五七《兵部尚书太子少保姚公镆墓志铭》第一〇五页上亦载平岑猛后,姚镆"进左都御史"。《国榷》卷五三第三三五四页载《实录》事,亦作"左都御史"。馆本"都"上当补"左"字。

页一上行三　　杨一清曰等曰

〔新考〕国图本作"杨一清等曰",是。

页六下行八　　谭瓉

〔原考〕抱本、阁本"瓉"作"缵",东本作"攒"。

〔新考〕国图本作"谭缵"。同书卷二七嘉靖二年五月壬午条第四页上载:"选授行人邓显麟、谭缵……俱试监察御史……缵,江西道。"据雍正《四川通志》卷九上第三九五页下载谭缵"蓬溪人。由进士。以行人选授江西道监察御史",查《登科录》第八五页上、嘉靖《四川总志》卷一一《科第》第二二一页上、万历《四川总志》卷一一《科第》第四四九页上、《贡举考》卷六第四〇三页下、《碑录索引》第二五〇六页,皆作"谭缵"。馆本"瓉"当作"缵"。

页七上行三　　司马光迁

〔原考〕旧校删"光"字。

〔新考〕国图本、《国朝典汇》卷一二二《从祀》第一五页下均作"司马迁",是。

卷七八考证

页一上行九　　等臣等

〔新考〕国图本、《国朝典汇》卷三八《京官考察》第一六六页下均作"臣等",是。

页四下行一二　　圣慈康寿太皇太后

〔新考〕国图本所载与馆本同。然《东瓯张文忠公奏对稿》卷五《孝惠祖妣谥》第二八四页下张璁原奏作"慈圣康寿太皇太后"。《明武宗实录》卷七〇正德五年十二月甲午条第三页下亦载"慈圣康寿太皇太后"。《吾学编》卷一〇第一九三页下、《弇山堂别集》卷三一《帝统》第五五三页、《明谥纪汇编》卷四第四八七页皆载王氏尊号为"慈圣康寿太皇太后"。馆本"圣慈"当为"慈圣"之倒。

页七上行一　　都督陈桂勇

〔新考〕国图本作"都督桂勇",是。

卷七九考证

页七上行一二　　金克存

〔原考〕广本、阁本"存"作"厚"。

〔新考〕国图本作"金克存"。然《吏部职掌》之《公侯教读》第五二页上、《万历野获编》卷五《驸马再选》第一三二页、《国朝典汇》卷一一《驸马公主》第四二三页下皆作"金克厚"。王圻《续文献通考》卷五五《勋戚入学事例》第七〇〇页载:"(嘉靖)六年九月,司礼监太监韦霦传奉圣旨:朕欲为驸马都尉谢诏选儒臣为师,读书习礼……本部会推助教金克厚及议得本官原系进士出身……奉旨:金克厚升礼部仪制司主事。职衔专在

73

驸马都尉谢诏府教习经书。"查《登科录》第八五页上、嘉靖《浙江通志》卷五二《选举志》第四〇七页、《贡举考》卷六第四一六页下、《碑录索引》第二五一一页,皆作"金克厚"。馆本"金克存"当作"金克厚"。

页八下行九　　不过越一人

〔原考〕广本、阁本"不"下有"敢"字,是也。"过越"作"越过"。〔新考〕国图本、《皇明诏令》卷二〇《申严宪纲勅》第四六六页下、《南京都察院志》卷一《世宗肃皇帝》第五五页上均作"不敢越过一人",是。

卷八〇考证

页五上行二　　张纶

〔新考〕国图本、《世庙识余录》卷四第五一三页上均作"章纶"。《钦明大狱录》卷下第七〇五页下载:"李璋、李珏、章纶身居藩臬,胆落霜台,乃与马豸连结三司。成一纲,杀人以媚人。"同书第七〇八页上处罚犯人名单载:"章纶,年五十岁,系锦衣卫镇抚司军匠籍。任山西按察司佥事。"雍正《山西通志》卷七八《职官》第六八八页上载:"章纶,进士。正德时,任巡按宣大御史。嘉靖时,为佥事。浙江嘉兴人。"查《登科录》第八七页下、《贡举考》卷六第三九〇页上、《国朝献征录》卷六五《御史马录传》第五八〇页上、雍正《浙江通志》卷一三二《进士》第四五四页下、《碑录索引》第二五〇〇页,皆作"章纶"。广本"张纶"当作"章纶"。

页八上行六　　太子太保

〔原考〕抱本、阁本"太保"作"少保"。

〔新考〕国图本作"太子少保"。同书卷一〇四嘉靖八年八月戊寅条第七页下载"致仕太子少保、南京吏部尚书吴一鹏"、卷二五八嘉靖二十一年二月壬子条第一页上载"致仕太子少保、南京吏部尚书吴一鹏卒",均证吴一鹏在任期间未获赠"太子太保"。另,《国朝献征录》卷二七吴一鹏传第三九九页下载："丁亥(六年)春,复申前请……公奏加太子少保,改南京吏部……己丑(八年),尚书满二考,复上疏乞休……上察公真诚,特俞之。"《礼部志稿》卷五三《尚书吴一鹏》第九七九页下载："吴一鹏……加太子少保,改南京吏部尚书,踰年以疾致仕。"均证吴一鹏致仕前所赠为"太子少保"。广本"太子太保"当作"太子少保"。

卷八一考证

页四下行二　　五百名

〔新考〕"名",国图本、《五边典则》卷一六第三九六页下均作"石",是。

页六上行三　　二妃

〔新考〕国图本作"二妃"。然《谕对录》卷一第六五页下张璁原奏作"三妃"。《礼记注疏》卷七第一二八一页中载："舜南巡守,因征有苗而死……故遂葬于苍梧之野。盖三妃未之从也者……案《帝王世纪》云,长妃娥皇无子,次妃女英生商均,次妃癸比生二女,霄明、烛光是也。"广本"二"当作"三"。

页一三上行九　　金潞

〔原考〕抱本"潞"作"璐"。

〔新考〕国图本、《吏部职掌》之《改用官员》第四七页上、《国朝典汇》卷六五《翰林院》第四〇八页下、《国榷》卷五三第三三六六页均作"金潞"。嘉靖《浙江通志》卷五一《选举志》第三九九页、《西湖游览志》卷八《北山胜迹》第一三八页下、《贡举考》卷六第四二〇页下、《碑录索引》第二五一二页皆作"金璐"。广本"潞"当作"璐"。

页一六下行一一　　徐邳

〔新考〕国图本、同页下文、《渭厓文集》卷二《议处黄河疏》第四九一页上、《明经世文编》卷一八六《议处黄河疏》第一九〇五页下霍韬原奏均作"徐沛",是。

卷八二考证

页二上行六　　邝忭

〔原考〕抱本"忭"作"汴"。

〔新考〕国图本作"邝汴"。同书卷八七嘉靖七年四月庚戌条第三页上载户部主事名"邝汴"。《弇州史料》前集卷九《科举考》第五四四页下至第五四五页上载"是科改进士袁袠、陆粲……邝汴……张铎等俱为庶吉士。明年十月,诏以庶吉士为部属科道等官,而陆居首仅得给事中,其次部属。又次御史,其江以潮、杨恂为评事,李元阳以下为知县,盖大学士张璁等意也",即《实录》事,亦作"邝汴"。查嘉靖《河间府志》卷二六《科贡》第七三〇页下、《贡举考》卷六第四三〇页上、《礼部志稿》卷四四《历官表》第八二六页下、《碑录索引》第二五一二页,皆作"邝汴"。广本"忭"当作"汴"。

页七下行五　　潜滥绝

〔新考〕"潜",国图本、《范东文集》卷一《儆灾预防以保至治事疏》第三九九页上刘隅原奏均作"僭",当是。

卷八三考证

页七上行一〇　　行粮草粮

〔新考〕国图本、《皇明疏钞》卷三〇《条陈弊政疏》第四七页上李承勋原奏、《皇明辅世编》卷四《李康惠承勋》第六五七页上均作"行粮草料",当是。

页十一上行二　　洗光

〔原考〕抱本"洗"作"沈"。

〔新考〕国图本作"冼光"。《明武宗实录》卷二七正德二年六月丙申条第四页下载:"授知县舒晟、张羽、冼光……李云、贺泰为试监察御史,光、云,陕西道。"《本朝分省人物考》卷一一一《冼光》第二三二页上载:"冼光字汝实,南海人……举弘治丙辰《进士》。授江西安仁知县……召为陕西道御史……嘉靖戊子(七年),以荐起南京通参。"查《登科录》第一九七五页、嘉靖《广东通志初稿》卷二〇《科贡下》第三六七页下、《贡举考》卷五第三五八页上、万历《粤大记》卷一七《献征类》第三一二页上、《碑录索引》第二四八七页,皆作"冼光"。广本"洗"当作"冼"。

页一三上行二　　所为

〔新考〕国图本、《明经世文编》卷一一九《团营疏》第一一三六页上杨一清原奏、《皇明辅世编》卷三《杨文襄一清》第五九八页下皆作"所谓",是。

页一七上行三　　㴨湎

〔新考〕国图本作"聪湎"。《明孝宗实录》卷一四五弘治十一年十二月甲寅条第一四页下至第一五页上载:"上御奉天殿传制……册封……代府灵丘庄和王长子聪湎为灵丘王。"《弇山堂别集》卷七五《谥法六》第一四三九页、《礼部志稿》卷七七《代行礼仪》第三三七页下、《明谥纪汇编》卷一一第五一四页下皆载灵丘王名"聪湎"。据《钦定续文献通考》卷二〇五《帝系考》第八〇六页下至第八〇七页上载"五世成錬子聪沬…成毁子聪湎……成□子聪羕",知聪湎兄弟以"聪"字排行。广本"㴨"当作"聪"。

卷八四考证

页五上行八　　潘琜

〔新考〕国图本作"潘琜"。然《国朝列卿纪》卷七七《南京都察院左右副都御史年表》第四五四页下作"潘珍",其注文曰:"直隶婺源人,进士。"《国朝献征录》卷四〇潘珍墓志铭第一七〇页载:"公姓潘氏,讳珍,字玉卿。世居婺源之桃溪……壬戌,登进士。授浙江绍兴府诸暨县知县……寻升山东按察司佥事……升山东按察使……升湖广右布政使,寻转左……升右副都御史,巡抚辽东,赞理军务……服阕,改南京右副都御史,提督操江。"查《登科录》第五二页上、弘治《徽州府志》卷六《科第》第三六页下、嘉靖《山东通志》卷一〇《按察使》第四六页上、嘉靖《辽东志》卷五《巡抚》第五七七页下、万历《湖广总志》卷一九《左布政使》第六三七页下、《贡举考》卷五第三六九页下、《碑录索引》第二四九二页,皆作"潘珍"。馆本"琜"当作"珍"。

卷八五考证

页七下行七　　管揖

〔新考〕国图本作"管揖"。同书卷一二八嘉靖十年七月丙子条第八页下载:"升誉黄右通政管楫为太常寺卿,提督四夷馆。"《国朝列卿纪》卷八六《通政使司提督誉黄右通政年表》第五〇九页下亦作"管楫",其注文曰:"陕西咸宁人,进士。嘉靖七年任。十年,升提督四夷馆卿。"查《登科录》第二一页上、嘉靖《山东通志》卷一〇《职官》第三七页下、《贡举考》卷六第三八六页下、雍正《陕西通志》卷三〇《进士》第六三二页下、《碑录索引》第二四九八页,皆作"管楫"。且据《登科录》,知管楫"兄相、栩"等之名皆从木。馆本"揖"当作"楫"。

页一三上行一　　邓宏

〔原考〕广本、抱本"宏"作"鋐",阁本作"鋐"。

〔新考〕国图本作"邓鋐"。同书卷五一嘉靖四年五月壬申条第七页下载:"选授行人周煦……知县丘养浩……邓鋐、杨彝俱为试监察御史……鋐,广西道。"《明一统志》卷六二《荆州府》第三〇四页下亦作"邓鋐",其注文曰:"江陵人,领正德丁卯乡荐,授南阳知县……征入为御史。以直忤于时,迁柳州守……擢广东副使。"查嘉靖《广西通志》卷八《柳州府知府》第一〇三页下、嘉靖《广东通志初稿》卷七《副使》第一四八页下、《本朝分省人物考》卷七九《邓鋐》第三一四页下、雍正《湖广通志》卷三五《正德二年丁卯乡试榜》第三三五页上,亦均作"邓鋐"。馆本"宏"当作"鋐"。

卷八六考证

页二上行八　　世子真淤

〔原考〕阁本"淤"作"㳻",下同。

〔新考〕国图本所载与阁本同。同书卷二一嘉靖元年十二月辛丑条第一三页上、《明孝宗实录》卷一八二弘治十四年十二月辛酉条第五页上、《吾学编》卷一六《肃王》第二四八页下、《弇山堂别集》卷七〇《谥法一》第一三一七页至第一三一八页、《礼部志稿》卷七七《代行礼仪》第三三七页上、《明谥纪汇编》卷一二第五三六页上亦皆载肃王世子名"真淤"。馆本"淤"当作"㳻"。

页一四下行六　　敖越

〔原考〕抱本、阁本"越"作"钺"。

〔新考〕国图本作"敖钺"。同书卷二一嘉靖元年十二月辛巳条第三页上载"湖广 荆州府 潜江县知县敖钺"。万历《承天府志》卷九《宦迹》

第一八一页上载"敖钺字秉之,江西高安人。由举人。嘉靖初,任潜江县",万历《龙游县志》卷六《知县》第七一页载敖钺"字秉之,万安人。由举人。六年,除。治行称著,擢监察御史"。查正德《瑞安州志》卷八《科第》第九页上、嘉靖《江西通志》卷三一《科目》第五二五页下,均作"敖钺"。馆本"越"当作"钺"。

卷八七考证

页一上行五　　临时失于应援

〔新考〕"时",国图本、《五边典则》卷七第二〇页上均作"事",当是。

页一下行九　　韩正英

〔新考〕国图本作"韩正英"。然隆庆《岳州府志》卷一三《宦迹列传》第五八页下作"韩士英",其注文曰:"字廷延,四川南充人,进士。嘉靖初,以南京户部郎中迁知府事……后官至户部尚书。"查《明一统志》卷六二《名宦》第三一七页上、万历《四川总志》卷一〇《进士》第四〇八页下、《国朝列卿纪》卷三四《南京户部尚书年表》第五四三页下、《贡举考》卷六第三九三页上、《碑录索引》第二五〇一页,皆作"韩士英"。馆本"正"当作"士"。

卷八八考证

页七上行八　　不勘者

〔新考〕"勘",国图本、《陆子余集》卷五《劾太监阎洪疏》第六四四页下、《明经世文编》卷二八九《劾太监阎洪疏》第三〇五页上陆粲原奏均作"堪",当是。

卷八九考证

页八上行二　　以进朕追慕之情

〔新考〕"进",国图本、《礼部志稿》卷六二《嘉靖上徽号》第四一页上均作"尽",是。

页一五下行一二　　外赞昌

〔新考〕国图本作"外赞唱",是。

页一七上行二　　就就位

〔新考〕国图本所载模糊不清。但同书卷二一六嘉靖十七年九月乙亥条第三页上所载成祖、睿宗改题神主及祔庙仪此节均作"就位",是。

页二〇下行五　　刘王

〔新考〕国图本缺载。《北虏事迹》第一三页下、《皇明经济文录》卷三九《为调集各路军马防御虏寇事》第五四七页上均载延绥副总兵名"刘玉",当是。

页二一下行一〇　　侍读学士

〔新考〕国图本缺载。同书卷八一嘉靖六年十月丙寅条第一三页上载:"遂改……南京通政司右参议许诰为翰林院侍讲学士。"《国朝献征录》卷三一许诰墓志铭第五六四页上载:"丙戌(嘉靖五年),帝以文学侍从弗充经幄,命辅臣各举所知。公被荐,改侍讲学士。"《国朝列卿纪》卷二〇《翰林院学士讲读学士年表》第三二九页下亦载许诰为翰林院"侍讲学士"。馆本"读"当作"讲"。

卷九〇 考证

页三下行一二　　翰林完

〔新考〕国图本,同书卷一一一嘉靖九年二月戊戌条第七页下、卷一九二嘉靖十五年十月甲午条第三页下,《南宫奏议》卷五《册立东宫仪》第二九八页上所载颁诏仪此节均作"翰林院",是。

页四上行三　　至于中

〔新考〕国图本所载与馆本同。然同书卷一一一嘉靖九年二月戊戌条第七页下所载颁诏仪此节作"置于中"。严嵩《南宫奏议》卷五《册立东宫仪》第二九八页上所载颁诏仪此节作"置于殿中"。馆本"至"当作"置"。

页五上行一　　皇祖批

〔新考〕国图本缺载。此处指皇祖母。"批"当作"妣"。

页一二上行三　　王绾

〔新考〕国图本、同页下文、《国朝典汇》卷一八四《评奏》第七七二页上均作"黄绾",是。

页一五上行二　　洪武政圣记

〔原考〕应作"《洪武圣政记》"。

〔新考〕国图本、《明政统宗》卷二二第六二七页下、《两朝宪章录》卷四第五九八页下、《国朝典汇》卷二一《国史实录》第六〇〇页下皆作"《洪武圣政记》",是。

卷九一考证

页七下行一　　侍读

〔原考〕广本、抱本"读"作"讲"。

〔新考〕国图本作"侍讲"。同书卷八一嘉靖六年十月丙寅条第一三页上载："遂改大理寺左少卿黄绾为詹事府少詹事兼翰林院侍讲学士。"同书卷八九嘉靖七年六月辛丑条第一页上、《国朝列卿纪》卷二一《兼学士兼讲读学士年表》第三五一页下、《国朝献征录》卷三四黄绾行状第六三五页下、《礼部志稿》卷五四《尚书黄绾》第九八一页下、《南京都察院志》卷三九《经历列传》第四四七页上、《两浙名贤录》卷四《黄宗贤先生》第一三五页上均载黄绾为"侍讲学士"。馆本"读"当作"讲"。

页一二下行四　　谒诚图报

〔新考〕"谒"，国图本、同页下文、《世庙识余录》卷五第五一九页上均作"竭"，是。

页一三上行一二　　左副都御史

〔新考〕国图本作"右副都御史"。同书卷一〇四嘉靖八年八月丙戌条第一四页上载"改巡抚山东右副都御史王尧封巡视浙江、福建沿海地方"，卷一六三嘉靖十三年五月己丑条第三页下载："改巡抚陕西都察院右副都御史王尧封于南京都察院，提督操江。"《国朝列卿纪》卷七七《南京都察院左右副都行实》第四六一页上载："（王尧封）嘉靖二年，升巡抚山东右佥都御史。七年，加右副都。"《南宫奏稿》卷五《一类奏灾异疏》第五四二页上、《本朝分省人物考》卷五《王尧封》第一一七页上、《国榷》卷五四第三四〇八页皆载王尧封仅曾任"右副都御史"或"右副都"。馆本"左副都御史"之"左"当作"右"。

页一三上行一二　　右布政使

〔原考〕三本"右"作"左"。

〔新考〕国图本作"左布政使"。《南京太仆寺志》卷七《卿》第五三七页上载钱如京"直隶 桐城人,弘治壬戌进士。嘉升七年,由山西左布政升任"。嘉靖《安庆府志》卷一九《人物》第七三三页载:"钱如京字公溥,桐城人,弘治间登进士……嘉靖初,改江西,升浙江按察使……贤声益起,擢湖广右布政、山西左布政、南京太仆寺卿,迁都察院右副都御史,巡抚保定等府。"《国朝列卿纪》卷一〇七《提督两广军务兼理巡抚》第七一六页上、《本朝分省人物考》卷三五《钱如京》第六九七页上、万历《山西通志》卷一二《左布政》第二三二页亦均载钱如京仅曾担任"山西左布政"。馆本"右"当作"左"。

卷九二考证

页七上行一二　　上征一分

〔新考〕"上",国图本、《皇明辅世编》卷四《李康惠承勋》第六五九页下均作"止",是。

卷九三考证

页二下行三　　除州

〔新考〕国图本作"滁州"。《国朝献征录》卷三九王邦瑞墓志铭第一一一页下载其为"滁州"知州。康熙《滁州志》卷一三《知州》第一二页载有"王邦瑞"。此外,乾隆《江南通志》卷一一八《名宦》第四八六页下载"王邦瑞字惟贤,宜阳人,嘉靖中,知滁州"。国图本是。

页三下行一　　王带

〔新考〕国图本、《皇明典礼志》卷一〇《皇后丧礼》第一〇〇页下、《礼部志稿》卷八六《嘉靖年行》第五五〇页上均作"玉带",是。

页七上行二　　奏奏收厨役

〔新考〕国图本作"奏收厨役",是。

页一八上行四　　马鸣凤

〔原考〕三本"马"作"冯"。

〔新考〕国图本作"冯鸣凤"。《五边典则》卷二二第六一九页上载《实录》事,亦作"冯鸣凤"。《殊》域周咨录卷九《云南百夷》第七二七页上、乾隆《云南通志》卷一八下《都指挥佥事》第六〇六页下均载指挥名"冯鸣凤"。馆本"马鸣凤"当作"冯鸣凤"。

卷九四考证

本卷未在原考的基础上有新的发现和明显推动。对原考保持肯定。

卷九五考证

页三上行七　　万载知县

〔新考〕国图本所载与馆本同。然万历《金华府志》卷一七《国朝义乌县》第七六三页上载虞守愚"初宰嘉鱼,调万安"。万历《吉安府志》卷一四《万安县城》第二〇五页下、同治《万安县志》卷八《县令》第六三六页下亦均载虞守愚为万安知县。馆本"载"当作"安"。

页五上行二　　户科给事

〔新考〕国图本作"户科都给事中",《两朝宪章录》卷四第五九九页下作"户科给事中"。馆本"事"后当补"中"字。

页一〇下行九　　民间谷贱

〔新考〕国图本作"民间谷贱"。《胡端敏奏议》卷九《尽沥愚忠以求采择疏》第七一三页上胡世宁原奏作"民间米穀价钱"。馆本"问"当作"间"。

页一三上行六　　于三边

〔原考〕阁本"于"上有"悉"字。

〔新考〕国图本、《五边典则》卷一七第四〇七页下所载均与阁本同。《渭厓文集》卷二《夷情疏》第五三四页上、《皇明疏钞》卷五八《夷情疏》第五九一页上、《明经世文编》卷一八六《哈密疏》第一九一三页下所载霍韬原奏均作"悉于三边",是。

卷九六考证

页一三下行二　　鲁土观滉

〔原考〕旧校改"土"作"王"。

〔新考〕国图本缺载。同书卷九三嘉靖七年十月戊辰条第一六页下载:"命武进伯朱江等为正使,左春坊左赞善张治等为副使,持节册封鲁庄王嫡长曾孙观炡为鲁王。"据《钦定续文献通考》卷二〇八《封建考》第九〇七页下载鲁国传授世次,此时鲁王也为"观炡"。《弇山堂别集》卷七〇《谥法一》第一三一七页、《明谥纪汇编》卷一〇第五〇一页下均载鲁王名"观炡"。此外,《明世宗实录》卷二〇四嘉靖十六年九月丙戌条第二页上载"鲁王观炡以冲岁袭爵,狎比群小"一语亦可证馆本"观滉"当作"观烶"。"土"当作"王"。

卷九七考证

页一二上行二　　安可以安矣

〔新考〕国图本、《谕对录》卷一〇第一六四页下世宗原谕均作"或可以安矣",当是。

页一二上行六　　二石

〔新考〕国图本所载与馆本同,《胡端敏奏议》卷一〇《再陈病势恳乞天恩代任以免误国疏》第七四四页上、卷一〇《谢恩疏》第七四四页上均载为"三石"。

卷九八考证

页七上行一二　　抵毁

〔新考〕国图本所载与馆本同。《两朝宪章录》卷四第六〇一页上、《世庙识余录》卷五第五二一页上均作"诋毁","诋"当是。

页一五下行一　　女子之故

〔新考〕国图本、《皇明辅世编》卷三《杨文襄一清》第六〇三页上、《明经世文编》卷一一九《王府疏》第一一四二页上杨一清原奏均作"子女之故",是。

页一八下行五　　郑韶

〔新考〕国图本作"郑韶"。然嘉靖《山东通志》卷一〇《左布政使》第四二页上仅载有"郭韶",其注文曰:"霍州人,进士。陕西右布政任。"《本朝分省人物考》卷一〇〇《郭韶》第七一六页上载："郭韶,霍州人,弘治中进士。任宁国府同知……官至山东左布政致仕。"嘉靖《山东通志》卷二《单县》第七四九页上载："嘉靖二年,黄河水溢,县城垫没。巡抚都御史王尧封督同左布政使郭韶、按察使潘珍建议迁县治旧城北。"检《登科录》第七五页上、《贡举考》卷五第三六四页下、雍正《山西通志》卷一一一《人物》第七八〇页下、雍正《陕西通志》卷二二《右布政使》第一九五页上、《碑录索引》第二四九〇页,皆作"郭韶"。馆本"郑韶"当作"郭韶"。

页一八下行九　　刘璋

〔新考〕国图本作"刘璋"。然同书卷一二一嘉靖十年正月甲辰条第一一页下载："升……开封府知府刘漳为河南右参政。"万历《开封府志》卷二八《宦迹》第八一六页上载："刘漳,陕西兰州人。嘉靖初,知开封府。"据乾隆《甘肃通志》卷三四《人物》第二九七页上载："刘漳字永济,号南泉,兰州人,正德十二年进士。授户部主事,历升河南开封知府。"查《登科录》第五七页上、《贡举考》卷六第四〇二页上、《国朝献征录》卷六二刘漳传第三六四页下、《碑录索引》第二五〇五页,皆作"刘漳"。且据《登科录》知刘漳"弟泾"。刘漳兄弟之名皆从水。馆本"璋"当作"漳"。

卷九九考证

页一下行五　　浸渔。

〔新考〕"渔"后句号当删。国图本、《两朝宪章录》卷四第六〇二页上、《荒政要览》卷二第一一二页下、《国朝典汇》卷九九《救荒》第六三六页上均作"侵渔"。《同安林次厓先生文集》卷一《荒政丛言疏》第四四五页上林希元原奏作"禁侵渔者"。馆本"浸"当作"侵"。

页十一下行五　　左参政

〔新考〕国图本作"左参政"。然同书卷七七嘉靖六年六月辛酉条第六页上载"升……河南按察司副使陶谐为本布政司右参政",卷一〇三嘉靖八年七月庚子条第四页下载"升河南布政使司右参政陶谐为本司右布政使"。嘉靖《河南通志》卷一二《右参政》第一六七页下载有"陶谐"。此外,《桂洲文集》卷一三《奉勅查勘青羊山平贼功次疏》第六一〇页上夏言原奏亦载陶谐为《右参政》。馆本"左"当作"右"。

卷一〇〇考证

页三上行五　　任翰

〔新考〕国图本作"任翰"。然《贡举考》卷六第四二六页上载世宗批奖之事,作"任瀚"。复据《贡举考》同页下文,知任瀚为二甲进士,"四川南充县"人。查《登科录》第九页下、万历《四川总志》卷一〇《进士》第四〇九页上、《碑录索引》第二五一五页,均作"任瀚"。且据《登科录》知任瀚"兄淞、江"等名皆从水。馆本"翰"当作"瀚"。

页四上行九　　徐瓒

〔新考〕国图本作"徐瓒"。当作"徐讚"。详参卷三四页四上行四"徐讚"条之辨析。

页四上行一二　　右参政

〔新考〕国图本作"右参政"。然同书卷九六嘉靖七年十二月庚寅条第一三页上载:"赵载、彭浚各赏纻丝二表里,升载左参政。"《国朝列卿纪》卷七七《南京都察院左右副都行实》第四六一页上亦载赵载为"陕西左参政"。是疑馆本"右"当作"左"。

卷一〇一考证

页四下行九　　左参议

〔新考〕国图本作"左参议"。然同书卷九五嘉靖七年十一月壬戌条第一三页下载"升河南道监察御史杨谷为南京通政使司右参议"。《国朝列卿纪》卷八九《南京通政使司左右参议年表》第五一九页上及《吏部职掌》之《离任升补》第八三页上世宗圣旨亦均载杨谷为"右参议"。馆本"左"当作"右"。

卷一〇二考证

本卷未在原考的基础上有新的发现和明显推动。对原考保持肯定。

卷一〇三考证

页五上行六　　潘瑶

〔新考〕国图本作"蒋瑶"。同书卷一一三嘉靖九年五月壬寅条第三页下载"工部左侍郎蒋瑶"。《国朝列卿纪》卷六二《工部尚书行实》第二七六页上载："蒋瑶字粹卿,浙江湖州府归安县人,弘治己未进士……嘉靖二年,升湖广右布政使……八年,升工部右侍郎。本年,升本部左侍郎。"查《登科录》第四五页上、嘉靖《浙江通志》卷五一《选举志》第三八六页、《贡举考》卷五第三六三页上、《国朝献征录》卷五〇蒋瑶神道碑第五九七页上、《碑录索引》第二四八九页,皆作"蒋瑶"。馆本"潘瑶"当作"蒋瑶"。

卷一〇四考证

页一二下行一　　杨秉文

〔新考〕国图本作"杨秉文"。然同书卷一〇五嘉靖八年九月丙申条第三页上载"吏部尚书方献夫等奉旨详核科道官所论劾党附张璁、桂萼诸臣,除已有旨留用外,如南京刑部尚书何诏……都给事中杨秉义、御史刘模……南京刑部郎中刘汝楫俱有干清议……请令科道官廉访。果有私厚擅用者,指名参奏。庶事无枉滥,而人心不摇",即《实录》之事,作"杨秉义"。同书卷七九嘉靖六年八月壬子条第三页下载:"升礼(吏)科左给事中杨秉义、刑科左给事中庞浩为都给事中……秉义、良弼皆吏科。"此外,《掖垣人鉴》卷一二第二六三页下载杨秉义"直隶华亭人,正德九年进士。十二年八月,由行人选兵科给事中……嘉靖三年复除……六年升礼科左。寻升吏科都。以疾请归,本年致仕"。最为重要的是,遍稽他史,未见此期有名为杨秉文的都给事中。馆本"文"当作"义"。

页一三上行九　　二八日

〔新考〕国图本作"二八日"。然《渭厓文集》卷三《国是疏》第五四五页上霍韬原奏作"三、八日"。《明世宗实录》卷七六嘉靖六年五月乙酉条第五页载"上谕内阁:令讲官及翰林官日轮一员将经书、《通鉴》撮其有关君德、政事与修省之道者,直录其义以赞所未晓……一清等复请于经筵讲官内与日讲官各分为两班,每逢三、八日,各轮一人进讲",即此处事,亦作"三、八日"。《殿阁词林记》卷一四《评文》第三二二页上、《楚纪》卷六〇《感遇》第六〇二页下、《国朝典汇》卷二五《经筵日讲》第六四七页下皆作"三、八日"。馆本"二"当作"三"。

卷一〇五考证

页二下行九　　右中允

〔新考〕国图本作"右中允"。然同书卷一〇四嘉靖八年八月戊子条第一五页上、卷一二八嘉靖十年七月甲寅条第二页上均载孙承恩为"左中允"。《国朝献征录》卷一八孙承恩墓志铭第七三三页下亦载其为"左中允"。《桂洲文集》卷一五《奏札》第六五三页上、《国榷》卷五五第三四四七页也均载孙承恩为"左中允"。《礼部志稿》卷五四《尚书孙承恩》第九八二页下载为"左春坊中允",而左春坊属官有左中允无右中允。馆本"右"当作"左"。

卷一〇六考证

页三上行一〇　　载盛

〔原考〕抱本"盛"作"壖",是也。

〔新考〕国图本作"载壖"。同书卷三五六嘉靖二十九年正月丙戌条第二页上载:"荆府 永定王 载壖薨,赐祭葬如例。"《钦定续文献通考》卷二〇八《荆国传授世次》第九三七页上载载壖"初封永定王,未袭,卒。以子翊巨袭爵追封"。据《钦定续文献通考》卷二〇五《帝系考》第八一五页上载:"厚烃子载壖,厚焜子载坢,厚煋子载壕,厚焌子载垰,厚熙子载塔",知厚壖兄弟名之末字皆从土。馆本"盛"当作"壖"。此外,《弇山堂别集》卷七五《谥法六》第一四三九页、《明谥纪汇编》卷一一第五一五页上、《国榷》卷五九第三七四四页皆载永定王名"载壖",可证馆本误。

页八上行七　　兵科右给事中

〔新考〕国图本作"兵科右给事中"。然同书卷九五嘉靖七年十一月乙卯条第五页下载"升……礼科右给事中徐景嵩、兵科右给事中陈守愚俱左给事中……守愚,兵科",卷一三一嘉靖十年十月乙酉条第二页下载"升兵科左给事中陈守愚为刑科都给事中"。《掖垣人鉴》卷一三第二七二页下载陈守愚"(嘉靖)七年,升兵科右、兵科左。十年,升刑科都"。馆本"右"当作"左"。

卷一〇七考证

页八上行一一　　侍讲

〔原考〕抱本"讲"作"读"。

〔新考〕国图本作"侍讲"。同书卷八一嘉靖六年十月戊午条第六页上载:"升……司经局洗马张潮侍讲学士。"同书卷九三嘉靖七年十月乙卯条第一〇页下、《国朝列卿纪》卷二〇《翰林院学士讲读学士年表》第三二九页下均载张潮为"侍讲学士"。不过,《国朝献征录》卷一八张潮行状第七三六页上载张潮"丁亥(嘉靖六年),升侍读学士兼日讲,并撰诰勅、日录、国史",存疑。

卷一〇八考证

页六下行一二　　乞弘治七年

〔新考〕"乞",国图本作"迄",是。

页九下行三　　王渐

〔新考〕国图本作"王渐"。然同书卷一九七嘉靖十六年二月乙卯条第二页上载"勒刑部主事王渐逵冠带闲住。渐逵在告十余年,起官未久,复以母老乞归。上以其欺诈推避,黜之,命吏部不许朦胧起用",即此处之人,作"王渐逵"。《本朝分省人物考》卷一一一《王渐逵》第二四〇页下载:"王渐逵字用仪,番禺人……登正德丁丑进士,授刑部主事。未几,请告侍养。以台首荐起刑曹,条陈四事……而书留中不报,再疏乞归。"

查《登科录》第一七页下、嘉靖《广东通志初稿》卷一九《科贡》第三五〇页下、《贡举考》卷六第四〇〇页上、《国朝献征录》卷四七王渐逵墓志铭第四七八页下、《碑录索引》第二五〇四页,皆作"王渐逵"。馆本"渐"下当补"逵"字。

卷一〇九考证

页八下行一一　　毋或于一偏

〔新考〕国图本、《名臣经济录》卷五三《钦遵勅谕申明宪纲事》第四八三页下、《皇明疏钞》卷六七《钦遵勅谕申明宪纲疏》第七六四页下汪鋐原奏均作"毋惑于一偏",当是。

卷一一〇考证

页一上行三　　垒二级

〔原考〕抱本"垒"作"叠",东本作"宜"。

〔新考〕国图本、《谕对录》卷一四第二一〇页上世宗原谕、《明史稿》卷四八《先蚕》第六五三页下均作"叠二级",是。

页六下行四　　诸坛之后祀

〔原考〕三本、东本"后"作"从"。

〔新考〕国图本、《明史稿》卷四四《郊祀分合》第六二四页下均作"诸坛之从祀"。《桂洲文集》卷一一《请勅廷臣会议郊祀礼疏》第四九三页上夏言原奏作"至于一祖一宗之配享、诸坛之从祀"。"从"字当是。

卷一一一考证

页四下行一　　奏正

〔新考〕国图本所载与馆本同。然《桂洲文集》卷一一第五〇二页下、《名臣经济录》卷二八《郊礼议》第五九〇页下所载夏言原奏均作"奏止",当是。

页九上行三　　今所讲求以正

〔原考〕广本"今"下有"日"字。

〔新考〕国图本、《太师张文忠公集》卷六《再议》第一二六页下所载张璁原奏均与广本同,当是。

卷一一二考证

页五上行六　　可徐徐图耳

〔新考〕国图本所载与馆本同。然《嘉靖大政类编》之《四郊》第六九三页上作"可徐图耳"。《谕对录》卷一五第二二七页上张璁原对作"亦可以徐图焉"。馆本当删一"徐"字。

页五上行一　　在于青礼弛力

〔原考〕抱本"青"作"省"。

〔新考〕国图本"青"作"肯"。《谕对录》卷一五第二二七页下张璁原对作"在于省礼弛力"。按,删节礼仪,可以节省民力。馆本"青"当作"省"。

页六上行五　　左参议

〔新考〕国图本作"左参议"。然同书卷九八嘉靖八年二月癸未条第一四页上、卷一〇八嘉靖八年十二月庚寅条第一〇页下均载张宏为"参政"。嘉靖《山东通志》卷一〇《左参政》第四三页下载有"张宏"。疑馆本"议"当作"政"。

页七上行一一　　江西布政司右参议

〔原考〕广本、抱本、东本"政"下有"使"字。三本、东本"右"作"左"。

〔新考〕国图本作"江西布政使司左参议"。同书卷八二嘉靖六年十一月甲午条第八页上载："升翰林院侍讲陈沂、邝灏为浙江、山东布政使司左参议。"嘉靖《江西通志》卷二《左参议》第六二页下载有"陈沂"。馆本"右"当作"左"。

卷一一三考证

页六上行四　　刘宽

〔原考〕三本、东本"宽"作"淮"。

〔新考〕国图本作"刘淮"。嘉靖《辽东志》卷五《镇守总兵》第五八三页上载有"刘淮",而无"刘宽"。《本朝分省人物考》卷九九《刘淮》第六八七页下载刘淮"庚寅(嘉靖九年)岁,又注左军都督佥事,勑镇守辽东"。馆本"宽"当作"淮"。

页八下行三　　工部左右侍郎

〔原考〕旧校删"右"字。

〔新考〕国图本所载与馆本同。然《明武宗实录》卷一〇二正德八年七月己巳条第一页上载："改服阕掌鸿胪寺事、礼部右侍郎俞琳为工部右侍郎,添注管事。"《国朝献征录》卷五〇俞琳墓志第五八八页亦载："庚午(正德五年),丁内艰。服阕(八年),改工部右侍郎。"俞琳起复职官当为"工部右侍郎"。馆本"工部左右侍郎"当作"工部右侍郎"。

卷一一四考证

页五下行六　　古给事中

〔原考〕旧校改"古"作"右"。

〔新考〕国图本缺载。据《掖垣人鉴》卷一三第二七四页知嘉靖九年魏良弼"升户科右",李仁"升礼右",王聘"升兵科右",饶秀"升刑科右",戴儒"升刑科右"。馆本"古"当作"右"。

页七上行八　　五十八员

〔原考〕广本、阁本、东本"五"上有"共"字。

〔新考〕国图本所载与馆本同。然《桂洲文集》卷一二《请补六科给事中疏》第五五八页下、《名臣经济录》卷一八《为急缺六科官员照例选补以广言路疏》第三三四页上所载夏言原奏均作"六科额设都、左右给事中、给事中共五十八员"。馆本"五"前当补"共"字。

页七上行一一　　脂韦婩阿

〔原考〕广本、阁本、东本"阿"作"婀"。

〔新考〕引文位置当为"页七上行一一"。国图本所载与馆本同。然《桂洲文集》卷一二《请补六科给事中疏》第五六〇页上、《名臣经济录》卷一八《为急缺六科官员照例选补以广言路疏》第三三六页上夏言原奏均作"脂韦婩婀","婀"当是。

卷一一五考证

页四下行三　　芮刚

〔新考〕国图本作"芮刚"。然同书卷九二嘉靖七年九月癸巳条第一一页上、卷一八一嘉靖十四年十一月甲子条第一页上均载"都指挥佥事

97

芮纲"。《晋溪本兵敷奏》卷七《为获功将官阵亡陈情比例乞恩旌忠升錄以励人心事》第七七六页下至第七七七页上载:"查得甘肃西路游击将军芮宁杀贼阵亡……臣等议得芮宁死于战阵,又平昔谋勇出众……合无将芮宁比照陈乾事例于原任署都指挥佥事上量赠官阶及与祭葬,伊男芮纲照例袭升一级,与做指挥使,世袭,再量升都司职级,于陕西行都司列衔支俸,聽候委用,以示优恤。"《国朝献征录》卷九四《陕西按察司副使刘公从学行状》第三二一页下亦作"芮纲"。馆本"刚"当作"纲"。

页五下行九　　误书聪

〔新考〕国图本、《世庙识余录》卷六第五二八页下、《国朝典汇》卷三二《辅臣考上》第八一〇页下均作"误书璁字",当是。

页十一上行十一　　察内府工匠

〔原考〕抱本"察"作"查"。

〔新考〕国图本所载与抱本同。同页下文有"暂缓清查"语。《弇山堂别集》卷一〇〇《中官考十一》第一八九四页载《实录》事,作"查内府工匠"。馆本当误。

卷一一六考证

页五上行一〇　　可堧

〔新考〕国图本作作"河堧"。《通惠河志》卷下第六八一页上吴仲原奏作"道经通惠河旁"。馆本"可"当作"河"。

页五下行五　　遣国公张仑祭茂陵

〔原考〕阁本、东本"国"上有"英"字。广本、阁本、东本"陵"下有"〇升兵部郎中卢襄、户部郎中华金为布政使司右参议,襄陕西,金云南"二十七字。

〔新考〕国图本所载与阁本、东本同。同书卷一六嘉靖元年七月壬戌条第六页下、《明武宗实录》卷一五三正德十二年九月辛卯条第三页上、《明功臣袭封底簿》卷三《英国公》第三九三页、《皇明功臣封爵考》卷二《英国公》第三七三页下均载张仑为"英国公"。馆本"国公"前当补"英"字。

卷一一七考证

页四上行八　　右参政

〔新考〕国图本作"右参政"。然同书卷一二五嘉靖十年五月丙申条第五页下"丙申"之校勘记、卷一三四嘉靖十一年正月丁卯条第三页上均载黄焯为"左参政"。万历《湖广总志》卷一九《左参政》第六三七页下载有"黄焯",其注文曰:"南平进士。"乾隆《福建通志》卷四六《人物》第五八六页下载黄焯"字子昭,南平人,正德甲戌进士。由南礼部主事历迁永州知府……官终湖广左参政"。馆本"右参政"当作"左参政"。

卷一一八考证

页一〇上行二　　弘治二年

〔新考〕国图本作"弘治二年"。然《登科录》第五九页下、嘉靖《湖广图经志书》卷六《科甲》第五四五页下、万历《湖广总志》卷三七《国朝进士》第二二六页上、《贡举考》卷五第三六四页上、《国朝献征录》卷三九张璧所撰伍文定墓志铭第八五页上、《碑录索引》第二四八九页均载伍文定为弘治十二年进士。馆本"二"前当补"十"字。

页一二上行十一　　受奏胙

〔新考〕国图本、万历《明会典》卷八二《圜丘》第四六九页下、《续文献通考》卷一〇五《郊社考》第五三页上、《礼部志稿》卷二五《圜丘》第四七三页下均作"奏受胙",是。

卷一一九考证

页一二下行四　　章源

〔新考〕国图本作"童源"。同书卷一二二嘉靖十年二月戊寅条第九页上、卷一二七嘉靖十年闰六月丙午条第一一页上、卷一六九嘉靖十三年十一月辛巳条第五页上,《弇州史料前集》卷一五《中官考五》第六七六页上,《皇明从信录》卷二九第四八九页下皆作"童源"。馆本"章"当作"童"。

页一三上行四　　闻人铨

〔新考〕国图本作"闻人铨"。然同书卷一三三嘉靖十年十二月辛酉条第四页下载"御史闻人诠"。嘉靖《宝应县志略》卷二《知县》第七页上亦作"闻人诠",其注文曰:"余姚人,进士。五(九)年,升山西道御史。"查《明一统志》卷一四《列女》第三三〇页上、嘉靖《浙江通志》卷五一《选举志》第四三〇页、《贡举考》卷六第四二二页上、《碑录索引》第二五一三页,皆作"闻人诠"。馆本"铨"当作"诠"。

页一四上行五　　兴安伯

〔新考〕国图本作"兴安伯"。然同书卷一〇三嘉靖八年七月辛亥条第七页上、卷一二三嘉靖十年三月丙申条第九页下,《明功臣袭封底簿》卷二《安仁伯》第二一七页,《明武宗实录》卷三四正德三年正月壬戌条第六页下,《皇明功臣封爵考》卷七《安仁伯王潘》第六一〇页上均载王桓为"安仁伯"。馆本"兴安伯"当作"安仁伯"。

100

卷一二〇考证

页十一下行八　　周太经

〔原考〕旧校改"太"作"大"。

〔新考〕国图本作"周大经"。同书卷三六嘉靖三年二月己未条第七页上载"长宁伯周大经"。《明武宗实录》卷一七六正德十四年七月壬辰条第一页上载："命长宁伯周瑭子大经袭爵。"《明功臣袭封底簿》卷一《长宁伯》第七九页，《吾学编》卷一九《周寿》第三五〇页下，《皇明功臣封爵考》卷七《长宁伯周彧》第六一〇页上亦均作"周大经"。旧校是。

卷一二一考证

页八上行四　　陆梦韩

〔新考〕国图本作"陆梦韩"。嘉靖《丰乘》卷二《科第表》第一〇七页载陆梦麟字"文瑞，任御史。以言事谪安庆推官"，即此处之人。万历《贵州通志》卷二《巡按御史》第三四页上亦作"陆梦麟"，其注文曰："丰城人。嘉靖九年任。"《登科录》第一〇〇页下、嘉靖《江西通志》卷六《科目》第二三七页上、嘉靖《贵州通志》卷五《巡按监察御史》第七〇六页、《贡举考》卷六第四一七页下、《碑录索引》第二五一二页皆作"陆梦麟"。不过，天启《平湖县志》卷一二《科甲》第七一三页确载有名为"陆梦韩"者，但其为嘉靖三十五年进士，且其所任官职为"佥事"。馆本"韩"当作"麟"。

页一三上行一一　　杨惟聪

〔原考〕广本"惟"作"维"。

〔新考〕国图本作"杨惟聪"，误。当作"杨维聪"。详参卷四〇页四下行三"杨维听　舒芳"条之辨析。

页一三上行一二　　左参政

〔新考〕国图本作"右参政"。同书卷一六七嘉靖十三年九月丁丑条第三页上载："升山东布政使司右参政杨维聪为山西右布政使。"嘉靖《山东通志》卷一〇《右参政》第四四页上载有"杨维聪"。馆本"左"当作"右"。

卷一二二考证

页七下行二　　安铨

〔新考〕国图本脱作"铨",《皇明辅世编》卷四《李康惠承勋》第六五六页上李承勋奏言作"安万铨",当是。

页一二上行四　　佘勉学

〔原考〕抱本"佘"作"余"。

〔新考〕国图本作"余勉学"。然同书卷八六嘉靖七年三月庚子条第一四页下载ःʺ改……知县佘勉学、方日乾为南京试御史。"《南京都察院志》卷六《陕西道》第一七二页下亦作"佘勉学",其注文曰："广西马平人。由进士。"查《登科录》第一〇二页上、嘉靖《广西通志》卷九《选举》第一二二页下、嘉靖《海门县志集》卷六《词韩第十·诗》第五页下、《贡举考》卷六第四一七页下、《碑录索引》第二五一二页,皆作"佘勉学"。馆本"余"当作"佘"。

卷一二三考证

页二下行一一　　左副都御史

〔原考〕广本、阁本"左"作"右"。

〔新考〕国图本脱作"副都御史"。同书卷一〇八嘉靖八年十二月己巳条第三页上载"升应天府府尹王大用为都察院右副都御史,巡抚顺天等府",卷一一一嘉靖九年三月癸卯条第一一页上载"巡抚大同佥都御史萧淮以病乞回籍调理,许之。改巡抚顺天都御史王大用代淮",卷一四二嘉靖十一年九月壬戌条第七页上载"升巡抚顺天等府都察院右副都御史王大用为右都御史"。《国朝献征录》卷四九王大用行状第五五六页下载"己丑(嘉靖八年),(王大用)循资转广西《左布政使》。寻升应天府府尹。继升都察院右副都御史,巡抚顺天。道改巡抚大同"。《国朝列卿纪》卷一二五《巡抚大同左右副佥都御史行实》第一一五页下亦载"王大用……历应天府尹。嘉靖九年,以右副都御史任"。馆本"左"当作"右"。

页十一下行五　　史部

〔新考〕国图本、《国朝典汇》卷三四《吏部》第一〇五页上世宗谕旨均作"吏部",是。

卷一二四考证

页二下行二　　更替

〔原考〕广本、阁本"替"作"换"。

〔新考〕国图本作"更换"。《名臣经济录》卷三六《题覆禁革事宜以振举马政事》第九一页上所载冼光原奏作"今查得所属群长有于均徭人户编充者,有令里老佥报者,或三年一换,或一年一换,事体不一"。"换"是。

页六上行九　　右侍郎

〔新考〕国图本作"左侍郎"。同书卷一二〇嘉靖九年十二月壬申条第三页下载:"升顺天府府尹黎奭为工部左侍郎。"《国朝列卿纪》卷六五《工部左右侍郎年表》第三一四页上载黎奭"湖广京山人,正德辛未进士。嘉靖九年左"。《弇山堂别集》卷五九《工部左右侍郎》第一一〇九页亦载黎奭嘉靖九年已为"工部左侍郎"。馆本"右侍郎"当作"左侍郎"。

页七下行二　　袁裒

〔新考〕国图本作"袁裒"。《国朝献征录》卷一〇一《广西按察司佥事袁公裒墓志》第七五〇页载："夫君讳裒,字永之,别号胥,台山人……嘉靖乙酉,遂以第一人荐试礼部……在廷诸公恶其揽权。抑寘二甲第一……已乃起兵部之狱。初,兵部失火,君为武选主事……君独编戍湖州千户所……稍起为南京武选主事,历职方员外郎、广西提学佥事",即此处之人。正德《姑苏志》卷六《科第表中》第四八〇页、《明世宗实录》卷六二嘉靖五年三月辛亥条第七页下、《贡举考》卷六第四二〇页下、崇祯《吴县志》卷四六《人物》第八一二页、《碑录索引》第二五一二页皆作"袁裒"。馆本"衮"当作"裒"。

卷一二五考证

页七下行四　　江良才

〔原考〕广本、阁本"才"作"林"。

〔新考〕国图本作"江良材"。同书卷一〇七嘉靖八年十一月壬子条第七页下载:"升浙江按察司佥事江良材为广东按察司副使。"嘉靖《广东通志初稿》卷七《副使》第一四八页下亦作"江良材",其注文曰:"江西贵溪人,进士。嘉靖□年任。"查嘉靖《江西通志》卷一一《科目》第四九一页上、嘉靖《广信府志》卷一四《进士》第八六一页、《贡举考》卷六第三九六页上、《碑录索引》第二五〇二页,皆作"江良材"。馆本"才"当作"材"。

卷一二六考证

页五下行一　　祐裁

〔原考〕旧校改"裁"作"栽"。

〔新考〕国图本作"祐栽"。然同卷上页作"祐栽"。《周中丞疏稿中州疏稿》卷四《参究宗人怙恶故杀疏》第三一六页下亦载赵府镇国将军名"祐栽"。明代宗室姓名通常以五行排序,"栽"中含"木"。馆本"裁"似当作"栽"。

卷一二七考证

页四下行三　　太监张赐潘直

〔原考〕广本"监"下有"邓文"二字,"直"作"真"。

〔新考〕国图本、《弇山堂别集》卷一○○《中官考十一》第一八九五页均作"太监邓文、张赐、潘真"。同书卷二六嘉靖二年闰四月癸丑条第六页上、卷六八嘉靖五年九月己酉条第一二页上、卷一二八嘉靖十年七月戊午条第五页上皆载"太监潘真"。馆本误。

页九下行六　雁议巡检司

〔原考〕广本"雁"作"鹰"。

〔新考〕国图本、正德《明会典》卷一一三《设置巡检司》第九一页下均作"雁汊巡检司"。万历《明会典》卷一三八《关津一》第七○五页下载池州府"旧有贵池县池口镇、东流县雁汊　香口镇各巡检司"。嘉靖《池州府志》卷六《建官》第四页上载"雁汊镇巡检司"。馆本"议"当作"汊"。

卷一二八考证

页二下行五　　在何祖训

〔原考〕广本、阁本、东本"在"作"载"。

〔新考〕国图本、《弇州史料》后集卷三三《张夏之郄》第六三三页上、《国朝典汇》卷三二《辅臣考》第八一二页上均作"载何祖训",是。

页六下行九　　典议唱

〔新考〕国图本、万历《明会典》卷八三《夕月坛》第四八二页上、《礼部志稿》卷二五《夕月坛》第四八三页下所载夜明仪注均作"典仪唱",是。

页八上行二　　郭东聪

〔原考〕广本作"郭聪",抱本作"郭秉聪",阁本、东本作"郭昕"。

〔新考〕国图本作"郭秉聪"。同书卷一八〇嘉靖十四年十月丙午条第四页上载:"修建启祥等宫成……营缮司郎中郭秉聪升光禄寺少卿,督工如故。"乾隆《襄垣县志》卷六《乡贤》第四八三页下载:"郭秉聪字子愚,登嘉靖丙戌龚用卿榜。授工部主事,升本部员外郎中。以修九庙功成升通政司右通政。"查《贡举考》卷六第四三〇页上、万历《顺天府志》卷五《进士》第一九九页上、《皇明三元考》卷一〇第一五六页上、《碑录索引》第二五一二页,皆作"郭秉聪"。馆本"东"当作"秉"。

卷一二九考证

页五下行九　　谢从儒

〔原考〕三本、东本"从"作"存",下同。

〔新考〕国图本作"谢存儒"。《国朝献征录》卷四三《兵部侍郎谢公存儒传》第二九三页上载:"谢存儒字懋玠,蒲圻人,嘉靖丙戌进士……迁给事中,倏陈急务,上褒之。会论许祭酒失职状,谪判邛州……历礼部郎中,擢南昌府……寻陟山东布政。以年饥谷贵,奏省漕费过半,东土以安。擢副都御史,巡抚河南。"《明一统志》卷五九《人物》第二一六页上、嘉靖《河南通志》卷一二《职官》第一五九页上、《掖垣人鉴》卷一三第二七八页下、《贡举考》卷六第四二四页上、《礼部志稿》卷七八《管理府事》第三六四页下、《碑录索引》第二五一四页,皆作"谢存儒"。馆本"从"当作"存"。

页八下行一二　　衣锦当思织妇之劳

〔原考〕三本、东本"锦"作"帛"。

〔新考〕国图本、《礼部志稿》卷九五《西苑耕歛》第七一七页上均作"衣帛当思织妇之劳",《国朝典汇》卷九二《农桑》第五七七页下作"衣帛当思织妇之□"。《明太祖实录》卷四二洪武二年五月乙巳条第三页上、《五伦书》卷一六《重农》第六九七页下、《皇明政要》卷一七《课农事第三十三》第一〇二页上均作"夫衣帛当思织女之勤",是。

卷一三〇考证

页二上行一二　　左副都御史

〔原考〕广本、东本"左"作"右"。

〔新考〕国图本作"左副都御史"。然同书卷七五嘉靖六年四月丁卯条第三页下载"升江西左布政使孙修、陕西右布政使唐泽俱都察院右副都御史……修,巡抚湖广,泽,甘肃",卷一〇〇嘉靖八年四月壬申条第四页上载"升巡抚甘肃右副都御史唐泽为户部右侍郎"。《国朝列卿纪》卷一三〇《甘肃巡抚尚书侍郎都御史年表》第一八五页下亦载唐泽"嘉靖六年,以右副都御史任。九年致仕"。《国榷》卷五五第三四五一页载《实录》事,亦作"右副都御史"。馆本"左"当作"右"。

页六下行七　　胡时善

〔新考〕国图本作"胡特善"。然同书卷一三一嘉靖十年十月丁亥条第三页上载:"诏建德州左右二卫学添设生员,优次名目,考补起贡,悉如例。其教官即于各卫学生员菡少者移置之,从提学御史胡明善故也。"同书卷一二〇嘉靖九年十二月戊寅条第七页下载:"命贵州道监察御史胡明善提调北直隶学校。"嘉靖《寿州志》卷七《甲科第》四页下亦作"胡明善",其注文曰:"正德辛巳科,历官提学御史。"查《登科录》第三一一五页、《贡举考》卷六第四〇九页下、《碑录索引》第二五〇八页,皆作"胡明善"。且据《登科录》知胡明善"兄明经、明伦,弟明理、明甫、明忠、明孝、明贤、明儒"。胡明善兄弟以"明"字排行。此外,《明政统宗》卷二三第六四二页下至第六四三页上载《实录》事,亦作"胡明善"。馆本"时"当作"明"。

卷一三一考证

页九下行五　　生母彭

〔新考〕国图本、《国朝献征录》卷一《晋庄王锺铉》第二〇页上、《国朝典汇》卷一三《宗藩下》第四九〇页上均作"生母彭氏",当是。

页一〇上行一　　苦方泽

〔新考〕国图本作"若方泽"。《桂洲文集》卷一二《定拟籍田西苑廪实分供粢盛疏》第五五〇页下、《南宫奏稿》卷二《一定拟郊庙粢盛疏》第四五一页上所载礼部原奏均作"以供方泽"。馆本"苦"字当误。

页一〇上行三　　敬天礼神之意

〔原考〕抱本、阁本、东本"之"作"至"。

〔新考〕国图本作"敬天礼神至意"。《桂洲文集》卷一二《定拟籍田西苑廪实分供粢盛疏》第五五〇页下、《南宫奏稿》卷二《一定拟郊庙粢盛疏》第四五一页上所载礼部原奏均作"敬天礼神勤重至诚之意","至"当是。

卷一三二考证

页五上行八　　王紃

〔原考〕三本、东本作"王絟"。

〔新考〕国图本作"王絟"。同书卷一一五嘉靖九年七月乙未条第三页下载："授太常寺博士雒昂……进士王崇……王絁……李士文俱给事中……絁、裕、希文、学礼、继,刑科。"《掖垣人鉴》卷一三第二七七页上亦作"王絁",其注文曰："字少仪,号江野,湖广石首县人,嘉靖八年进士。九年七月,除刑科给事中。"查《登科录》第三一页上、万历《湖广总志》卷三七《国朝进士》第二二八页上、《贡举考》卷六第四二七页下、《碑录索引》第二五一五页,均作"王絁"。馆本"紃"当作"絁"。

页十一下行二　　左参议

〔原考〕三本、东本"议"作"政"。

〔新考〕国图本作"左参政"。嘉靖《惟扬志》卷一九《人物志上》第三○页上、《万姓统谱》卷一七第三一三页上、乾隆《福建通志》卷二一左《参政》第一○一页下皆载崔桐为福建"参政"。馆本"议"当作"政"。

卷一三三考证

页六下行一○　　倍与赈济

〔原考〕三本、东本"济"作"银"。

〔新考〕国图本作"倍与赈银"。《皇明疏钞》卷四四《赈济疏》第三二六页上、《皇明两朝疏抄》卷一八《赈济疏》第六四六页下所载唐龙原奏均作"倍与赈济银两"。馆本误。

页七下行五　　之令下

〔原考〕阁本、东本"令"下有"一"字。

〔新考〕国图本缺载。《明政统宗》卷二三第六四三页上、《两朝宪章录》卷五第六一九页下、《礼部志稿》卷七○《疏止沙汰令》第一八五页下、《玉堂丛语》卷四《献替》第一一六页所载杨宜奏言均作"之令一下",当是。

页一○下行一一　　刘志仁

〔新考〕国图本作"刘志仁"。然同书卷一一九嘉靖九年十一月甲辰条第一三页上载:"选授行人周铁……知县李朝纲……刘宗仁俱为试监察御史……宗仁,云南道。"《南京都察院志》卷七《云南道》第一八四页上亦作"刘宗仁",其注文曰:"直隶大名人。由进士。"《登科录》第六五页下、《明一统志》卷四《人物》第一三五页上、《贡举考》卷六第四一五页下、《碑录索引》第二五一一页皆作"刘宗仁"。且据《登科录》知刘宗仁兄弟以"宗"字排行。馆本"志"当作"宗"。

卷一三四考证

页二上行七　　安昌伯

〔新考〕国图本作"安昌伯"。然同书卷一三一嘉靖十年十月辛巳条第一页上、卷一三八嘉靖十一年五月甲寅条第三页下均载邵杰为"昌化伯"。同书卷八五嘉靖七年二月甲寅条第七页下载"命皇亲邵杰袭昌化伯爵"。《明功臣袭封底簿》卷二《昌化伯》第三五九页、《吾学编》卷一九《邵喜》第三五二页上、《皇明功臣封爵考》卷七《昌化伯邵喜》第六一一页下均载邵杰为"昌化伯"。馆本"安昌伯"当作"昌化伯"。

页四上行三　　大理寺卿

〔原考〕三本"寺"下有"少"字。

〔新考〕国图本、《国朝献征录》卷二九《户部尚书李瓒传》第四五九页上均作"大理寺少卿"。《国朝列卿纪》卷九四《大理寺左右少卿行实》第五六二页下载:"李瓒……山东东昌府濮州人,弘治丙辰进士。正德十年,以通政司参议升左少卿。本年,升佥都御史。"《明武宗实录》卷一三○正德十年十月乙亥条第七页下亦载:"升大理寺左少卿李瓒为都察院左佥都御史,整饬蓟州等处兵备兼巡抚顺天等府。"按,明代官制,大理寺卿为三品官,金都御史为四品官,叙述个人任职履历通常由底至高,而不是由高至底。复据上述史料,馆本"寺"下当补"少"字。

页七下行一一　　转徙如故

〔新考〕"徙",国图本、万斯同《明史》卷二五〇《许讚传》第三七三页上均作"徙",是。

卷一三五考证

本卷未在原考的基础上有新的发现和明显推动。对原考保持肯定。

卷一三六考证

页二下行三　　陈敬

〔原考〕三本"敬"作"经"。

〔新考〕国图本作"陈经"。同书卷一三一嘉靖十年十月壬寅条第一〇页下载:"升通政司左通政陈经为通政使。"《国朝列卿纪》卷八二《通政使司通政使年表》第四九二页上亦作"陈经",其注文曰:"山东益都人,进士。嘉靖十年由左通政任。十四年,加礼部右侍郎。"查嘉靖《山东通志》卷一七《科目》第一四三页下、嘉靖《青州府志》卷一四《人物》第三四页下、《贡举考》卷六第三九四页下、《国朝献徵录》卷三九陈经神道碑第一〇二页上、《碑录索引》第二五〇二页皆作"陈经"。馆本"敬"当作"经"。

页七上行九　　俗为祈水

〔原考〕抱本"为"作"谓"。

〔新考〕国图本、《礼部志稿》卷八一《雩祀建燎坛》第四四一页下均作"俗谓祈水",当是。

卷一三七考证

页六上行五　　阮薇

〔原考〕抱本作"阮薇"。

〔新考〕国图本作"阮薇"。同书卷一二四嘉靖十年四月乙卯条第一页上载："选授历事举人孙矞为工科给事中,阮薇为广东道御史。"嘉靖《山东通志》卷一〇《巡盐监察御史一人》第四一页上亦作"阮薇",其注文曰："安福人,举人。"查嘉靖《江西通志》卷二七《科目》第三八二页上、《欧虞部文集》卷一七《太学拟条陈封事》第二三一页下、《吏部职掌》之《拣选官员》第五五页上、《续文献通考》卷五五《学校考》第七〇六页下,皆作"阮薇"。馆本"薇"当作"薇"。

卷一三八考证

页一下行八　　赵鸣善

〔原考〕三本作"赵善鸣"。

〔新考〕国图本作"赵善明"。《行水金鉴》卷一一四《运河水》第六七四页下载《实录》事,作"赵善鸣"。《南宫奏稿》卷三《一折浮议以慎庙制疏》第四八四页上亦载"中军都督府经历赵善鸣"。馆本"鸣善"当作"善鸣"。

页三上行三　　太常寺

〔原考〕广本无此三字。抱本、阁本"寺"下有"卿"字。

〔新考〕国图本作"太常卿"。同书卷三〇嘉靖二年八月甲子条(据该卷校勘记补第九页补)载："升南京太仆寺卿潘希曾为南京太常寺卿。"《程文恭公遗稿》卷二一《大司马竹涧潘公希曾传》第二八八页上、《国朝列卿纪》卷一三三《南京太常寺卿年表》第二一〇页上、《国朝献征录》卷四〇《大司马竹涧潘公希曾传》第一五七页下亦均载潘希曾曾任"南京太常寺卿"。馆本"寺"下当补"卿"字。

卷一三九考证

页四下行五　　佘大纶

〔原考〕阁本"佘"作"余"。抱本"大"作"天",下同。

〔新考〕国图本、《漕运通志》卷八《怜恤运军阻冻之弊》第四九九页下、《田叔禾小集》卷七《题佘都阃筹边封事后》第五一三页下均作"佘大纶"。《明世宗实录》卷一〇嘉靖元年正月癸酉条第一四页上、嘉靖《贵州通志》卷五《佥事》第七三二页、《漕运通志》卷八《造补焚溺运船》第五〇一页上、《晋溪本兵敷奏》卷一二《为捷音事》第一五二页上、《鸿猷录》卷一三《剿清平苗》第三七六页下、《咸宾录》卷八《贵南诸夷》第三七三页下皆作"佘大纶"。存疑。

卷一四〇考证

页四下行八　　龚断

〔原考〕旧校改"龚"作"垄"。

〔新考〕国图本、《国朝典汇》卷四二《论劾》第二二一页上均作"垄断",是。

卷一四一考证

页六上行五　　曲法媚人者

〔原考〕影印本"媚"字不明晰。

〔新考〕国图本、《皇明辅世编》卷四《张文忠孚敬》第六五二页下均作"曲法媚人者",字迹清晰,可参补。

卷一四二考证

页八上行七　　日月

〔原考〕阁本作"月日"。

〔新考〕国图本所载与馆本同。然《南宫奏稿》卷一《一条陈事宜以重修省疏》第四四三页上、《名臣经济录》卷二五《条陈事宜以重修省疏》第五一〇页下所载夏言原奏均作"其批文务要定限月日",阁本疑是。

卷一四三考证

页八上行四　　右都御史潘真

〔原考〕广本、阁本"右"下有"副"字,"真"作"珍"。

〔新考〕国图本作"右副都御史潘真"。然同书卷八四嘉靖七年正月壬辰条第五页上载"升……湖广左布政使潘珍、江西左布政使叶相俱为都察院右副都御史……珍,辽东",卷一四七嘉靖十二年二月己卯条第一页载"升南京都察院右副都御史潘珍为南京兵部右侍郎"。《国朝列卿纪》卷一一九《巡抚辽东附敕使左右副佥都御史年表》第四八页下亦载潘珍"嘉靖七年,以右副都御史任。八年,丁忧。后起南院"。《国朝献征录》卷四〇潘珍墓志铭第一七〇页下载"(潘珍)升右副都御史,巡抚辽东,赞理军务……明年,乞休,不许。丁张淑人忧。服阕,改南京右副都御史,提督操江……寻升南京兵部右侍郎"。潘珍此时当为"南京都察院右副都御史"。馆本"右"下当补"副"字。"潘真"当作"潘珍",详参卷八四页五上行八"潘珍"条之辨析。

页八上行五　　洗光

〔原考〕广本"洗"作"冼"。

〔新考〕国图本作"洗光",误。当作"冼光"。详参卷八三页十一上行二"洗光"条之辨析。

卷一四四考证

页一上行一〇　　苏佑

〔原考〕广本"佑"作"祐"。

〔新考〕国图本作"苏祐"。同书卷一五九嘉靖十三年二月癸酉条第六页上、卷一六一嘉靖十三年三月戊寅条第五页上均作"御史苏祐"。另,同书卷二二五嘉靖十八年六月庚子条第一页载:"升广东道御史苏祐、云南鹤庆府知府韩儒俱为按察司副使,祐,江西,提调学校。"嘉靖《江西通志》卷二《佥事》第七六页上亦作"苏祐",其注文曰:"字允吉,山东濮州人。由进士、监察御史升提学。嘉靖十八年到任。"查嘉靖《山东通志》卷一七《科目》第一四二页下、《贡举考》卷六第四二二页上、《国朝献征录》卷五七苏祐行状第一一八页上、《国榷》卷五五第三四七三页、《碑录索引》第二五一三页,皆作"苏祐"。馆本"佑"当作"祐"。

页三上行四　　右侍郎

〔新考〕国图本作"右侍郎"。然同书卷一三一嘉靖十年十月丁亥条第三页上载"升礼部右侍郎湛若水为左侍郎"。《国朝列卿纪》卷四四《礼部左右侍郎年表》第六九一页上亦载湛若水"嘉靖八年右。十年左"。《礼部志稿》卷四二《左右侍郎》第七六五页上也载湛若水"嘉靖八年,任右侍郎。十年,转左"。馆本"右"当作"左"。

卷一四五考证

页八上行一　　捧王

〔新考〕国图本作"捧主",是。

页八上行四　　张景先

〔新考〕国图本作"张景先"。然同书卷一三四嘉靖十一年正月己巳条第三页下载:"褫巡抚延绥右佥都御史张宏职闲住,时巡按御史张景言宏偏执……而命老成持重者代其任。"嘉靖《陕西通志》卷一九《巡按御史》第九一二页亦作"张景",其注文曰:"字光启,河南汝阳县人,嘉靖癸未进士。十一年任。"查《登科录》第八二页上、嘉靖《河南通志》卷一七《科目》第二六五页上、《贡举考》卷六第四一六页下、《碑录索引》第二五一页,皆作"张景"。馆本"先"字当删。

卷一四六考证

页一下行二　　唑是落职

〔新考〕"唑",国图本、《国朝典汇》卷一一〇《章奏》第七三八页下均作"坐",当是。

页七上行七　　蓟兵

〔原考〕广本、阁本"蓟"下有"州总"二字。

〔新考〕国图本作"蓟州总兵"。同书卷七二嘉靖六年正月甲申条第一页下载:"以署都督佥事张輗充总兵官,镇守蓟州。"同书卷一一三嘉靖九年五月壬子条第六页上亦载张輗为"蓟州总兵"。"蓟州总兵"不能简称为"蓟兵"。馆本"蓟"下当补"州总"二字。

页七上行一二　　鲁孙

〔原考〕广本、阁本、东本"鲁"作"曾"。

〔新考〕国图本、《国朝典汇》卷一三五《道教》第一四八页下均作"曾孙"。若为"鲁孙",当为二人,下文措辞当为"俱升太常寺博士"。馆本"鲁"当作"曾"。

卷一四七考证

页一上行二　　庞诰

〔新考〕国图本作"庞诰"。然嘉靖《山东通志》卷一〇《副使》第四七页下作"庞浩",其注文曰:"师孟,泽州人,进士。"《登科录》第三一三九页、《贡举考》卷六第四一〇页上、《碑录索引》第二五〇八页皆作"庞浩"。据《登科录》知庞浩"弟泽、沐"。庞浩兄弟之名皆从水。馆本"诰"当作"浩"。

页三下行四　　预备祭帛

〔原考〕广本"祭"下有"仪祭"二字。

〔新考〕国图本、同书卷一〇嘉靖元年正月甲戌条第一四页下至第一五页上均作"预备祭仪、祭帛"。《明武宗实录》卷九正德元年正月丙午条第一〇页上所载圣驾幸学仪作"备祭仪、祭帛"。馆本"祭"下当补"仪祭"二字。

页六上行六　　荥泽王

〔原考〕旧校改"荧"作"荣"。按应作"荥"。

〔新考〕国图本作"荥泽王"。《南宫奏稿》卷一《一定亲王继封并行查勘疏》第四三四页上所载夏言对晋王袭封事的论奏亦作"荥泽王"。按,"荥泽"为县名,宗藩通常以封地定爵。另据《大清一统志》卷一五〇《古迹》第三一页下知,荥泽在洪武八年(一三七五)已被河水毁弃。馆本"荣"当作"荥"。

卷一四八考证

页一下行五　　方市等

〔原考〕广本、阁本"市"作"巾"。

〔新考〕国图本作"方巾"。同书卷一一〇嘉靖九年二月乙亥条第九页下、卷一一二嘉靖九年四月甲子条第二页上、卷一三八嘉靖十一年五月癸亥条第五页上、卷一八五嘉靖十五年三月戊辰条第二页下皆载建州卫都督名"方巾",是。

页四上行二　　侍读学士

〔原考〕广本、阁本"读"作"讲"。

〔新考〕国图本作"侍讲学士"。同书卷一三四嘉靖十一年正月丙寅条第二页下载:"升右春坊右中允廖道南、右赞善蔡昂俱为翰林院侍讲学士,兼理文官诰勅。"同书卷一三六嘉靖十一年四月辛卯条第二页下、卷一四一嘉靖十一年八月乙未条第五页上、卷一六五嘉靖十三年七月丁丑条第二页下皆载廖道南为"侍讲学士"。《两朝宪章录》卷六第六二五页上、《国朝典汇》卷六四《国子监》第三九五页上均载《实录》事,廖道南职官皆为"侍讲学士"。馆本"读"当作"讲"。

卷一四九考证

页一上行九　　府丞

〔新考〕国图本作"府尹"。同书卷一二一嘉靖十年正月乙未条第八页下载:"升河南左布政使王浚为顺天府府尹。"《国朝列卿纪》卷一三九《顺天府府尹年表》第二四七页下载王浚"浙江建德人,正德戊辰进士。嘉靖十年,由河南左布政升任"。《国朝献征录》卷四六王浚墓志铭第四三二页上载王浚"庚寅(嘉靖十年),转河南左布政使。辛卯(十一年),擢尹顺天"。馆本"丞"当作"尹"。

页三下行一二　　右佥都御史

〔新考〕国图本作"左佥都御史"。同书卷一六五嘉靖十三年七月丁亥条第五页上载韩邦奇为巡抚宣府"左佥都御史"。嘉靖《宣府镇志》卷二七《经理文臣》第三一〇页下亦载韩邦奇 嘉靖十二年"以左佥都御史巡抚"。此外,《国朝列卿纪》卷一二四《巡抚宣府左右副佥都御史年表》第九八页下也载韩邦奇"嘉靖十二年,以左佥都御史任"。馆本"右"当作"左"。

页四上行二　　祐掠

〔原考〕旧校改作"祐椋",下同。

〔新考〕国图本作"祐椋"。同书卷五四嘉靖四年八月丙午条第四页上、卷九三嘉靖七年十月己未条第一二页下,《明武宗实录》卷五二正德四年七月丁酉条第一页下,《礼部志稿》卷七三《宗支奏报》第二四七页上皆载辅国将军名"祐椋"。据《钦定续文献通考》卷二〇五《赵国宗属》第八一三页下载"五世见灂子祐采、祐枳,见淇子祐桐……"知祐椋兄弟以"祐"字排行,且名之末字部首均从木。馆本"祐掠"当作"祐椋"。

卷一五〇考证

页一下行一〇　　海西野而定河

〔原考〕三本"而"作"儿"。

〔新考〕国图本作"海西 野儿定河"。同书卷六一嘉靖五年六月庚午条第四页下、《明宪宗实录》卷二七二成化二十一年十一月戊午条第三页上、《明孝宗实录》卷一三二弘治十年十二月壬辰条第七页上、《明武宗实录》卷二一正德二年正月丁亥条第一页下、嘉靖《辽东志》卷九《外夷卫所》第六七九页上、万历《明会典》卷一二五《东北诸夷》第六四五页下皆载卫名"野儿定河",皆证馆本"而"当作"儿"。

页六上行一一　　右侍郎

〔新考〕国图本作"右侍郎"。然同书卷一六五嘉靖十三年七月己巳条第二页上载陈璋为"刑部左侍郎"。《国朝列卿纪》卷五九《刑部左右侍郎年表》第一九九页下亦载陈璋"嘉靖十二年起左"。《弇山堂别集》卷五八《刑部左右侍郎》第一〇八八页、《国朝献征录》卷四六《刑部侍郎陈璋传》第四二九页上均载嘉靖十二年陈璋起为"刑部左侍郎"。馆本"右"当作"左"。

卷一五一考证

页一上行七　　李凤翔

〔原考〕广本"翔"作"祥",下同。

〔新考〕国图本作"李凤翔"。然同书卷一五二嘉靖十二年七月甲辰条第一页上载"御史李凤翱",卷二三四嘉靖十九年二月乙亥条第二页下载"升浙江道监察御史李凤翱为湖广按察司副使,整饬郴、桂兵备"。万历《湖广总志》卷一九《副使》第六四〇页下作"李凤翱",其注文曰:"成都进士。"嘉靖《四川总志》卷四《科第》第九六页上亦作"李凤翱",其注文曰:"登姚涞榜。历副使。"检《登科录》第二五页下、《贡举考》卷六第四一三页下,皆作"李凤翱"。馆本"翔"当作"翱"。此外,道光《宝庆府志》卷一〇四《艺文略五》第一七八页上对此亦有考证,曰:"按潘九龄、李凤翱,二人姓名旧志失载,《通志》《职官表》亦无其人,惟《湖广志》……又有李凤翔,成都进士,亦副使,凤翔当即凤翱之误。"

页三下行四　　何止

〔原考〕广本、阁本"止"作"祉"。

〔新考〕国图本作"何祉"。同书卷一〇一嘉靖八年五月戊申条第五页上载："改户科给事中何祉于南京兵科。"《掖垣人鉴》卷一三第二七三页下亦作"何祉"，其注文曰："字德征，号长滨，江西进贤县人，嘉靖二年进士。七年七月，由行人选户科给事中。"查《登科录》第一〇九页上、嘉靖《江西通志》卷六《科目》第二三七页上、万历《新修南昌府志》卷一七《科第》第三四二页下、《贡举考》卷六第四一八页上、《碑录索引》第二五一二页，皆作"何祉"。馆本"止"当作"祉"。

卷一五二考证

页一下行四　　如夺俸

〔新考〕"如"，国图本、《国朝典汇》卷二五《经筵日讲》第六五〇页上均作"姑"，是。

页四下行一二　　右布政

〔新考〕国图本作"右布政"。然同书卷一六五嘉靖十三年七月壬辰条第五页上载任洛为"山西左布政使"。万历《山西通志》卷一二《左布政使》第二三二页、雍正《山西通志》卷七八《职官》第六八八页下亦均载任洛为"左布政使"。疑馆本"右"当作"左"。

页五下行六　　曾阡

〔原考〕广本"阡"作"忏"，抱本作"汙"。

〔新考〕国图本作"曾忭"。同书卷一五二嘉靖十二年七月丁巳条第三页下、卷一五五嘉靖十二年十二月庚辰条第五页上均载给事中名"曾忭"。《掖垣人鉴》卷一三第二七八页上亦作"曾忭"，其注文曰："字汝诚，号前川，江西泰和县人，嘉靖五年进士。十年三月，由婺源知县选吏科给事中。十二年，升吏科右。寻升兵科都。"查嘉靖《江西通志》卷二七《科目》第三八一页下、嘉靖《徽州府志》卷五《知县》第一一〇页上、万历《吉安府志》卷六《国朝进士》第八三页下、《贡举考》卷六第四二二页下、皆作"曾忭"。馆本"阡"当作"忭"。《国朝典汇》卷六五《翰林院》第四〇八页下载《实录》事,亦作"曾忭",可为旁证。

卷一五三考证

页二上行七　　自令

〔新考〕国图本作"自今"。《浚川奏议集》卷八《遵宪纲考察御史疏》第五五四页上、《名臣经济录》卷五三《遵宪纲考察御史疏》第四九一页上、《皇明两朝疏抄》卷一二《遵宪纲考察御史疏》第四四〇页下所载王廷相原奏均作"今后"。"今"是。

页三下行五　　曾汴

〔原考〕广本、阁本"汴"作"忭"。

〔新考〕国图本作"曾忭",是。详参卷一五二页五下行六"曾阡"条之辨析。

页三下行六　　戴继本

〔原考〕广本、阁本无"本"字。

〔新考〕国图本作"戴继"。同书卷一五二嘉靖十二年七月丁巳条第三页下载:"升……吏科给事中曾忭……刑科给事中戴继俱右给事中……继工科。"《掖垣人鉴》卷一三第二七七页下亦作"戴继",其注文曰:"字叔似,号宗鲁,山东曹县人,嘉靖八年进士。九年七月,除刑科给事中。十二年,升工科右、工科都。"查《登科录》第七四页下、嘉靖《山东通志》卷一七《科目》第一四〇页下、《贡举考》卷六第四二九页下、《碑录索引》第二五一六页,均作"戴继"。馆本"本"字当删。

页五上行七　　不图

〔新考〕"不",国图本、《皇明诏令》卷二一《皇子生诏》第四八三页下、《皇明诏制》卷八第二九〇页下均作"丕",是。

页七下行八　　合勘

〔新考〕"合",国图本、《皇明诏令》卷二一《皇子生诏》第四八六页上、《皇明诏制》卷八第二九三页下均作"各",是。

页八上行四　　愿告侍养亲者

〔原考〕广本、阁本无"养"字。

〔新考〕国图本、《皇明诏令》卷二一《皇子生诏》第四八六页下、《皇明诏制》卷八第二九三页下均作"愿告侍亲者"。馆本"养"字当删。

卷一五四考证

页一上行三　　曾汴

〔新考〕"汴"当作"忭"。下同。〔新考〕国图本、《五边典则》卷二第五三四页下均作"曾忭",是。详参卷一五二页五下行六"曾阡"条之辨析。

页三下行六　　二月

〔新考〕"二",国图本所载与馆本同,然《礼部志稿》卷六二《皇子命名》第三九页上、《礼记注疏》之《内则》第一四六九页下均作"三","三"当是。

页四上行六　　张维照

〔原考〕三本"维"作"惟"。

〔新考〕国图本作"张惟教"。然同书卷六八嘉靖五年九月乙酉条第一页上载:"授……知县王重贤、张惟恕……俱试监察御史……惟恕,江西道。"《明经世文编》卷一六九《查复钞关预处供给高墙疏》第一七二五页下载"巡按直隶监察御史再平蛮寇张惟恕"。乾隆《江都县志》卷二九《列女》第三三一页下载:"邱氏适任铭。铭卒,遗孤淮方襁褓……甘贫守节四十余年,依侄渊以终。嘉靖十二年,巡按御史张惟恕旌其门。"康熙《上蔡县志》卷八《进士》第五九一页亦作"张惟恕",其注文曰:"正德辛巳科,江西道监察御史。"查《登科录》第三一五六页、嘉靖《河南通志》卷一七《科目》第二六五页上、《贡举考》卷六第四一○页下、《碑录索引》第二五○八页,皆作"张惟恕"。且据《登科录》,知张惟恕"兄惟京、惟易"等以"惟"字排行。馆本"张维照"当作"张惟恕"。

卷一五五考证

页四上行一一　　往以京官主考

〔原考〕三本"往"作"近"。广本"主考"作"往校",抱本作"考校"。

〔新考〕国图本作"近以京官往校",《南宫奏稿》卷五《一科举疏》第五三四页上、《礼部志稿》卷七二《京省试官》第二二三页上夏言原奏均作"近以京官主试"。馆本"往"当作"近"。

页五上行一一　　曾忭

〔原考〕广本"忭"作"汴"。

〔新考〕国图本作"曾忭",是。详参卷一五二页五下行六"曾阩"条之辨析。

卷一五六考证

页一上行九　　何塘

〔原考〕"塘",疑应作"瑭"。

〔新考〕国图本作"何塘",误。当作"何瑭"。详参卷二五页三上行四"何塘"条之辨析。

页三下行一　　太常寺少卿

〔新考〕国图本作"太仆寺少卿"。同书卷二一二嘉靖十七年五月乙酉条第三页下载："升……太仆寺少卿王昈为南京太常寺卿。"《国朝列卿纪》卷一三三《南京太常寺卿行实》第二一六页下亦载王昈"嘉靖十二年,升太仆寺少卿。十六年,升光禄寺卿。十七年,升南京太常寺卿"。此外,《国朝献征录》卷二九王昈传第四六八页上载："寻升(王昈)南京光禄寺少卿,改光禄寺少卿,升太仆寺少卿,随升南京太常寺卿。"皆证王昈此时当为"太仆寺少卿",国图本是。

页三下行四　　兵部侍郎

〔新考〕国图本作"兵部侍郎"。然同卷页二下作"户部右侍郎张瓒"。同书卷一五九嘉靖十三年二月癸酉条第二页载："遂改督饷侍郎张瓒为兵部左侍郎兼右副都御史,代源清总督军务。"《国朝列卿纪》卷五二《兵部左右侍郎年表》第八〇页上亦载张瓒"嘉靖十三年左"。张瓒此时当为户部侍郎。广本"兵"当作"户"。

卷一五七考证

页二上行四　　勤炖

〔新考〕国图本作"勤煍"。同书卷二四九嘉靖二十年五月癸巳条第四页下、万历《开封府志》卷六《藩封》第四九七页下、《弇山堂别集》卷三四《郡王》第六〇九页、《国朝典汇》卷一二四《谥法考》第二八页下、《明谥纪汇编》卷一一第五二〇页下皆载吉安王名"勤煍"。《钦定续文献通考》卷二〇八《封建考》第九〇五页上载"安吉王勤煍,睦□庶十三子。嘉靖十三年封"。广本"炖"当作"煍"。

页三上行五　　奏止

〔新考〕"止",国图本、《两朝宪章录》卷六第六二七页上、《礼部志稿》卷八八《类奏灾异》第五八二页下均作"上",当是。

页四下行一　　朱黻

〔新考〕国图本作"朱黻"。然同书卷一三七嘉靖十一年四月丙申条第五页上载"推官朱黼"。《南京都察院志》卷六《山东道》第一六一页下亦作"朱黼",其注文曰:"江西安福人。由举人。"查嘉靖《江西通志》卷二七《科目》第三八一页上,亦作"朱黼"。广本"黻"似当作"黼"。

卷一五八考证

页一下行四　　右布政

〔新考〕国图本作"右布政"。然同书卷一九三嘉靖十五年十一月己卯条第八页下至第九页上载易瓒为"湖广左布政使"。嘉靖《河间府志》卷二三《人物志》第六九五页上、万历《湖广总志》卷一九《左布政使》第六三七页下亦均载易瓒为湖广左布政使。是疑馆本"右"当作"左"。

页二下行一〇　　有内官

〔原考〕广本、阁本"有"作"又"。

〔新考〕国图本、《南宫奏稿》卷五《一钦奉勅谕疏》第五四五页下礼部所上仪注均作"又内官",是。

页八下行四　　其终尤甚

〔新考〕"甚",国图本、《皇明诏令》卷二一《立方皇后诏》第四八七页下、《皇明诏制》卷八第二九四页下均作"慎",当是。

页九下行一　　太子少保

〔原考〕广本、阁本"少"作"太"。

〔新考〕国图本作"太子太保"。同书卷八九嘉靖七年六月辛丑条第一页上载:"《明伦大典》书成……礼部尚书兼翰林院学士方献夫加太子太保,尚书兼官如故。"同书卷九九嘉靖八年三月丁未条第四页上、卷一○九嘉靖九年正月己酉条第六页下,《弇山堂别集》卷四一《少保》第七五八页,《国朝献征录》卷一六方献夫神道碑铭第五五六页下皆载方献夫为"太子太保"。馆本"少"当作"太"。

卷一五九考证

页二下行八　　曾汴

〔原考〕广本、阁本"汴"作"忭"。

〔新考〕国图本作"曾忭",是。详参卷一五二页五下行六"曾阡"条之辨析。

页五下行一○　　指挥纪振

〔原考〕广本、阁本"指"上有"都"字。

〔新考〕国图本作"都指挥"。同书卷一六七嘉靖十三年九月癸未条第六页上、卷一六八嘉靖十三年十月乙未条第一页下、卷二○○嘉靖十六年五月乙未条第六页下,《皇明经济文录》卷三六《云中纪变》第四七八页下,《鸿猷录》卷一五《再定大同》第四三○页上皆作"都指挥纪振"。《嘉靖大政类编》之《大同再变》第七四一页上、《五边典则》卷七第二八页上均载《实录》事,也作"都指挥纪振"。馆本"指"上当补"都"字。

页五下行一○　　戴濂

〔新考〕国图本作"戴濂"。然同书卷一五六嘉靖十二年十一月癸卯条第一页下、卷一六七嘉靖十三年九月癸未条第六页上、卷一六八嘉靖十三年十月乙未条第一页下,《皇明经济文录》卷三六《云中纪变》第四七八页下,《鸿猷录》卷一五《再定大同》第四三〇页上皆作"戴廉"。是疑馆本"濂"当作"廉"。

卷一六〇考证

页一上行四　　许逵子琭

〔原考〕广本、阁本"逵"下有"次"字。

〔新考〕国图本作"许逵次子琭"。嘉靖《固始县志》卷六《任子》第一〇页上载许琭为"玚之弟,以父逵死节,恩命入监"。馆本"逵"下当补"次"字。

页一下行九　　齐之銮

〔新考〕国图本作"齐之鸾"。同书卷一五二嘉靖十二年七月丙午条第二页上载"山东按察司副使齐之鸾"。嘉靖《河南通志》卷一二《按察使》第一七一页上亦作"齐之鸾",其注文曰:"瑞卿,桐城人,进士。嘉靖十三年任。"据《掖垣人鉴》卷一二第二五九页下知齐之鸾"初从徐姓"。齐之鸾即徐之鸾。检《登科录》第三二页上、《贡举考》卷六第三八七页上、《碑录索引》第二四九九页,皆作"徐之鸾"。馆本"銮"当作"鸾"。

页四上行二　　顺天府府尹

〔原考〕广本、阁本"尹"作"丞"。

〔新考〕国图本作"顺天府府丞"。同书卷一五三嘉靖十二年八月丙子条第二页下载:"升山东按察司副使罗辂为顺天府府丞。"《国朝献征录》卷六八罗辂墓表第七二五页上亦载罗辂"壬辰(嘉靖十一年),起复,补四川按察副使,整饬建昌兵备,未至,移山东。甫三月,擢顺天府丞"。此外,嘉靖《赣州府志》卷七《知府》第九页下、《国朝列卿纪》卷一四

○《顺天府府丞年表》第二五八页上、万历《顺天府志》卷四《府丞》第一二九页上皆载罗辂为"顺天府府丞"。馆本"尹"当作"丞"。

页四上行三　　大理寺卿

〔原考〕广本、阁本"寺"下有"左少"二字。

〔新考〕国图本作"大理寺左少卿"。同书卷一七三嘉靖十四年三月丙戌条第一〇页上载"大理寺左少卿罗辂"。《国朝列卿纪》卷九四《大理寺左右少卿年表》第五五四页上亦载罗辂"嘉靖十三年任左少卿"。万历《顺天府志》卷四《府丞》第一二九页上也载罗辂"升大理寺左少卿"。馆本"寺"下当补"左少"二字。

卷一六一考证

页三上行一〇　　曾忭

〔原考〕旧校改"忭"作"汴"。

〔新考〕国图本作"曾忭",是。详参卷一五二页五下行六"曾阩"条之辨析。

页五下行一二　　右副都御史

〔原考〕广本、阁本无"副"字。

〔新考〕国图本作"右都御史"。同书卷二一六嘉靖十七年九月丁亥条第一一页下载:"升南京都察院掌院事右都御史周用为南京工部尚书。"《国朝列卿纪》卷七四《南京都察院左右都御史年表》第四一七页上载周用"嘉靖十三年,任右都御史,掌院事"。《国朝献征录》卷二五周用墓志铭第二九〇页上亦载周用"调南京刑部右侍郎,公终不自辨。后两人相继罢去,即拜公南京都察院右都御史。迁南京工部尚书"。综上,馆本"右副都御史"之"右"字当删。

卷一六二考证

页二上行八　　总濯

〔新考〕国图本作"聪濯"。同书卷四一〇嘉靖三十三年五月壬子条第三页上"达官步军"校勘记载"代府庶人聪濯"。《国朝典汇》卷一三《宗藩下》第四九一页上载《实录》事，也作"聪濯"。据《明孝宗实录》卷一二八弘治十年八月壬申条第三页下至第四页上载"代府 和川王庶子曰……成鋌庶第二子曰聪灌，成鋆第四子曰聪洺，第五子曰聪滽，成鑭第二子曰聪蒙……辅国将军成铃嫡第三子曰聪靓，第四子曰聪简，成鋷庶长子曰聪瀌，成錂嫡长子曰聪汪，第二子曰聪涛，成鎰庶长子曰聪泞……成鋆第三子曰聪濯，成锑庶长子曰聪滏，嫡第二子曰聪湝"知聪濯兄弟以"聪"字排行。馆本"总"当作"聪"。

页五下行六　　崇信伯

〔新考〕国图本作"崇信伯"。然同书卷二四六嘉靖二十年二月戊寅条第六页下、《明孝宗实录》卷一三五弘治十一年三月壬戌条第四页上、《明武宗实录》卷五九正德五年正月辛巳条第五页下、《明功臣袭封底簿》卷二《崇善伯》第二一五页、《弇山堂别集》卷三九《恩泽公侯伯表》第七〇三页、《皇明功臣封爵考》卷七《崇善伯王清》第六〇九页下皆载王清为"崇善伯"。馆本"信"当作"善"。

卷一六三考证

页二上行八　　邓继绅

〔新考〕国图本作"邓继坤"。同书卷一三七嘉靖十一年四月辛卯条第三页下、卷四四五嘉靖三十六年三月壬午条第七页上，《明功臣袭封底簿》卷三《卫国公今袭定远侯》第四六三页，《吾学编》卷二二《开平常忠武王》第三八六页上,《皇明功臣封爵考》卷一《定远侯》第三四二页上,《续文献通考》卷一九七《封建考》第六八三页下皆载定远侯名"邓继坤"。广本"绅"当作"坤"。

页五上行九　　李士充

〔原考〕阁本"充"作"允"。

〔新考〕国图本作"李士允"。雍正《江西通志》卷四七《秩官》第五三四页上亦作"李士允",其注文曰:"字子中,祥符人,进士。"其后文曰"已上俱左参议"。此"李士允"与《实录》所言当为同一人。查《登科录》第六六页下、嘉靖《河南通志》卷一七《科目》第二六四页下、万历《开封府志》卷一二《科目》第五九二页上、《贡举考》卷六第四〇二页下、《碑录索引》第二五〇五页,皆作"李士允"。广本"充"当作"允"。

卷一六四考证

页二上行一　　按察使司

〔原考〕阁本无"使"字。

〔新考〕国图本作"按察司"。同书卷一二四嘉靖十年四月癸未条第七页下载"升吏部员外员杨麒为福建按察司佥事"。广本"使"字或衍。

页二上行二　　按察使

〔原考〕阁本"察"下有"司副"二字。

〔新考〕国图本作"按察司副使"。雍正《江西通志》卷四七《秩官》第五三八页下载"夏邦谟",其下文曰"已上俱按察使副使"。按,按察使为正三品,而左右参政为从三品。不能言"升",而按察司副使为正四品,置此符合官员升迁顺序。广本"察"下当补"司副"二字。

页五上行二　　秦复元

〔新考〕国图本作"秦复元"。然嘉庆《直隶太仓州志》卷六《知县》第九六页下载"蔡复元",其注文曰"淑仁,洛阳人,进士。二年任。升本府同知,终四川佥事",与《实录》所载当为一人。《登科录》第三一四六页、嘉靖《四川总志》卷一《佥事》第三七页下、嘉靖《河南通志》卷一七《科目》第二六五页上、万历《四川总志》卷二《佥事》第二四〇页下、《贡举考》卷六第四一〇页上、《碑录索引》第二五〇八页皆作"蔡复元"。广本"秦"当作"蔡"。

卷一六五考证

页一上行九　　流徙

〔新考〕"徒",国图本、《五边典则》卷七第三〇页下均作"徙",当是。

页五上行四　　右参政

〔新考〕国图本作"右参政"。然同书卷一八二嘉靖十四年十二月己丑条第一页下载"山东布政使司左赞(参)政窦明"。嘉靖《山东通志》卷一〇《左参政》第四三页下载有"窦明",其注文曰:"惟远,武乡人,进士。陕西副使升任。"是疑馆本"右"当作"左"。

页五上行八　　府丞

〔新考〕国图本作"府丞"。然同书卷一五〇嘉靖十二年五月庚午条第六页上载"升应天府府丞柴奇为本府府尹"。《国朝列卿纪》卷一四一《应天府府尹年表》第二六四页上载有"柴奇",其注文曰:"直隶昆山人,正德辛未进士。嘉靖十三年任。寻闲住。"《国朝献征录》卷七五柴奇行状第一五〇页上载:"己丑(嘉靖八年)三月,进贺册立中宫笺至京,升应天府府丞。……壬辰(十一年)九月,升应天府府尹。"此时柴奇当为应天府府尹。馆本"丞"当作"尹"。

卷一六六考证

页二上行九　　侍讲

〔原考〕阁本"讲"作"读"。

〔新考〕国图本作"侍讲"。然同书卷一六二嘉靖十三年四月己酉条第四页下载"升翰林院编修张衮为本院侍读,以九年秩满也"。同书卷一六五嘉靖十三年七月丁丑条第二页下、卷一九〇嘉靖十五年八月庚戌条第八页下均载张衮为"侍读"。《国榷》卷五六第三五〇三页载《实录》事,张衮亦为"侍读"。馆本"讲"当作"读"。

页二下行一一　　或建或弗

〔原考〕广本"弗"下有"建"字。抱本"弗"作"否"。

〔新考〕国图本、《礼部志稿》卷六《祀典之训》第九四页上均作"或建或弗建"。《桂洲文集》卷一一《奉勅详议南京太庙不当重建疏》第五三〇页上所载世宗原勅作"钦奉勅议南京太庙复建或弗建"。国图本当是。

页三上行七　　且南京

〔原考〕广本、阁本"且"下有"今"字。

〔新考〕国图本、《礼部志稿》卷六《祀典之训》第九四页下均作"且今南京"。《桂洲文集》卷一一《奉勅详议南京太庙不当重建疏》第五三〇页下所载世宗原勅作"今之南京"。馆本"且"下当补"今"字。

卷一六七考证

页三上行一一　　叶蘴

〔原考〕广本、阁本作"叶薑"。

〔新考〕国图本作"叶矗"。然嘉靖《河南通志》卷一二《佥事》第一七六页上作"叶亹",其注文曰:"漳浦人,进士。嘉靖九年任。"《登科录》第三〇九六页、《贡举考》卷六第四〇九页上、乾隆《福建通志》卷三六《明进士》第一四七页上、《碑录索引》第二五〇八页皆作"叶亹"。馆本"矗"当作"亹"。

页七上行四　　依律拟

〔原考〕广本、阁本"拟"作"议奏"。

〔新考〕国图本、《嘉靖大政类编》之《大同再变》第七四三页上均作"依律议奏"。《皇明经济文录》卷三六《云中纪变》第四八二页下所载世宗圣旨作"依律会议具奏",与"依律议奏"意同,且"依律会议具奏"乃当事人孙允中所记,应较可信。馆本"拟"当作"议奏"。

页七下行八　　受任来

〔新考〕国图本、《国朝典汇》卷一〇三《礼部》第六八七页下均作"受任以来",疑是。

卷一六八考证

页二上行一二　　户部侍郎

〔原考〕广本、阁本"部"下有"左"字。

〔新考〕国图本作"户部左侍郎"。同书卷一四四嘉靖十一年十一月己巳条第三页下、卷一四七嘉靖十二年二月甲申条第二页上、卷一九二嘉靖十五年十月己酉条第一一页下皆载张云为"户部左侍郎"。《国朝列卿纪》卷三六《户部左右侍郎年表》第五七八页下载张云"嘉靖八年右。十年左",《弇山堂别集》卷五五《户部左右侍郎》第一〇二九页载"张云,河南信阳卫人。由进士,八年任右,十年转左",均证张云嘉靖十年后为"户部左侍郎"。馆本"部"下当补"左"字。

页三下行一二　　拱柄

〔原考〕广本作"拱枘"。

〔新考〕国图本作"拱柄"。然同书卷二二五嘉靖十八年六月辛丑条第一页下、卷五一八嘉靖四十二年二月乙亥条第三页上,万历《新修南昌府志》卷一一《宗藩传》第一八八页下,《国朝献征录》卷一《奉国将军拱枘》第四九页下皆载瑞昌王府奉国将军名"拱枘"。《国榷》卷五六第三五〇六页载《实录》事,亦作"拱枘"。"拱枘"当是。

卷一六九考证

页二上行一二　　少需迁转

〔原考〕广本、阁本"少"作"以"。

〔新考〕国图本、《两朝宪章录》卷七第六三二页上均作"以需迁转"。《皇明疏钞》卷五一《修举武备疏》第四五四页上徐问原奏作"以苟需迁转者"。馆本"少"当作"以"。

页五下行一　　闫纪

〔新考〕国图本作"闫纪"。同书卷一五八嘉靖十三年正月乙巳条第一页下、卷一九一嘉靖十五年九月辛酉条第五页上均载丽妃为"闫氏"。然同书卷一二九嘉靖十年八月戊子条第一页下载:"命九嫔父方锐、沈钦、郑淮、卢永昌、王雄、阎纪……俱锦衣卫正千户,带俸。"同书卷三五七嘉靖二十九年二月乙卯条第四页上、卷四二七嘉靖三十四年十月丁亥条第五页上,《弇山堂别集》卷一〇〇《中官考十一》第一八九八页,《皇明从信录》卷二九第四八九页下,《国朝典汇》卷一八四《评奏》第七七二页下皆作"阎纪"。此外,《皇明诏令》卷二一《皇子生诏》第四八四页上、《皇明诏制》卷八第二九〇页下均载"丽妃阎氏",而"阎纪"为其父。似以"阎纪"为是。

页七上行四　　王〇部

〔原考〕旧校改作"王效部"。

〔新考〕国图本作"王效"。然同书卷一三三嘉靖十年十二月戊戌条第七页上载"命都指挥金事王劾充协守延绥副总兵",卷一四四嘉靖十一年十一月癸酉条第六页上载"升延绥副总兵、都指挥金事王劾为署都督金事,挂印充总兵官,镇守宁夏地方"。《渔石集》卷四第四八七页上唐龙原奏亦作"王劾"。《泾野先生文集》卷三一《公荐举以备任用疏》第一五七页上、嘉靖《宁夏新志》卷八《大明嘉靖平虏之碑》第二三一页上也均作"王劾"。此外,《国朝典汇》卷一四七《边臣功罪》第二五一页下载《实录》事,亦作"王劾"。馆本"〇"当作"劾"。

卷一七〇考证

页二上行六　　侯佩

〔原考〕广本、阁本"佩"作"珮",下同。

〔新考〕国图本作"侯珮"。嘉靖《范县志》卷四《国朝进士》第八六三页载:"侯珮字天和,聪之子,嘉靖七年举人。登壬辰科,授直隶广平府推官。"嘉靖《广平府志》卷九《推官》第一八页下亦作"侯珮",其注文曰:"进士,范县人。十二年任。"查《登科录》第六七页上、《贡举考》卷六第四三五页下、《碑录索引》第二五一九页,皆作"侯珮"。且据《登科录》知侯珮"兄璋"等名皆从玉。馆本"佩"当作"珮"。

页三上行五　　云道

〔新考〕国图本缺载。同书卷一九六嘉靖十六年正月壬寅条第五页下载:"命云南道监察御史谢少南提调北直隶学校。"嘉靖《赣州府志》卷九《进士》第二页下载谢少南"嘉靖戊子举于应天,登壬辰林大钦榜,南京刑部主事改云南道监察御史"。馆本"云道"当作"云南道"。

页四下行六　　阎朴

〔新考〕国图本缺载。同书卷一四三嘉靖十一年十月甲申条第三页下载:"朕既委辅臣及吏礼大臣,又何以亲临为?于是,时等复奉旨覆考进士吕怀……阎朴……等奏改翰林庶吉士,从之。"《南雍志》卷五《祭酒》第一九五页上亦作"阎朴",其注文曰:"文甫,太原榆次人,嘉靖壬辰进士。改翰林院庶吉士,历检讨。"查《登科录》第七〇页上、《南宫奏议》卷一五《薛瑄从祀覆议》第三七五页上、《贡举考》卷六第四三五页下、《碑录索引》第二五一九页,皆作"阎朴"。馆本"闫"当作"阎"。

卷一七一考证

页二下行一　　汤淳

〔原考〕广本、阁本"汤"作"杨"。

〔新考〕国图本作"汤淳"。然同书卷一六〇嘉靖十三年闰二月乙丑条第四页上载"升四川按察使杨淳为本布政司右布政使"。嘉靖《四川总志》卷一《布政使》第二八页下亦作"杨淳",其注文曰:"临潼人,进士。嘉靖十□年任右,转左。"查《登科录》第九五页下、《贡举考》卷六第三八三页下、雍正《陕西通志》卷三〇《选举一》第六三二页下、《碑录索引》第二四九八页,皆作"杨淳"。馆本"汤"当作"杨"。

页六上行九　　都督指挥佥事等官

〔原考〕广本、阁本无"督"字。

〔新考〕国图本作"都指挥佥事等官"。同书卷七一嘉靖五年十二月己巳条第一一页下、卷二三三嘉靖十九年正月甲寅条第五页上均载卜刺答为"都指挥佥事"。馆本"督"字为衍。

卷一七二考证

页一上行二　　蔡照

〔新考〕国图本作"蔡照"。然同书卷八四嘉靖七年正月甲申条第三页上载："授……知县周相……叶照……为试监察御史……照、仪俱贵州道。"万历《广东通志》卷一〇《按察副使》第二五七页上亦作"叶照",其注文曰："慈溪人,进士。嘉靖十四年任。"《登科录》第七三页上、嘉靖《浙江通志》卷五一《选举志》第三九九页、《贡举考》卷六第四一六页上、《国朝献征录》卷六二叶照墓志铭第三七九页上、《碑录索引》第二五一一页皆作"叶照"。馆本"蔡"当作"叶"。

页四上行三　　王经

〔原考〕三本"经"作"絚"。〔新考〕国图本作"王絚"。同书卷一一五嘉靖九年七月乙未条第三页下载："授……进士王崇……王絚……俱给事中……絚、裕、希文、学礼、继刑科。"《掖垣人鉴》卷一三第二七七页上亦作"王絚",其注文曰："字少仪,号江野,湖广石首县人,嘉靖八年进士。九年七月,除刑科给事中。"查《登科录》第三一页上、《贡举考》卷六第四二七页下、《碑录索引》第二五一五页,皆作"王絚"。馆本"经"当作"絚"。

卷一七三考证

页一上行五　　左侍郎

〔新考〕国图本作"左侍郎"。然同书卷一七五嘉靖十四年五月癸酉条第七页上载"升礼部右侍郎黄宗明为本部左侍郎"。馆本"左"当作"右"。

页二上行一〇　　梁村

〔原考〕旧校改"村"作"材"。

〔新考〕国图本、《明政统宗》卷二四第六五四页上、《嘉靖大政类编》之《宸章召对》第七二六页下、《国朝典汇》卷二六《召对》第六六〇页下、《国榷》卷五六第三五一二页皆作"梁材",是。

页九上行六　　张魁

〔原考〕广本、阁本"张"下有"文"字。抱本"魁"作"奎"。

〔新考〕国图本作"张文魁"。同书卷一五七嘉靖十二年十二月乙未条第四页上载:"升山东左布政使张文魁为右副都御史,巡抚宁夏。"嘉靖《山东通志》卷一〇《左布政使》第四二页上亦作"张文魁",其注文曰:"兰阳人,戊辰进士。"查《登科录》第九五页上、嘉靖《宁夏新志》卷二《巡抚》第九九页上、嘉靖《兰阳县志》卷七《进士》第三页下、《贡举考》卷六第三八三页下、《国朝献征录》卷六一张文魁墓志铭第三五七页下、《碑录索引》第二四九八页,皆作"张文魁"。馆本"张魁"当作"张义魁"。此外,《两朝宪章录》卷七第六三四页下、《五边典则》卷一七第四二三页上均载《实录》事,亦作"张文魁",是。

页十一上行一　　执副都司公署

〔原考〕抱本"副"作"赴",是也。

〔新考〕国图本、《嘉靖大政类编》之《辽东兵变》第七四三页下、《五边典则》卷二第五三六页上均作"执付都司公署",《皇明从信录》卷二九第四九一页下作"执付都司"。馆本"副"似当作"付"。

卷一七四考证

页一下行七　　本于文武之积累

〔原考〕广本、阁本"之"下有"所"字。〔新考〕国图本误作"本于文所之武积累"。《具茨集》卷一《殿试策一道》第七三七页上、《方山先生文录》卷一《廷试》第二三四页上、《贡举考》卷七第四三八页下所载世宗原策均作"本于文武之所积累"。馆本"之"下当补"所"字。

页六上行五　　周述

〔新考〕国图本缺载。当作"周叙"。详参卷一〇四页一上行二"周叙"条之辨析。《皇明疏钞》卷五八《正名罪慎举用以杜奸萌疏》第五九七页下载"近该镇守太监王纯等题称：据广宁军民人等状告吕经苦害军民十一事，乞转奏皇上钦处施行。再乞差总兵官邵永、侍郎周叙前来抚安等因"，乃时任给事中曾忭所奏，当为近真，益证馆本"述"当作"叙"。

页六下行一一　　沈良材

〔新考〕国图本缺载。同书卷一九六嘉靖十六年正月乙巳条第六页下载："诏授庶吉士……沈瀚等俱给事中，瀚吏科……沈良才兵部（科）。"《掖垣人鉴》卷一三第二八五页下亦作"沈良才"，其注文曰："字德夫，号凤冈，直隶泰州人，嘉靖十四年进士。十六年正月，由庶吉士授兵科给事中。"查《登科录》第四六页下、《贡举考》卷七第四四一页上、万历《扬州府志》卷一五《人物志上》第二二九页下、崇祯《泰州志》卷五《进士》第九八页上、《碑录索引》第二五二一页，皆作"沈良才"。馆本"材"当作"才"。

卷一七五考证

页四上行八　　边惠

〔原考〕广本、阁本"惠"作"憲"。

〔新考〕国图本缺载。当作"边憲"。详参卷二四页十一上行三"边宪"条之辨析。嘉靖《河南通志》卷一二《右布政使》第一六五页上亦作"边憲",可为佐证。

页五下行三　　鲁忭

〔原考〕旧校改作"曾汴"。

〔新考〕国图本缺载。当作"曾忭"。详参卷一五二页五下行六"曾阼"条之辨析。《皇明疏钞》卷五八《正名罪慎举用以杜奸萌疏》第五九七页下、《皇明两朝疏抄》卷一六《正名罪慎举用以杜奸萌疏》第五四六页上所载原奏均题为"曾忭",益证馆本误。

页七上行六　　礼部右侍郎

〔新考〕国图本作"礼部右侍郎"。然同书卷一五二嘉靖十二年七月庚申条第四页载"升南京礼部右侍郎黄绾为礼部左侍郎"。《国朝献征录》卷三四黄绾行状第六三五页下至第六三六页上载黄绾"乙未(嘉靖十四年),知贡举事甫毕,适丁母忧。服阕"。按,丁忧三年。黄绾当在十一年丁忧,而其时尚为礼部右侍郎,但此时为嘉靖十四年,且《国朝列卿纪》卷四四《礼部左右侍郎年表》第六九一页下、《弇山堂别集》卷五六《礼部左右侍郎》第一〇四九页、《礼部志稿》卷四二《左右侍郎》第七六五页下皆载黄绾嘉靖十二年为礼部左侍郎。馆本"右"当作"左"。

卷一七六考证

页一上行六　　党之子也

〔原考〕广本、阁本"党"作"宪"。

〔新考〕国图本作"惠之子也"。嘉靖《河间府志》卷二三《人物志》第六九六页下载"边侨",其注文曰:"安父,号南溪,惠之伯子。"同页又载"边仲",其注文曰:"中父,号石门,侨之弟。"同页复载"边佚",其注文曰:"行父,号贞谷,仲之弟。"故边侨、边仲、边佚为三兄弟,而边侨父为边惠,边佚父亦当为"边惠"。另,据《国朝献征录》卷五四第四九页至第五〇页上边宪神道碑,边宪未曾担任"南京光禄寺卿"一职。复稽《国朝列卿纪》卷一四五《南京光禄寺卿年表》第二八五页下,载有"边惠",其注文曰:"直隶任丘人,进士。嘉靖十四年,由应天府尹任。"查《登科录》第七九页下、《翰林记》卷一八《庶吉士题名》第一〇六五页下、嘉靖《河间府志》卷二三《人物志》第六九六页上、《贡举考》卷六第三八九页下、《碑录索引》第二五〇〇页,皆作"边惠"。国图本是。

页二下行四　　太常寺卿

〔新考〕国图本作"太常寺卿"。然《明政统宗》卷二四第六五五页上、《国朝典汇》卷一一二《乐制》第七五二页下均载张鹗为"太常少卿"。《桂洲文集》卷一二《覆议太常寺少卿张鹗论乐疏》第五八五页上夏言原奏载张鹗为"太常寺少卿"。是疑馆本"寺"下脱"少"字。

卷一七七考证

页一下行八　　左布政使

〔原考〕广本、阁本"左"作"右"。

〔新考〕国图本作"右布政使"。同书卷一九四嘉靖十五年十二月辛卯条第三页下载:"升陕西布政使文明、福建右布政使徐乾为左布政使,明 浙江,乾,湖广。"另,嘉靖《陕西通志》卷一九《右布政使》第九二三页载有"文明",乾隆《福建通志》卷二一《右布政使》第一〇一页上载有"徐乾"。此外,《国朝列卿纪》卷六二《工部尚书行实》第二七七页下载文明"(嘉靖)十四年,升陕西右布政使。十五年,升浙江左布政使"。馆本"左"当作"右"。

页三下行六　　洗光

〔原考〕广本"洗"作"冼",下同。

〔新考〕国图本作"洗光",误。当作"冼光"。详参卷八三页十一上行二"冼光"条之辨析。

页四上行九　　何塘

〔原考〕旧校改"塘"作"瑭"。

〔新考〕国图本、《两朝宪章录》卷七第六三六页下、《嘉靖大政类编》之《宸章召对》第七二七页下均作"何瑭",是。详参卷二五页三上行四"何塘"条之辨析。

页五上行二　　林廷㭿

〔原考〕广本、阁本"廷"作"庭"。

〔新考〕国图本作"林庭㭿",是。详参卷四三页一二上行一〇"林廷㭿"条之辨析。

页五上行四　　曾忭

〔原考〕旧校改"忭"作"汴"。

〔新考〕国图本作"曾忭",是。详参卷一五二页五下行六"曾阧"条之辨析。

页六上行六　　林廷棉

〔新考〕国图本、《五边典则》卷二第五三九页上均作"林庭棉",是。详参卷四三页一二上行一〇"林廷棉"条之辨析。

卷一七八考证

页二上行九　　贡淙

〔新考〕国图本作"贡淙"。然同书卷八六嘉靖七年三月丙子条第二页上、卷一二〇嘉靖九年十二月辛巳条第八页下、卷一六〇嘉靖十三年闰二月丙辰条第二页下皆载肃王名"贡錝"。《明宪宗实录》卷二七七成化二十二年四月壬辰条第五页上载:"进封汾川王贡錝为肃王。"《吾学编》卷一五《肃王》第二四八页下、《嘉靖事例》之《王府菜户》第一四六页下、《弇山堂别集》卷七〇《谥法》一第一三一七页、《明谥纪汇编》卷一〇第五〇四页上皆载肃王名"贡錝"。馆本"淙"当作"錝"。

卷一七九考证

页三上行一一　　陈铠等奏诏

〔原考〕三本"奏"作"奉",是也。阁本"铠"作"垲"。

〔新考〕国图本作"陈铠等奉诏"。然同书卷一七〇嘉靖十三年十二月乙巳条第三页上载:"选授行人何天启……陈垲……俱给事(中)……垲,南京吏科。"《本朝分省人物考》卷五一《陈垲》第三七八页下载:"陈垲字山甫,余姚人……年十八魁于乡。已,又魁会试,皆第五。由行人选南科给事中。"万历《绍兴府志》卷三三《进士》第一六三页下亦作"陈垲",其注文曰:"会魁,参政。"复据万历《绍兴府志》知陈垲为嘉靖十一年进士。查《登科录》第三一页上、嘉靖《浙江通志》卷五一《选举志》第四〇三页、《贡举考》卷六第四三四页上、《碑录索引》第二五一八页,皆作

"陈垲"。且据《登科录》知陈垲"兄坚、坦"等之名皆从土。馆本"铠"当作"垲"。

卷一八〇考证

页四下行九　　右谕德

〔新考〕国图本作"右谕德"。然《明孝宗实录》卷二二一弘治十八年二月丙寅条第五页下载"升左春坊左赞善费宏为左谕德兼翰林院侍讲，以九年秩满也"。《明武宗实录》卷三弘治十八年七月戊戌条条第九页上、《国朝献征录》卷一五费宏行状第五一四页上均作"左谕德"。馆本"右"当作"左"。

页六上行七　　右副都御史

〔新考〕国图本所载与馆本同。然同书卷五六嘉靖四年十月辛卯条第三页上载"升都察院右佥都御史张润为左副都御史"。同书卷六五嘉靖五年六月戊寅条第九页下、《国朝列卿纪》卷七六《都察院左右副都御史年表》第四四一页下、《国朝献征录》卷二七张润墓志铭第四〇〇页下皆载张润为"左副都御史"。馆本"右"当作"左"。

卷一八一考证

页三上行二　　李拱臣

〔新考〕国图本作"李拱臣"。然《嘉靖大政类编》之《庄肃谥议》第六九七页下载："（嘉靖）十九年五月，锦衣卫千户李拱辰言：'圣母南祔显陵，灾异屡作，乞迎二圣梓宫俱葬天寿山。'上责其狂悖庸愚，下镇抚司逮问。寻赎罪还职。拱辰者，敬嫔父也。敢于诞妄如此。"《明世宗实录》卷二三七嘉靖十九年五月壬辰条第一页上、《万历野获编》补遗卷一《大峪山用舍》第七九八页、《国榷》卷五七第三五九二页均载锦衣卫千户名"李拱辰"。《礼部志稿》卷六一《进献淑女》第三五页上载《实录》事,亦作"李拱辰"。馆本"臣"当作"辰"。

页三下行七　　胡守忠

〔原考〕旧校改"忠"作"中"。

〔新考〕国图本作"胡守中"。同书卷一七〇嘉靖十三年十二月辛酉条第五页下载"吏部拟上庶吉士授科道部属等官,得旨:二甲授科道,三甲授部属。乃授……胡守中、赵维垣……俱主事……守中、维垣、城、梅俱刑部",卷二二二嘉靖十八年三月癸巳条第一一页上载"升御史胡守中为都察院右佥都御史兼詹事府丞"。《国朝列卿纪》卷一一六《敕使畿辅侍郎都御史行实》第二一页下至第二二页上载:"胡守中字伯时,河南宁陵县人,嘉靖壬辰进士。授刑部主事,□□改御史……□□年,升都察院右佥都御史兼詹事府丞。"查《登科录》第七〇页下、嘉靖《河南通志》卷一七《科目》第二六六页上、《贡举考》卷六第四三六页上、《国朝献征录》卷四〇胡守中传第一六六页上、《碑录索引》第二五一九页,皆作"胡守中"。旧校是。

页五上行一一　　边洗

〔原考〕广本"洗"作"侁"。

〔新考〕国图本作"边洗"。然同书卷一七六嘉靖十四年六月甲午条第一页上载"改工科给事中边侁为礼部主客司主事"。《掖垣人鉴》卷一三第二八二页上亦作"边侁",其注文曰:"字行夫,号真谷,直隶任丘县人,嘉靖十一年进士。十三年十二月,由庶吉士授工科给事中。寻调礼部主事。"查《登科录》第二三页上、《贡举考》卷六第四三三页下、《碑录索引》第二五一七页,皆作"边侁"。嘉靖《河间府志》卷二三《人物志》第六九六页下"边侨"注文曰"安父,号南溪,惠之伯子","边仲"注文曰"中父,号石门,侨之弟","边侁"注文曰"行父,号贞谷,仲之弟",知"边侁"兄弟之名皆从人。馆本"洗"当作"侁"。此外,《礼部志稿》卷六一《再广选取》第三六页上载《实录》事,亦作"边佑",可为旁证。

卷一八二考证

页一下行六　　王桢

〔新考〕国图本作"王祯"。同书卷一九二嘉靖十五年十月丁未条第一〇页下载"吏科都给事中王祯"。《掖垣人鉴》卷一三第二七六页下亦作"王祯",其注文曰:"字邦兴,号龙塘,陕西乾州人,嘉靖五年进士。九年七月,由行人选兵科给事中。……十四年,升吏科左。寻升吏科都。"查嘉靖《陕西通志》卷二七《科贡》第一四九〇页、《贡举考》卷六第四二三页下、《碑录索引》第二五一四页,皆作"王祯"。馆本"桢"当作"祯"。

页二下行四　　陈曜

〔原考〕三本"曜"作"耀"。

〔新考〕国图本作"陈耀"。然同书卷二〇七嘉靖十六年十二月乙丑条第四页上载"升刑部河南司郎中陈燿为湖广按察司副使"。嘉靖《河间府志》卷二三《人物志》第七〇一页下亦作"陈燿",其注文曰:"嘉靖五年进士。初任刑部主事。后升本部员外,转郎中,升湖广按察司副使。"查《贡举考》卷六第四二〇页下、《碑录索引》第二五一二页,皆作"陈燿"。馆本"曜"当作"燿"。

页三上行行七　　廷琦

〔新考〕国图本作"廷琦"。然同书卷三〇八嘉靖二十五年二月癸卯条第四页上载"从代王充燿奏,封其庶长子廷埼为世子",卷三四三嘉靖二十七年十二月庚午条第四页下载"册封……代昭王充燿世子廷埼为代王"。《弇山堂别集》卷七〇《谥法一》第一三一七页、《国朝典汇》卷一二四《谥法》第二五页下、《明谥纪汇编》卷一〇第五〇四页下也均载代王名"廷埼"。据《钦定续文献通考》卷二〇五《帝系考》第八〇七页载"八世充燿子廷埼,充爔子廷垠……充煟子廷址、廷鄿",知廷埼兄弟名之末字多从土。馆本"琦"当作"埼"。《礼部志稿》卷七四《改封世子世孙》第二六四页下载"泰兴王廷埼",可为旁证。

页四上行九　　副将

〔原考〕阁本"将"作"使"。

〔新考〕国图本作"副使"。同书卷一〇四嘉靖八年八月庚午条第三页上载："升湖广布政使司右参议崔桐为本按察司副使,提调学校。"万历《湖广总志》卷一九《副使》第六四三页下载有"崔桐"。嘉靖《惟扬志》卷一九《人物志上》第三〇页上、《国朝列卿纪》卷一五四《南京太仆寺少卿行实》第三四三页上、《万姓统谱》卷一七第三一三页上皆载崔桐为"湖广提学副使"。馆本"将"当作"使"。

卷一八三考证

页四下行一一　　至扰川汉

〔原考〕各本"至"作"互"。

〔新考〕国图本缺载。《皇明经济文录》卷一一《录遗功以昭劝典疏》第六二八页下唐龙原奏、《两朝宪章录》卷八第六三九页下均作"互扰川、汉",当是。

卷一八四考证

页三上行六　　李拱臣

〔新考〕国图本缺载。当作"李拱辰"。详参卷一八一页三上行二"李拱臣"条之辨析。

页三上行八　　至彩舆中

〔新考〕"至",国图本缺载,同书卷一二二嘉靖十年二月庚辰条第一〇页下所载册嫔仪此节作"置",当是。

页五上行一一　　林廷

〔新考〕国图本作"林廷　",误。当作"林庭　"。详参卷四三页一二上行一〇"林廷　"条之辨析。

卷一八五考证

页一上行六　　隆禧兵科

〔新考〕国图本作"隆禧兵科"。然同书卷一八九嘉靖十五年七月庚辰条第八页下载"升礼科右给事中朱隆禧……为左给事中"。《掖垣人鉴》卷一三第二八一页上亦载朱隆禧"嘉靖十五年,升礼科右"。馆本"兵"似当作"礼"。

页一下行九　　摧寔专于御史

〔原考〕旧校改"摧"作"权"。

〔新考〕国图本、《礼部志稿》卷六九《停罢岁贡严例》第一七三页下均作"权寔专于御史",是。

卷一八六考证

页一上行三　　张镕

〔新考〕国图本作"张溶"。同书卷一八一嘉靖十四年十一月甲申条第五页下载:"诏故英国公张仑子溶袭祖爵。"同书卷一八九嘉靖十五年七月戊辰条第五页下、卷一九六嘉靖十六年正月乙巳条第六页下,《明功臣袭封底薄》卷三《英国公》第三九三页,《皇明功臣封爵考》卷二《英国公》第三七三页下皆作"张溶"。《国榷》卷五六第三五二六页载《实录》事,亦作"张溶"。馆本"镕"当作"溶"。

页六上行四　　谢廷芝

〔新考〕国图本作"谢廷芝"。然万历《四川总志》卷一二乡试第四七一页上作"谢庭芝",其注文曰:"历郎中。"嘉靖《四川总志》卷八《科第》第一六四页上、《贡举考》卷六第四三〇页上、《碑录索引》第二五一二页皆作"谢庭芝"。馆本"廷"当作"庭"。

卷一八七考证

页二上行一二　　泰明夏

〔原考〕抱本、东本"泰"作"秦",是也。东本"明"作"鸣"。

〔新考〕国图本作"秦鸣夏"。同书卷一七〇嘉靖十三年十二月戊午条第四页下载:"授庶吉士秦鸣夏、闵如霖、浦应麒为翰林院编修。"《国朝献征录》卷一九秦鸣夏墓志铭第二四页上载:"君名鸣夏,字子亨,号白崖,浙之临海人也。佥事公娶包宜人,尝梦仙妃怀数棋子遗之。于是连举三子,而君居其次。其长刑部员外郎鸣春,其季则翰林修撰鸣雷也……嘉靖辛卯(十年),举乡试。明年(十一年),第进士,改翰林庶吉士……二年(嘉靖十三年),以才授翰林编修。"查《登科录》第二一页下、嘉靖《浙江通志》卷五二《选举志》第四一五页、《贡举考》卷六第四三三页下、《碑录索引》第二五一七页,皆作"秦鸣夏"。且据前文《国朝献征录》知"秦鸣夏"兄弟以"鸣"字排行。馆本"泰明夏"当作"秦鸣夏"。

页二上行一二　　潘应麒

〔原考〕抱本、东本"潘"作"浦"。

〔新考〕国图本作"浦应麒"。同书卷一七〇嘉靖十三年十二月戊午条第四页下载："授庶吉士秦鸣夏、闵如霖、浦应麒为翰林院编修。"光绪《金匮无锡县志》卷一六《十一年壬辰林大钦榜》第二四四页上亦作"浦应麒"，其注文曰："翰林院编修，右春坊赞善。"查《登科录》第二七页上、《贡举考》卷六第四三三页下、《碑录索引》第二五一八页，皆作"浦应麒"。馆本"潘"当作"浦"。

页五下行二　　闫邻

〔新考〕国图本作"阎邻"。同书卷二一七嘉靖十七年十月辛亥条第二页下载"御史阎邻"。《国朝列卿纪》卷九四《大理寺左右少卿行实》第五六六页上载："阎邻字德甫，山东兖州府东平州人，嘉靖己丑进士。擢监察御史。"查《登科录》第六〇页上、嘉靖《山东通志》卷一七《科目》第一四〇页下、《贡举考》卷六第四二九页上、《碑录索引》第二五一六页，皆作"阎邻"。馆本"闫"当作"阎"。

卷一八八考证

页二下行四　　例死

〔新考〕国图本残缺。《嘉靖事例》之《覆议茶马事宜》第三一页上、《明经世文编》卷一〇六《议茶马事宜疏》第九五七页下所载张良卿原奏均作"倒死"，是。

页六上行一一　　吴县人

〔原考〕广本、东本"吴"下有"江"字。

〔新考〕国图本所载与馆本同。然嘉靖《广西通志》卷六《总督》第七六页下、嘉靖《山东通志》卷一〇《右布政使》第四二页下、嘉靖《广东通志初稿》卷七《总督》第一四二页上皆载盛应期籍贯为"吴江"县。《登科录》第四七页上亦载盛应期籍贯为"直隶苏州府吴江县"。此外，嘉靖《吴江县志》卷二一《科第表》第一一六九页载有"盛应期"。馆本"吴"下当补"江"字。

页七上行四　　择团营官军

〔原考〕广本、东本"择"作"摘"。

〔新考〕国图本作"摘团营官军"。《名臣经济录》卷四八《题钦奉勅谕事》第三九八页下至第三九九页上所载郭勋等原奏作"随该武定侯 郭等议将团营该补京卫事。官军内摘造三万员名在于两宫"。馆本"择"当作"摘"。

卷一八九考证

页一上行一二　　都匀守备指挥佥事钱冠

〔原考〕广本、阁本"勺"作"匀",是也。抱本"钱"作"铁"。

〔新考〕国图本作"都匀守备指挥佥事铁冠"。同书卷一九二嘉靖十五年十月戊申条第一一页下载"守备等指挥官铁冠、王达、周人等十四人",卷三五四嘉靖二十八年十一月乙亥条第三页下载"提督清浪右参将铁冠"。馆本"钱"当作"铁"。

页五上行七　　丁暲

〔原考〕抱本、阁本"暲"作"璋"。

〔新考〕国图本作"丁璋"。同书卷二五二嘉靖二十年八月癸未条第一四页上载"山西总兵丁璋"。嘉靖《宣府镇志》卷一一《新开口堡》第九五页上载:"嘉靖七年,守备丁璋展修。"同书卷二八《参将》第三二六页下亦作"丁璋",其注文曰:"本东路参将。起废复任,升山西总兵官。"馆本"暲"当作"璋"。

页六下行一一　　陛下以子事孝庙

〔原考〕广本"孝"作"考"。

〔新考〕国图本、《桂洲文集》卷一一《会议迁奉慈殿三后神主于陵殿疏》第五二二页下夏言原奏、《礼部志稿》卷八三《奉迁三后主于陵殿》第四八九页下均作"陛下以子事考庙",是。

卷一九〇考证

页四上行五　　侍读学士

〔新考〕国图本作"侍读学士"。然同书卷一九六嘉靖十六年正月辛丑条第五页上载:"升礼部左侍郎兼翰林院侍讲学士李廷相为户部尚书,总督仓场。"《明武宗实录》卷一三七正德十一年五月辛卯条第四页上载:"升……春坊左中允刘龙、右中允李廷相为侍讲学士。"《国朝列卿纪》卷二〇《翰林院学士讲读学士年表》第三二九页上亦载李廷相"正德十一年,任侍讲学士"。此外,《国朝献征录》卷二九李廷相传第四六五页上所载李廷相"升右春坊右中允兼修撰。积六年,始升侍讲学士",皆证馆本"读"当作"讲"。

页六下行四　　吴铠

〔新考〕国图本作"吴铠"。然同书卷一八四嘉靖十五年二月己卯条第六页上载:"召管理甘肃屯田都御史牛天麟还京,屯田副使崔允、吴铠添注陕西按察司管事。"乾隆《甘肃通志》卷二七《肃州兵备道副使》第三五页上亦作"吴铠",其注文曰:"山东阳谷人。"据《本朝分省人物考》卷九五《吴铠》第五九三页上载:"吴铠字文济,阳谷人,第正德甲戌进士。授行人,擢南台监察御史……升福建副使。时以甘肃屯政久废,欲得素有才望者,改铠肃州兵备。"查嘉靖《山东通志》卷一七《科目》第一四〇页下、《贡举考》卷六第三九五页上、《碑录索引》第二五〇二页,皆作"吴

153

铠"。馆本"恺"当作"铠"。

卷一九一考证

页一下行九　　右侍副

〔新考〕国图本作"右寺副"。同书卷二四四嘉靖十九年十二月己卯条第三页下载"右寺副王应芳"。《南宫奏议》卷二三《申明职掌以杜请托》第四四三页下载"大理寺寺副王应芳"。馆本"侍"当作"寺"。

页二上行九　　孝恭章后

〔原考〕"章"下应补"皇"字。

〔新考〕国图本作"孝恭章皇后"。《太常续考》卷四《帝后忌辰事宜》第一九○页上载："九月初四日,孝恭章皇后忌辰。"按,该月癸丑朔,丙辰适为四日。馆本"章"下当补"皇"字。

页三下行一　　至彩舆中

〔新考〕"至",国图本所载与馆本同,然同书卷二三三嘉靖十九年正月己亥条第三页上、《明武宗实录》卷一六正德元年八月庚午条第七页下、《明神宗实录》卷一五一万历十二年七月壬寅条第八页上所载册妃仪均作"置","置"字当是。

页七上行八　　马如璋

〔新考〕国图本作"马如璋"。然同书卷一八七嘉靖十五年五月戊辰条第五页下载："选授……知县谢廷𦮔……马汝彰、王继宗等为给事中……汝彰刑科。"《掖垣人鉴》卷一三第二八四页下亦作"马汝彰",其注文曰:"字存美,号璞冈,河南汲县人,嘉靖十一年进士。十五年五月,由直隶武进知县选刑科给事中。"查《登科录》第四七页上、嘉靖《河南通志》卷一七《科目》第二六六页上、《贡举考》卷六第四三四页下、《碑录索引》

第二五一八页，皆作"马汝彰"。且据《登科录》知马汝彰"弟汝阳、汝翼"，故马汝彰兄弟以"汝"字排行。馆本"马如璋"当作"马汝彰"。

页八下行　　汤祐贤

〔新考〕国图本作"汤祐贤"。然同书卷一七七嘉靖十四年七月辛未条第二页上载"命故灵璧侯汤绍宗子佑贤……各袭祖爵"。卷一八二嘉靖十四年十二月甲寅条第六页上、《明功臣袭封底簿》卷一《信国公今为灵璧侯》第三一页、《皇明功臣封建考》卷一《灵璧侯》第三四九页上皆作"汤佑贤"。是疑馆本"祐"当作"佑"。

页一三上行三　　孝穆慈慧

〔新考〕国图本、《明政统宗》卷二四第六六一页上、《礼部志稿》卷八三《陵殿三后称号》第四八六页下、《国朝典汇》卷九《后妃》第四一三页上皆作"孝穆慈惠"，是。

卷一九二考证

页七上行五　　朱怀翰

〔原考〕广本"翰"作"乾"，阁本作"幹"。

〔新考〕国图本作"朱怀乾"。《万姓统谱》卷九第二一一页亦作"朱怀乾"，其注文曰："字守正，归安人，嘉靖壬辰进士。授刑部主事……以议皇亲张延龄狱谪泰州同知。"《登科录》第七四页上、嘉靖《浙江通志》卷五二《选举志》第四〇五页、《贡举考》卷六第四三六页上、《碑录索引》第二五一九页皆作"朱怀乾"。馆本"翰"当作"乾"。

页七上行一〇　　赵维恒

〔原考〕按四〇八二面作"赵维垣"。

〔新考〕国图本作"赵维垣"。同书卷一九三嘉靖十五年十一月己巳条第七页载"刑部主事赵维垣"。《本朝分省人物考》卷一一五《赵维垣》第三四三页上载:"赵维垣字师德,永宁卫人,嘉靖壬辰进士。改庶吉士,授刑部主事。以讠韦误下狱。"查《登科录》第七三页下、嘉靖《贵州通志》卷六《科目》第九〇九页、《贡举考》卷六第四三六页上、《碑录索引》第二五一九页,皆作"赵维垣"。馆本"恒"当作"垣"。

页七下行五　　枕椿

〔新考〕国图本、同卷上页均作"**沈椿**"。崇祯《吴县志》卷四六《人物》第八一一页至第八一二页载:"沈椿字符材,领正德丙子乡荐。嘉靖丙戌登进士……仅迁刑部主事。适贵戚下狱,椿持法甚坚。……乃毙杖下。"正德《姑苏志》卷六《科举表下》第五五八页至第五五九页、《贡举考》卷六第四二三页上、《碑录索引》第二五一四页皆作"沈椿"。此外,亲历此事者罗虞臣所撰《罗司勋文集》卷三《御史府狱私录》第四二〇页下亦作"沈椿"。馆本"枕"当作"沈"。

卷一九三考证

页一上行九　　右佥都御史

〔原考〕广本、阁本"右"作"左"。

〔新考〕国图本作"左佥都御史"。《国朝列卿纪》卷一二五《巡抚大同左右副佥都御史年表》第一〇九页上载史道"嘉靖十五年,以左佥都御史任"。《国朝献征录》卷三九史道行状第一一五页上亦载"嘉靖十五年,特起公(史道)左佥都御史,巡抚大同"。馆本"右"当作"左"。

页二上行一　　黎广

〔原考〕阁本"广"作"廙"。

〔新考〕国图本、《越峤书》卷一三《书疏移文》第一四六页上、《毛襄懋先生集》别集卷四《邵勋》第四〇三页上、《小山类稿》卷八《论交事与巡按两司》第三八二页上、《鸿猷录》卷一六《勘处安南》第四〇六页下、《南宫奏议》卷二六《再会议安南事宜》第四七四页下、《明史稿》卷三二一《安南》第八三三一页皆作"黎廌",是。

页六下行九　　篡立夺国

〔原考〕抱本"立"作"主"。

〔新考〕国图本脱作"篡主夺"。《越峤书》卷一二《疏议移文》第一一六页下、《南宫奏议》卷二七《议差官勘问夷情及预备征讨事宜》第四七九页上所载夏言奏议均作"篡主夺国",当是。

页七下行五　　左副都御史

〔新考〕国图本作"左副都御史"。然同书卷一四八嘉靖十二年三月丙午条第一页上载"升都察院右佥都御史毛伯温为本院右副都御史"。《国朝列卿纪》卷六二《工部尚书行实》第二七六页下载毛伯温"(嘉靖)十二年,升本院右副都御史。十五年,升都察院右都御史"。《国朝献征录》卷三九毛伯温行状第九一页下至第九二页上载"升右副都御史……丁酉(嘉靖十六年)春,以右都御史召公起复"。馆本"左"当作"右"。

卷一九四考证

页一下行二　　韩最

〔原考〕阁本"最"作"勋"。

〔新考〕国图本作"韩最"。然同书卷二〇六嘉靖十六年十一月癸未条第二页上载:"先是,虏犯山西大同府等处,杀掠人畜甚众。上特遣工科给事中钱亮、兵部主事韩勋往核其事。"雍正《畿辅通志》卷六二《进士》第四六八页下亦作"韩勋",其注文曰:"高阳人,郎中。"光绪《保定府志》卷五三《仕绩四》第二二页下载:"韩勋字德懋,高阳人……壬辰与馆选,以进卷弥封不谨,报罢。除户部主事。改兵部。历职方郎中。"查《登科录》第二八页上、《贡举考》卷六第四三三页下、《碑录索引》第二五一八页,皆作"韩勋"。馆本"最"当作"勋"。

页四上行二　　卑不避遵

〔原考〕"遵"应作"尊"。

〔新考〕国图本、《渭厓文集》卷四《申明礼制疏》第一页下霍韬原奏、《明政统宗》卷二四第六六二页下、《礼部志稿》卷六六《申饬南京公聚仪节》第一一三页下、《国朝典汇》卷一〇四《礼制》第六九七页下均作"卑不避尊",是。

页五下行四　　梁继璠

〔原考〕阁本"璠"作"藩"。《皇明功臣封爵考》作"璠",《明史·诸王表》作"藩"。

〔新考〕国图本作"梁继璠",是。详参卷一七七页二上行三"梁永福子继璠"条之辨析。

卷一九五考证

页一下行八　　世祖宪宗

〔原考〕阁本作"宪宗世祖"。

〔新考〕国图本误作"世宗、宪宗"。《越峤书》卷一二《疏议移文》第一二七页下唐胄原奏、《明史稿》卷二九二《唐胄传》第一七七页下、《明通鉴》卷五六第一五三五页均作"宪宗世祖",是。

页八下行三　　实沾

〔原考〕抱本"实"作"宾"。

〔新考〕国图本作"宾沾"。同书卷五五七嘉靖四十五年四月壬戌条第一页上载:"蜀府庆符王宾沾薨,赐葬如例。"《弇山堂别集》卷七二《谥法三》第一三六七页、《国榷》卷五六第三五三九页、雍正《四川通志》卷二九下明《藩封》第五九七页下皆作"宾沾"。据《钦定续文献通考》卷二〇五《帝系考》第八〇五页下至第八〇六页上载"五世申凿子宾瀚，申锯子宾灜……申镦子宾沾，申煋子宾泟"，知宾沾兄弟以"宾"字排行。馆本"实"当作"宾"。

卷一九六考证

页一下行一一　　桑友简

〔原考〕广本、阁本"简"作"兰"。

〔新考〕国图本缺载。同书卷二二四嘉靖十八年五月乙酉条第一八页上载"（太常寺）卿桑友兰"。《国朝列卿纪》卷一三二《太常寺卿年表》第二〇四页上亦作"桑友兰"，其注文曰："顺天大兴人，乐舞生。嘉靖十七年任。"同书卷一三五《太常寺少卿行实》第二三〇页下载："桑友兰……嘉靖八（十）年，由本寺寺丞升任。"查《太常续考》卷七卿第二七六页上、《国朝典汇》卷五九《太常寺》第三六九页下、《国榷》卷五五第三四四一页，均作"桑友兰"。馆本"简"当作"兰"。

页六下行四　　林廷机

〔原考〕抱本"机"误"玑"。按《进士题名碑录》，林廷机系嘉靖乙未进士。

〔新考〕国图本作"林廷机"。然同书卷一七四嘉靖十四年四月戊申条第六页下至第七页上载"改进士赵贞吉……林庭机……为庶吉士，送翰林院读书"。《明一统志》卷七四《人物》第五七五页上载"林庭㭿"，其注文曰："瀚子，弘治己未进士。仕至工部尚书。……弟庭机亦进士，官礼部尚书。"查《登科录》第三四页上、《国朝献徵录》卷三六林庭机神道碑第七四五页上、《碑录索引》第二五二〇页，皆作"林庭机"。且据《登科录》知林庭机"兄庭桐、庭柱"等名之末字皆从木，且以"庭"字排行。馆本

159

"林廷机"当作"林庭机"。

卷一九七考证

页三下行九　　陈谡

〔新考〕国图本缺载。同书卷一九四嘉靖十五年十二月丙午条第一二页下、卷二〇四嘉靖十六年九月辛卯条第四页上,《明孝宗实录》卷二一三弘治十七年六月壬戌条第一页下,《明武宗实录》卷一三〇正德十年十月丙辰条第一页上皆载遂安伯名"陈鏸"。《明孝宗实录》卷二一二弘治十七年五月戊戌条第八页上载:"命故遂安伯陈韶之孙鏸袭遂安伯。"《明功臣袭封底簿》卷三《遂安伯》第五一六页、《皇明功臣封爵考》卷三《遂安伯》第四三五页下至第四三六页上也均载遂安伯名"陈鏸"。馆本"谡"当作"鏸"。

卷一九八考证

页四下行一一　　勋辅大臣

〔原考〕抱本"辅"作"戚"。

〔新考〕国图本、《国朝典汇》卷一四《巡幸》第五三八页下所载均与馆本同,存疑。

卷一九九考证

页三上行一〇　　莱州府

〔原考〕抱本、中本"莱"作"莱",阁本作"苏"。

〔新考〕国图本作"莱州府"。嘉庆《海州直隶州志》卷二三《人物》第四三〇页上载仲选"后迁武昌府知府。忤楚藩,获谴,下汉阳狱。事白,调莱州府知府。时征安南,擢云南兵备副使。事平,因守莱时持议沮开胶莱河忄当路,被劾归"。馆本"菜"当作"莱"。

页三上行一一　　王世瑶

〔新考〕国图本作"王世瑶"。然万历《贵州通志》卷二《副使》第三七页下作"王世隆",其注文曰:"长州人。嘉靖十七年任。"雍正《贵州通志》卷一七《副使》第四四三页上亦作"王世隆",其注文曰:"长洲人,进士。"嘉靖《贵州通志》卷五《副使》第七二三页、《贡举考》卷六嘉靖五年丙戌科第四三〇页上、万历《湖广总志》卷三七《国朝进士》第二二八页上、雍正《湖广通志》卷三二《选举志》第二六九页下、《碑录索引》第二五一二页均作"王世隆"。馆本"瑶"当作"隆"。

卷二〇〇考证

页二上行三　　濮上站

〔原考〕抱本、阁本、中本"濮"作"溁"。

〔新考〕国图本、《越峤书》卷一一《书疏移文》第一〇四页上、《明经世文编》卷一五八《奉命南征疏》第一五八六页下、《皇明辅世编》卷五《毛司马伯温》第六八四页上、《国榷》卷五六第三五四五页、《读史方舆纪要》卷一一二第五〇〇二页皆作"濮上站",当是。

卷二〇一考证

页四下行四　　赠南京吏部尚书

〔新考〕国图本所载与馆本同。然《国朝献征录》卷二七林文俊墓志铭第四三〇页下载林文俊所赠为"南京礼部尚书"。《国朝列卿纪》卷四五《南京礼部侍郎行实》第七二七页上、《弇山堂别集》卷七一《谥法二》第一三三四页亦均载林文俊所赠为"南京礼部尚书"。疑馆本"吏"当作"礼"。

页六上行三　　衰经

〔原考〕旧校改作"衰绖"。

〔新考〕国图本作"衰经",误。《皇明两朝疏抄》卷八《大臣终制以植纲常疏》第二八八页下何维柏原奏、《明政统宗》卷二四第六六四页下、《国朝典汇》卷四七《归省告病》第二五五页上均作"衰绖"。"衰绖"为居丧意,符合上下文,是。

卷二〇二考证

页一下行一二　　武清伯

〔新考〕国图本作"武清伯"。然同书卷一三三嘉靖十年十二月壬寅条第九页下、卷一四八嘉靖十二年三月戊辰条第四页下,《明功臣袭封底簿》卷一《武靖伯》第四三页,《皇明功臣封爵考》卷四《武靖伯》第四九五页下均载赵世爵为"武靖伯"。馆本"清"当作"靖"。

卷二〇三考证

页二下行九　　阮景

〔新考〕国图本作"阮景"。然《安南奏议》第一八七三页、《越峤书》卷一二《书疏移文》第一三六页下、《楚纪》卷一六《汪文盛》第五三五页下、《南宫奏议》卷二八《议莫方瀛投降事情》第四八六页上皆作"阮璟",疑馆本"景"当作"璟"。

页六下行五　　仕坏

〔新考〕国图本作"仕坏"。然同书卷二二一嘉靖十八年二月壬寅条第五页下载"封代府 襄垣王府镇国将军仕坏为襄垣王",卷三七五嘉靖三十年七月乙巳条第四页下载"襄垣王 仕坏"。《明宪宗实录》卷九七成化七年十月辛未条第一页下至第二页上、《明孝宗实录》卷五八弘治四年十二月丙寅条第五页下、《明武宗实录》卷三八正德三年五月辛丑条第一页上、《礼部志稿》卷七四《另城袭封》第二五八页上皆载代府或襄垣王府镇国将军名"仕坯"。馆本"坏"当作"坯"。

卷二〇四考证

页六下行一一　　王枯

〔原考〕广本"枯"作"桔",抱本作"佑"。

〔新考〕国图本作"王枯"。然同书卷一九二嘉靖十五年十月戊申条第一一页下"俟事宁裁夺"之校勘记载"阿向余孽王聪、王祐"。《五边典则》卷二三第六二九页上载《实录》事,亦作"王祐"。是疑馆本"枯"当作"祐"。

卷二〇五考证

页六上行九　　太子少保

〔新考〕国图本作"太子少保"。然同书卷七九嘉靖六年八月庚戌条第三页上载"上嘉宪等功,赐敕奖励,加宪太子太保,荫一子锦衣卫百户,世袭",卷八五嘉靖七年二月丙辰条第九页上载"改提督三边太子太保、兵部尚书王宪为南京兵部尚书,参赞机务"。《国朝献征录》卷三九《兵部尚书王公宪传》第八六页下载"俘获甚众,玺书褒奖,进太子太保。明年,改南京兵部尚书,参赞机务",是知王宪在改南京兵部尚书前已为"太子太保"。馆本"少"当作"太"。

卷二〇六考证

本卷未在原考的基础上有新的发现和明显推动。对原考保持肯定。

卷二〇七考证

页一下行一二　　右参议

〔原考〕广本、阁本、中本"右"作"左"。

〔新考〕国图本作"左参议"。万历《广西通志》卷七《左参议》第一七二页下、《皇明词林人物考》卷七《田叔禾》第六三〇页上、《本朝分省人物考》卷四三《田汝成》第一五一页上皆载田汝成为广西"左参议"。馆本"右"当作"左"。

页四下行一　　胡宾

〔原考〕抱本、阁本"宾"下有"利宾"二字，中本有"利滨"二字。

〔新考〕国图本缺载。同页下文载"利宾南京江西道"，同书卷二二八嘉靖十八年八月庚辰条第三页上载"御史利宾"，卷二三〇嘉靖十八年十月癸巳条第五页下载"南京江西等道监察御史利宾"。《南京都察院志》卷五《江西道》第一四八页下亦作"利宾"，其注文曰："广东归善人。由举人。"查嘉靖《广东通志初稿》卷二〇《科贡》第三七二页上、嘉靖《惠州府志》卷一六《湖中纪兴》第六页上，均作"利宾"。馆本"宾"下当补"利宾"二字。

卷二〇八考证

页一上行七　　陈褒

〔原考〕广本、抱本"褒"作"衮"。

〔新考〕国图本缺载。当作"陈褒"。详参卷五一页二上行八"陈褒"条之辨析。乾隆《宁德县志》卷七《名宦》第七六三页上载"陈褒字邦进，号骢山，宇子。正德癸酉与兄衮同举于御。嘉靖癸未成进士。越年，授云南道监察御史……假他事谪韶州推官"，可为佐证。

页三下行一一　　给事中

〔原考〕广本、阁本"给"上有"都"字。

〔新考〕国图本缺载。同书卷二〇五嘉靖十六年十月庚戌条第一页上载:"升左给事中李士文为刑科都给事中。"《掖垣人鉴》卷一三第二八五页下载李士文"嘉靖十六年五月,起复,除兵科,升户科右,吏科左。寻升刑科都。十七年,升山东左参政"。馆本"给"上当补"都"字。

页四上行二　　左议

〔原考〕三本"左"下有"参"字,是也。

〔新考〕国图本缺载。同书卷一八〇嘉靖十四年十月辛亥条第六页上载"右参议李瑜"。嘉靖《四川总志》卷一《参议》第三一页下载有"李瑜",其注文曰:"吉水人,举人。嘉靖十二年任右。"是疑馆本"左议"当作"右参议"。

卷二〇九考证

页三下行一　　翟敬

〔原考〕广本、阁本"敬"作"镜",下同。

〔新考〕国图本作"翟镜"。嘉靖《徽州府志》卷四《同知》第九五页下亦作"翟镜",其注文曰:"河南洛阳人。由进士。嘉靖十二年任。"《贡举考》卷六第四二七页下嘉靖八年罗洪先榜载有"翟镜",其注文曰:"河南洛阳县。"查《登科录》第三三页上、嘉靖《河南通志》卷一七《科目》第二六五页下、万历《山西通志》卷一二《佥事》第二六〇页下、《碑录索引》第二五一五页,皆作"翟镜"。且据《登科录》知翟镜"兄铣"等之名皆从金。馆本"敬"当作"镜"。"敬""镜",音近误。

页三下行一一　　李明

〔原考〕广本、阁本"明"作"相"。

〔新考〕国图本作"李相"。万历《广西通志》卷七《佥事》第一八〇页上亦作"李相",其注文曰:"吉水人。嘉靖十七年任。"雍正《江西通志》卷五四《正德九年甲戌唐皋榜》第七六二页上也作"李相",其注文曰:"吉水人。广西佥事。"检嘉靖《江西通志》卷二七《科目》第三八一页上、《贡举考》卷六第三九三页下、《碑录索引》第二五〇一页,皆作"李相"。馆本"明"当作"相"。

卷二一〇考证

页一上行一〇　　都御史

〔原考〕广本无"都"字。

〔新考〕国图本作"御史"。同书卷一八一嘉靖十四年十一月辛未条第三页下载"改授主事桑高……李元阳……俱监察御史……元阳,箴,江西道",卷二一六嘉靖十七年九月甲午条第一三页下载"福建巡按御史李元阳"。《南宫奏议》卷一六《福建进甘露具题》第三八四页下所载礼官严嵩原奏作"巡按福建监察御史李元阳"。《桂洲文集》卷一五《奏札》第六五六页下、《明政统宗》卷二四第六六六页上、《国朝典汇》卷一一三《祥瑞》第七六四页下均载《实录》事,皆载李元阳福建"御史"。馆本"都"字当衍。

页三上行九　　右佥都御史

〔新考〕国图本作"右佥都御史"。然同书卷一六五嘉靖十三年七月壬辰条第五页上载"升山西左布政使任洛为都察院左佥都御史,提督雁门等关兼巡抚山西"。嘉靖《辽东志》卷五《官师志》第五七七页下载任洛"河南钧州人,辛未进士,左佥都御史。因兵变自山西改辽东"。因嘉靖

《辽东志》乃任洛主持重修。其所记当为近真。馆本"右"当作"左"。

页三下行一二　　余相

〔原考〕广本、阁本"余"作"涂"。

〔新考〕国图本作"涂相"。雍正《广东通志》卷二七《金事》第一〇八页上亦作"涂相",其注文曰:"江西南昌人,进士。十七年任。"《贡举考》卷六第四三〇页下正德十二年舒芬榜也作"涂相",其注文曰:"江西南昌县。"查《登科录》第四四页上、嘉靖《江西通志》卷六《科目》第二三六页上、万历《新修南昌府志》卷一七《科第》第三四二页上、《碑录索引》第二五〇五页,皆作"涂相"。馆本"余"当作"涂"。

卷二一一考证

页一下行七　　汤祐贤

〔新考〕国图本作"汤祐贤",误。当作"汤佑贤"。详参卷一九一页八下行七至行八"汤祐贤"条之辨析。

页二下行五　　张悌

〔新考〕国图本作"张梯"。同书卷一九九嘉靖十六年四月乙亥条第九页下载:"选授……知县董玶、冉崇礼……张梯……等俱试监察御史……梯,南京 福建道(据校勘记补)。"《南京都察院志》卷六《福建道》第一五三页下亦作"张梯",其注文曰:"字子阶,山西阳曲人。由进士。"此外,嘉靖《固始县志》卷五《知县》第五页上也作"张梯",其注文曰:"阳曲进士。由任丘、汲县选御史。"查《贡举考》卷六嘉靖十一年林大钦榜第四三五页上载有"张梯",其注文曰:"山西阳曲县。"复稽《登科录》第五六页下、万历《山西通志》卷二一《国朝进士》第六三三页、《碑录索引》第二五一八页,皆作"张梯"。且据《登科录》知张梯"兄楷、杞"等名皆从木。馆本"悌"当作"梯"。

页六上行七　　止乐

〔新考〕国图本、《南宫奏议》卷一二《请定雩祀乐舞》第三五六页下严嵩原奏、《礼部志稿》卷六〇《拟雩祀用盛乐》第二〇页上、《国朝典汇》卷一一二《乐制》第七五三页上皆作"正乐",当是。

页六上行一二　　朱孔旸

〔新考〕国图本作"朱孔阳"。同书卷一五五嘉靖十二年十月壬午条第五页下载:"升广西道监察御史朱孔阳为江西按察司佥事。"嘉靖《江西通志》卷二《佥事》第八二页上亦作"朱孔阳",其注文曰:"字公袁,直隶河间县人。由进士历任监察御史,升本司佥事。嘉靖十三年闰二月初三日到任。"查《登科录》第三〇六五页、嘉靖《河间府志》卷二六《进士》第七三〇页下、《贡举考》卷六第四〇八页上、《碑录索引》第二五〇七页,皆作"朱孔阳"。馆本"旸"当作"阳"。

卷二一二考证

页二下行七　　名少卿

〔新考〕国图本作"右少卿"。《国朝列卿纪》卷九四《大理寺左右少卿年表》第五五四页上亦载钱学孔"嘉靖癸未进士。十八年,任右少卿"。馆本"名"当作"右"。

页二下行一一　　乙丑

〔新考〕国图本所载与馆本同。然《国朝献征录》卷五七姚镆墓志铭第一〇三页上载姚镆为"弘治癸丑进士"。《登科录》第二七页上、《贡举考》卷五第三五〇页上、《碑录索引》第二四八四页皆载有"姚镆"。馆本"乙丑"当作"癸丑"。

页三上行一〇　　沈应杨

〔新考〕国图本作"沈应扬"。然同书卷一四四嘉靖十一年十一月丁未条第一页上载："选授……推官张鹏……沈应阳……为试御史,理刑……应阳,南京云南道。"《南京都察院志》卷七《云南道》第一八四页上亦作"沈应阳",其注文曰:"浙江慈溪人。由举人。"查嘉靖《宁波府志》卷三《选举表》第三三六页、《南宫奏议》卷二一《参看应天府试録失格》第四三五页上、天启《慈溪县志》卷六《选举》第二九三页,皆作"沈应阳"。馆本"杨"当作"阳"。

卷二一三考证

页二上行四　　通判同知

〔新考〕国图本作"通州同知"。《南宫奏议》卷一《明堂秋享大礼议》第二六〇页上严嵩原奏、《国朝典汇》卷一一五《庙祀》第八一九页下均作"通州同知致仕丰坊"。乾隆《鄞县志》卷一五《人物》第三二八页上载:"丰坊字存礼,熙之子也。举乡试第一,嘉靖二年成进士,除礼部主事。从熙争大礼,下狱廷杖。后出为南京吏部考功主事。大计,谪通州同知。"查万历《通州志》卷一《同知》第四〇页下、万历《扬州府志》卷八《通州》之"州同"一目第一四五页上亦均载丰坊为通州"同知"。馆本"通判"当作"通州"。

页九下行九　　周志韦

〔原考〕阁本"韦"作"伟"。

〔新考〕国图本作"周志伟"。同治《安义县志》卷八《选举志》第一九〇页上亦作"周志伟",其注文曰:"进士,南京工部主事。升郎中,转台州知府、四川兵备副使。"《贡举考》卷六嘉靖八年罗洪先榜第四二七页上载有"周志伟",其注文曰:"江西安义县。"查《登科录》第二五页上、嘉靖

《太平县志》卷二《地舆志下》第一五页下、嘉靖《四川总志》卷一《副使》第三五页上、《碑录索引》第二五一五页,皆作"周志伟"。且据《登科录》知周志伟"兄志仁"等名之末字皆从人。馆本"韦"当作"伟"。

卷二一四考证

页三下行一一　　彭延年

〔原考〕广本、阁本作"刘彭年"。

〔新考〕国图本作"刘彭年"。同书卷二二八嘉靖十八年八月甲申条第三页下载:"升陕西按察使刘彭年为湖广右布政使。"嘉靖《陕西通志》卷一九《右参政》第九二八页亦作"刘彭年",其注文曰:"四川巴县人,(正德)甲戌进士。"查嘉靖《四川总志》卷九《科第》第一八三页上、《贡举考》卷六第三九三页上、《碑录索引》第二五〇一页,皆作"刘彭年"。馆本"彭延年"当作"刘彭年"。

页四上行七　　方纯

〔原考〕广本、阁本"纯"作"钝"。

〔新考〕国图本作"方钝"。同书卷一一九嘉靖九年十一月甲辰条第一三页上载:"选授……知县李朝纲……方钝……俱为试监察御史……似、钝,广西道。"《本朝分省人物考》卷八〇《方钝》第三三三页下载:"方钝字仲敏,湖广巴陵县人,正德十二年进士。由华亭知县选广西道御史。嘉靖十年,巡按河南、山东,升大理寺丞。"查《登科录》第三一五三页、隆庆《岳州府志》卷五《选举年表》第八页上、《贡举考》卷六第四一〇页下、《碑录索引》第二五〇八页,皆作"方钝"。且据《登科录》知方钝"弟铸",故方钝兄弟之名皆从金。馆本"纯"当作"钝"。

页四上行八　　沈思贤

〔原考〕广本、阁本"思"作"师"。

〔新考〕国图本作"沈师贤"。康熙《德清县志》卷七《治行传》第四三〇页亦作"沈师贤",其注文曰:"字德秀,历工部郎中,实心节省。及擢福建按察副使,更密云兵备,屡清大寇,边圉晏然。"《万姓统谱》卷八九第三一三页上载沈师贤"字德秀,德清人,嘉靖己丑进士,授屯田主事……转福建按察副使升四川参政,督理粮储"。查《登科录》第八九页上、《田叔禾小集》卷一《福建乡试录序》第四一四页上、嘉靖《浙江通志》卷五二《选举志》第四三〇页、《贡举考》卷六第四三〇页下、《碑录索引》第二五一七页,皆作"沈师贤"。且据《登科录》知沈师贤兄弟以"师"字排行。馆本"思"当作"师"。

卷二一五考证

页三上行三　　丁堪

〔新考〕国图本作"丁湛"。同书卷一一五嘉靖九年七月乙未条第三页下载:"授……进士王崇……丁湛……俱给事中……湛、国良工科。"《掖垣人鉴》卷一三第二七七页下亦作"丁湛",其注文曰:"字子一,号孤山,江西彭泽县人,嘉靖八年进士。九年七月,除工科给事中……十六年,添注吏科右。十七年,填注刑科右。"查嘉靖《九江府志》卷一一《乡试》第一三页上、《登科录》第六六页上、嘉靖《江西通志》卷一五《科目》第六二七页上、《贡举考》卷六第四二九页上、《碑录索引》第二五一六页,皆作"丁湛"。且据《登科录》知丁湛"兄渊"等之名皆从水。馆本"堪"当作"湛"。

页三下行二　　应廷育

〔新考〕国图本作"应廷育"。万历《金华府志》卷一八嘉靖二年癸未姚涞榜第七八六页上亦作"应廷育",其注文曰:"字仁卿,永康人,福建按察司佥事。"正德《永康县志》卷五《进士》第六一四页、《登科录》第二一页上、嘉靖《浙江通志》卷五二《选举志》第四〇六页、隆庆《永州府志》卷四下《道州》之"知州"一目第五六八页下、《贡举考》卷六第四一三页下、《碑录索引》第二五○九页皆作"应廷育"。馆本"肓"当作"育"。"肓""育",形近误。

页三下行五　　彭世湖

〔原考〕广本、阁本"湖"作"潮",下同。

〔新考〕国图本作"彭世潮"。同书卷二二六嘉靖十八年七月辛巳条第三页下载御史名"彭世潮"。民国《东莞县志》卷五八《人物略五》第五六五页下至第五六六页上载:"彭世潮字源大,琥珀坑人。嘉靖四年乡荐,授福建古田教谕,升国子监学录……擢陕西道监察御史……忤权贵,左迁福清。令致仕归。"查嘉靖《广东通志初稿》卷二○《科贡》第三七二页下、万历《福州府志》卷一四《福清县》之"国朝知县"一目第一一三页下、崇祯《闽书》卷五二《知县》第二五一页下、《国榷》卷五六第三五六○页,皆作"彭世潮"。馆本"湖"当作"潮"。

卷二一六考证

页一上行二　　朕为我国家

〔新考〕"为",国图本、《南宫奏议》卷三世宗原谕第二七五页下均作"惟",是。

页一上行一○　　大亨

〔新考〕"亨",国图本、《南宫奏议》卷三世宗原谕第二七五页下均作"享",是。

页五上行五　　神立

〔新考〕"立",国图本、《南宫奏议》卷三《同日睿宗祔享仪》第二七八页上均作"主",是。

卷二一七考证

页二下行一二　　杨臣

〔原考〕广本、阁本"臣"作"成"。

〔新考〕国图本作"杨成"。同书卷一七七嘉靖十四年七月庚辰第五页上、卷二〇四嘉靖十六年九月己卯条第一页上,《南宫奏稿》卷五《一亲王至镇欲要赴阙疏》第五三六页下,《五边典则》卷七第三五页上皆载宣府镇守太监名"杨成"。馆本"臣"当作"成"。

页三下行四　　杨继芳

〔原考〕广本、阁本"继"作"绍"。

〔新考〕国图本作"杨绍芳"。同书卷九〇嘉靖七年七月乙酉条第七页下载"选授……知县杨绍芳、王朝用……俱试御史,理刑",卷二二七嘉靖十八年闰七月戊戌条第一页上载"升河南道御史杨绍芳……俱为按察司副使,绍芳,江西"。嘉靖《江西通志》卷二《金事》第七六页上亦作"杨绍芳",其注文曰:"字伯传,湖广应城人。由进士、监察御史升。嘉靖十九年到任。"查《贡举考》卷六嘉靖二年姚涞榜第四一六页上,亦作"杨绍芳",其籍贯为"湖广应城县"。复稽《登科录》第七五页下、万历《湖广总志》卷三七《国朝进士》第二二七页下、《碑录索引》第二五一一页,皆作"杨绍芳"。馆本"继"当作"绍"。

页七上行一　　昭亭门

〔新考〕"亭",国图本、《南宫奏议》卷四《圜丘上册表及太庙上尊号仪》第二八六页下均作"亨",是。

页一二下行一　　终献

〔原考〕广本、阁本"终"作"亚"。

〔新考〕国图本作"亚献"。同页后文有"终献",古礼为三献。此处当为亚献。《南宫奏议》卷四《奉题太庙神主仪》第二九○页下此处亦作"亚献"。馆本"终"当作"亚"。

卷二一八考证

页五上行七　　抑邪佞之风

〔新考〕国图本作"五、抑邪佞之风"。《皇明疏钞》卷三二《陈愚悃以广天恩疏》第九一页上、《皇明两朝疏抄》卷九《陈愚悃以广天恩疏》第三○九页下顾存仁原奏均作"五曰抑邪佞之风"。国图本当是。

卷二一九考证

页二上行二　　须遗诰

〔新考〕"须",国图本、《南宫奏议》卷七《大行章圣皇太后丧礼仪》第三○八页上均作"颁",是。

页一五上行七　　厚寿

〔原考〕广本、阁本、东本"寿"作"焘"。

〔新考〕国图本作"厚焘"。同书卷一○六嘉靖八年十月戊辰条第三页上载"册封……淮王祐楑嫡长子厚焘为淮世子",卷三○六嘉靖二十四年十二月己酉条第三页上载"淮王厚焘"。《弇山堂别集》卷一八《亲王大臣犯庙讳》第三四○页、《礼部志稿》卷七九《宗藩讦奏》第三九八页下、《明谥纪汇编》卷一○第五○三页上皆载淮王名"厚焘"。馆本"寿"当作"焘"。

页一五上行八　　载植

〔原考〕广本"植"作"埴",是也。

〔新考〕国图本误作"载填"。同书卷三四〇嘉靖二十七年九月己卯条第二页上载"崇府瑞安王载埴"。《弇山堂别集》卷七三《谥法四》第一三八四页、《礼部志稿》卷七六《宗室继嗣》第三三二页上、《明谥纪汇编》卷一一第五二三页上皆载瑞安王名"载埴"。馆本"植"当作"埴"。

卷二二〇考证

页一下行四　　亦视礼仪为虚文

〔原考〕三本"仪"作"义"。

〔新考〕国图本(错简)作"亦视礼义为虚文",《南宫奏议》卷八《再乞审处南祔事宜》第三二〇页上世宗谕旨作"亦把礼义为虚矣"。按,人们常视礼仪为虚文,而视礼义为礼的实质或内涵。此处"仪"当作"义"。

页一三上行五　　特贺大典

〔原考〕抱本、阁本、东本"典"作"礼"。

〔新考〕国图本作"特贺大礼"。同书卷二二一嘉靖十八年二月辛亥条第一三页下载"特贺大礼,不系常典者"。《南宫奏议》卷一〇《再定巡幸礼仪》第三三六页下严嵩原奏、万历《明会典》卷五三《巡狩》第三四一页下、《弇山堂别集》卷六六《巡幸考》第一二四六页、《续文献通考》卷一二三《南巡仪注》第三三二页下、《礼部志稿》卷一四《嘉靖十八年南巡仪》第二〇六页上亦均作"特贺大礼"。馆本"典"宜作"礼"。

卷二二一考证

页六上行二　　仕坯

〔原考〕广本"坏"作"坯"。

〔新考〕国图本作"仕坏",误。当作"仕坯"。详参卷二〇三页六下行五"仕坯"条之辨析。

页八下行一〇　　吕先洵

〔原考〕抱本、阁本、东本"先"作"光"。

〔新考〕国图本作"吕光洵"。同书卷二二三嘉靖十八年四月丙辰条第四页上载"河南道试御史吕光洵"。《本朝分省人物考》卷五〇《吕光洵》第三六六页下载："吕光洵字信卿,新昌县人,进士。授溧阳知县,治最,选河南道御史……升南光禄少卿,累升右都御史,巡抚云南。以军功升兵部尚书兼左都御史。"据《国朝列卿纪》卷九四《大理寺左右少卿行实》第五六七页下载"吕光洵字信卿,浙江新昌人,嘉靖壬辰进士。三十年,由河南道御史、南光禄寺少卿",查《登科录》第五三页上、嘉靖《浙江通志》卷五二《选举志》第四一四页、《贡举考》卷六第四三五页上、《国朝献征录》卷五二吕光洵行状第七一九页上、《碑录索引》第二五一八页,皆作"吕光洵"。且据《登科录》知吕光洵"弟光演、光泌",故吕光洵兄弟以"光"字排行。馆本"先"当作"光"。

卷二二二考证

页一〇上行八　　花儿坌

〔原考〕阁本"坌"作"岔"。

〔新考〕国图本作"花儿坌"。然《关中奏议》卷一《一为处置马营城堡事》第二二页下、《北虏事迹》第二一页上、《边政考》卷一〇《北虏经略》第一六四页下、《皇明经济文录》卷三九《宁夏镇》第五二八页下许论原奏、《皇明九边考》卷一《镇戍通考》第一三页下、《九边图论》之《宁夏》第一〇一页下、《皇明辅世编》卷五《刘司马天和》第六七九页上、《五边典则》卷一七第四三〇页皆作"花儿岔"。上述史籍皆为边疆大臣或边政史书,所载较为可信。馆本"坌"当作"岔"。

卷二二三考证

页一上行一一　　掌詹事府

〔原考〕阁本、东本"府"下有"事"字。

〔新考〕国图本所载与馆本同。然同书卷二二一嘉靖十八年二月癸丑条第一五页下载"先是，吏部上选置东宫官僚……至是，大学士夏言等疏名以请，拟礼部尚书兼翰林院学士、掌詹事府事温仁和加太子少保，仍掌府事……诏俱如拟"，卷二二九嘉靖十八年九月壬寅条第一页下载"掌詹事府事、礼部尚书兼翰林院学士温仁和"，是疑馆本"府"下当补"事"字。

页五下行六　　张伯龄

〔新考〕国图本作"张伯龄"。然同书卷二正德十六年五月甲子条第一八页下至第一九页上载"升藩邸书办官倪旻、陆松俱锦衣卫副千户，冠带军校郑铺、张栢龄……俱所镇抚，仍各世袭"，卷八正德十六年十一月丁卯条第七页载"升锦衣卫所镇抚乔鉴、范纪、张栢龄为百户，鉴等皆兴府书办军校"，卷二五○嘉靖二十年六月己巳条第四页上载"锦衣卫掌卫事右都督陈寅……正千户张栢龄俱以潜邸扈从东（来）京，愿各分舍余一人，往奉隆庆殿香火"，卷三四三嘉靖二十七年十二月乙巳条第一页上载"镇抚司掌司事锦衣卫指挥同知张栢龄"。馆本"伯"当作"栢"。

卷二二四考证

页一上行五　　礼科

〔新考〕国图本作"礼科"。然同书卷二二○嘉靖十八年正月壬午条第三页下载："升……户科给事中周玭、礼科给事中钱薇……俱右给事中，湛、玭吏科。"《掖垣人鉴》卷一三第二八四页上载周玭"嘉靖十一年进士。十五年五月,由浙江永嘉知县选户科给事中。十八年,升吏科右。谏阻圣驾南巡,降贵州镇远典史"。周琉未曾担任礼科给事中。是疑馆本"礼"当作"吏"。

页四上行三　　杨惟聪

〔新考〕国图本作"杨惟聪",误。当作"杨维聪"。详参卷四〇页四下行三"杨维听舒芳"条之辨析。

页一三下行三　　王英

〔新考〕国图本作"王瑛"。同卷第一九页下载"巡按直隶御史王瑛"。同书卷一八七嘉靖十五年五月戊辰条第五页下载"选授……太常博士王瑛、知县胡文举……等为试监察御史……瑛,四川道",卷二二〇嘉靖十八年正月丙戌条第四页上载"巡按直隶御史王瑛"。《国朝献征录》卷六五《监察御史王公瑛传》第六一六页载:"御史讳瑛,字汝玉。先世居石沙而迁无锡,因称石沙山人……壬辰会试,程太史舜敷得其卷……既成进士,则试吏部政。大冢宰而下咸重其才,授太常博士……已得御史于奉常日,谓封驳察举才无右御史者……会议南狩,御史与同官疏留。已而,议竟寝。御史则奉勅理冀北、山东、河南马政,摘抉奸蠹,条画便宜,牧事修举,为直指使者最。"查《登科录》第七八页下、《贡举考》卷六第四三六页上、乾隆《江南通志》卷一二二《进士》第六一一页上、《碑录索引》第二五一九页,皆作"王瑛"。且据《登科录》知王瑛"兄瓒"等名皆从玉。馆本"英"当作"瑛"。

页一四下行九　　左副都御史

〔新考〕国图本作"左副都御史"。然同书卷二一〇嘉靖十七年三月己丑条第三页上载"升巡抚辽东都察院右佥都御史任洛为右副都御史,巡抚陕西",卷二二六嘉靖十八年七月己丑条第五页上载"巡抚陕西右副都御史任洛"。嘉靖《陕西通志》卷一九《巡抚陕西都御史》第九〇〇页亦载任洛为"右副都御史"巡抚陕西。馆本"左"当作"右"。

卷二二五考证

页三上行五　　党以平

〔原考〕旧校改"党"作"黨",疑误。按字书有"党"姓,与"黨"有别。

〔新考〕国图本作"党以平",是。

卷二二六考证

页四下行六　　阎邻

〔原考〕东本"邻"作"璘"。

〔新考〕国图本所载与馆本同,误。当作"阎邻"。详参卷一九一"闾邻"条之辨析。

页六上行三　　周如砥

〔原考〕抱本"如"作"儒",疑误。

〔新考〕国图本作"周如砥"。然万历《绍兴府志》卷四一《人物志七》第三〇九页上载"周如底字允直,余姚人,嘉靖己丑进士。初知浏阳,改婺源……始擢工部主事,历营缮司郎中",即《实录》之人。《登科录》第七三页下、嘉靖《浙江通志》卷五二《选举志》第四三〇页、嘉靖《徽州府志》卷六《名宦传》第一三八页下、《贡举考》卷六第四二九页下、《碑录索引》第二五一六页,皆作"周如底"。且据《登科录》知周如底兄弟以"如"字排行。当作"周如底"。

卷二二七考证

页一上行九　　杨绍恩

〔新考〕国图本作"杨绍恩"。然万历《绍兴府志》卷三八《名宦后》第二二二页下载:"汤绍恩字汝承,四川安岳人,嘉靖丙戌进士。乙未(十四年),以部郎迁知绍兴。"嘉靖《河南通志》卷一二《按察使》第一七一页下亦作"汤绍恩",其注文曰:"汝承,安岳人,进士。嘉靖二十八年任。"查嘉靖《四川总志》卷一一《科第》第二二一页上、《贡举考》卷六第四二○页下、《碑录索引》第二五一二页,皆作"汤绍恩"。馆本"杨"当作"汤"。

页二上行七　　周暮雍

〔新考〕国图本作"周期雍"。同书卷二二五嘉靖十八年六月丙辰条第四页上载:"升都察院右都御史周期雍为刑部尚书。"《国朝列卿纪》卷五六《刑部尚书年表》第一三七页上亦作"周期雍",其注文曰:"江西宁州人,正德戊辰进士。嘉靖十八年任。"查《登科录》第六九页下、《明一统志》卷四九《人物》第二九页上、嘉靖《江西通志》卷六《科目》第二三五页下、《贡举考》卷六第三八二页上、《碑录索引》第二四九七页,皆作"周期雍"。按,"朞""期"为异体字,但此处为人名,情况特殊。当以"周期雍"为是。

页八上行七　　太仆寺卿

〔新考〕国图本作"太仆寺卿"。然同书卷二一五嘉靖十七年八月甲子条第三页上载"升尚宝司少卿楚书为太仆寺少卿"。《国朝列卿纪》卷一五三《太仆寺少卿行实》第三三四页下载楚书"(嘉靖)十七年,由尚宝司少卿升任。十八年,升宣府右佥都御史"。太仆寺卿为从三品,而佥都御史仅为正四品,由太仆寺卿升为佥都御史,显然违背情理。馆本"太仆寺卿"当为"太仆寺少卿"。

卷二二八考证

本卷未在原考的基础上有新的发现和明显推动。对原考保持肯定。

卷二二九考证

页二上行七　　王牒

〔新考〕"王"，国图本、《国朝典汇》卷七《陵寝》第三六五页上均作"玉"，是。

页三上行一〇　　刘璋

〔原考〕抱本"璋"作"漳"，误。

〔新考〕国图本作"刘漳"，是。详参卷二页一六下行一"刘漳"条之辨析。

页四上行一　　沈良材

〔新考〕国图本作"沈良材"，误。当作"沈良才"。详参卷一七四页六下行一一"沈良材"条之辨析。

页四上行九　　右侍郎

〔新考〕国图本作"右侍郎"。然同卷页二上行一作"左侍郎"。同书卷一九七嘉靖十六年二月庚戌条第一页上载"升礼部右侍（郎）张璧为本部左侍郎"。《国朝列卿纪》卷四四《礼部左右侍郎年表》第六九一页下、《弇山堂别集》卷五六《礼部左右侍郎》第一〇四九页、《礼部志稿》卷四二《左右侍郎》第七六五页下、《国榷》卷五六第三五四一页皆载张璧于嘉靖十六年转为礼部"左侍郎"。馆本"右"当作"左"。

181

卷二三〇考证

页二上行一　　户部左侍郎

〔新考〕国图本作"户部左侍郎"。然同书卷二二九嘉靖十八年九月辛酉条第五页下载"命户部右侍郎王杲兼都察院右佥都御史,往河南赈济",卷二五一嘉靖二十年七月辛卯条第一页下载"升户部右侍郎王杲为都察院右都御史,总督漕运兼巡抚凤阳等处"。《国朝列卿纪》卷一〇一《总漕抚臣行实》第六三四页上载王杲"(嘉靖)十八年,升左副都御史。本年,升户部右侍郎。二十年,升总督漕运右都御史"。《国朝献征录》卷二九《户部尚书王公杲》第四六六页上载"己亥(嘉靖十八年),历左副都御史、户部右侍郎。河南大饥,奏发帑银,即民所聚,量口给食,全活不可胜计。辛丑(二十年),升右都御史,督漕于淮"。皆证馆本"左"为"右"之误。

页五下行六　　右副都御史

〔新考〕国图本作"右副都御史"。然同书卷二二七嘉靖十八年闰七月甲辰条第二页下载"升通政司右通政郑坤为右佥都御史,巡抚南、赣、汀、漳"。《国朝列卿纪》卷一〇四《提督南赣汀漳等处军务左右副佥都年表》第六六九页上载有"郑坤",其注文曰:"河南光州人,进士。嘉靖十八年,由右通政推佥都。被劾未任。"是疑馆本"副"当作"佥"。

卷二三一考证

页四下行七　　周寀

〔原考〕抱本、阁本、东本"寀"作"采",下同。

〔新考〕国图本作"周采"。同书卷二四四嘉靖十九年十二月甲申条第五页下载"吏科给事中周采"。《掖垣人鉴》卷一三第二八八页上亦作

"周采",其注文曰:"字子亮,号汋江,湖广宁乡县人,嘉靖十一年进士。十八年十一月,由中书舍人选吏科给事中。"查《登科录》第七九页上、万历《湖广总志》卷三七《国朝进士》第二二八页下、《贡举考》卷六第四三六页上、《国朝献征录》卷六二周采墓志铭第四三〇页上、《碑录索引》第二五一九页,皆作"周采"。馆本"寀"当作"采"。

页四下行一〇　　尧天民

〔新考〕国图本作"饶天民"。同书卷二四二嘉靖十九年十月壬戌条第一页下载:"诏云南等道试御史胡植、魏谦吉……饶天民……陈时等俱实授。"《国榷》卷五七第三五八六页载《实录》事,亦作"饶天民"。馆本"尧"当作"饶"。

页五上行一　　张焕

〔新考〕国图本作"张焕"。然同书卷二七三嘉靖二十二年四月乙酉条第三页下载"陕西巡按御史张涣"。嘉靖《陕西通志》卷一九《巡茶御史》第九一六页亦作"张涣",其注文曰:"字文甫,直隶定州人,(嘉靖)戊戌进士。嘉靖二十一年任。"查《登科录》第四四八五页、《贡举考》卷七第四四六页上、《碑录索引》第二五二二页,皆作"张涣"。且据《登科录》知张涣"弟洙、泗、潢、湘",张涣兄弟之名皆从水。馆本"焕"当作"涣"。另,据《碑录索引》第二五二二页至第二五二四页知唐臣、徐鹤龄、魏谦吉、符验、冯璋皆为嘉靖十七年进士,张涣亦当为同年进士,从而侧证馆本"焕"为"涣"之误。

卷二三二考证

页五上行九　　表靴

〔原考〕旧校改"靴"作"枇"。

〔新考〕国图本、《国朝典汇》卷一三《宗藩》第四九三页下均作"表枕",当是。

页五上行一〇　　知溥

〔原考〕旧校改"溥"作"𤏡"。

〔新考〕国图本、《国朝典汇》卷一三《宗藩》第四九三页下均作"知𤏡",是。

卷二三三考证

页一下行三　　司礼监监官

〔原考〕旧校删一"监"字。

〔新考〕国图本作"司礼监官"。万历《明会典》卷九八《丧礼三》第五五〇页上、《续文献通考》卷一三一《王礼考》第四五七页下、《礼部志稿》卷三二《皇妃丧礼》第五九九页上所载皇妃丧礼此节皆作"司礼监官"。旧校是。

卷二三四考证

页二上行九　　右侍郎

〔新考〕国图本作"右侍郎",误。当作"左侍郎"。详参卷二二四页二下行二"右侍郎"条之辨析。

卷二三五考证

页二下行五　　胡世忠

〔原考〕三本作"胡守中"。

〔新考〕国图本、《礼部志稿》卷八五下《议薛瑄诸儒祀》第五三〇页上、《国朝典汇》卷一二二《从祀》第一六页均作"胡守中",是。详参卷一八一页三下行七"胡守忠"条之辨析。

卷二三六考证

本卷未在原考的基础上有新的发现和明显推动。对原考保持肯定。

卷二三七考证

页一上行五　　曹新

〔原考〕三本"曹"下有"克"字。

〔新考〕国图本作"曹克新"。同书卷三五一嘉靖二十八年八月庚申条第七页上、卷四二九嘉靖三十四年闰十一月癸酉条第二页下,《芝园别集》卷一《番情疏》第三八七页下,《筹海图编》卷六第一七三页下,《皇明驭倭录》卷六第一一三页上皆载四川游击将军名"曹克新"。馆本"曹"下当补"克"字。

页三下行八　　太子太保

〔新考〕国图本作"太子太保"。然同书卷一二八嘉靖十年七月乙亥条第七页下载"以郊工成,加武定侯郭勋太傅……工部尚书蒋瑶太子少保",卷四五四嘉靖三十六年十二月甲申条第二页下载"致仕工部尚书蒋瑶卒……赐祭葬如例,赠太子太保,谥恭靖"。《国朝献征录》卷五〇蒋瑶神道碑第五九七页上载"嘉靖丁巳二月,太子少保、工部尚书蒋公卒于家。讣闻,天子追念耆旧,赐谥恭靖,仍赠太子太保",均证蒋瑶生前散官为"太子少保"。馆本"太子太保"误。

卷二三八考证

页一上行九　　张闰

〔新考〕国图本作"张润"。同书卷二三一嘉靖十八年十一月戊申条第三页下载:"升兵部右侍郎张润为户部左侍郎,总督仓场,督理西苑农事。"《国朝列卿纪》卷六二《工部尚书行实》第二七七页上载:"张润字汝霖,山西平阳府临汾县人,弘治壬戌进士……(嘉靖)十八年,起原官,升户部总储左侍郎。十九年,升工部尚书。"查《登科录》第四七页上、《贡举考》卷五第三六九页上、《国朝献征录》卷二七张润墓志铭第四〇〇页下、万历《山西通志》卷二二《国朝进士》第六六〇页、《碑录索引》第二四九一页,皆作"张润"。且据《登科录》知张润"兄滋"等名皆从水。馆本"闰"当作"润"。

页四下行四　　左佥都御史

〔新考〕国图本作"左佥都御史"。然同书卷二四九嘉靖二十年五月戊申条第六页下载"巡抚顺天等府都察院右佥都御史徐锦"。《国朝列卿纪》卷一三六《南京太常寺少卿行实》第二三六页下、《两浙名贤录》卷四〇《右佥都御史徐章甫锦》第三〇一页上皆载徐锦仅曾任"右佥都御史"。疑馆本"左"为"右"之误。

页六上行八　　商料贾

〔新考〕"贾",国图本、《名臣经济录》卷四八《题钦奉勅谕事》第四三〇页下蒋瑶原奏均作"价",是。

卷二三九考证

页一上行一〇　　廖希贤

〔原考〕三本"贤"作"颜"。

〔新考〕国图本作"廖希颜"。同书卷二五三嘉靖二十年九月庚子条第一〇页下载:"以修天寿山各陵寝工完荫提督尚书甘为霖子芥为国子生,升……郎中廖希颜按察司副使。各候缺升补。"光绪《湖南通志》卷一六六《人物七》第二五五页上载:"廖希颜字叔愚,茶陵人,嘉靖壬辰进士。

知高安县,有异政,升工部主事。扈驾承天,迁郎中,擢山西提学。"查《登科录》第四五页上、《贡举考》卷六第四三四页下、万历《山西通志》卷一二《副使》第二五二页、《碑录索引》第二五一八页,皆作"廖希颜"。馆本"贤"当作"颜"。

卷二四○考证

本卷未在原考的基础上有新的发现和明显推动。对原考保持肯定。

卷二四一考证

页二上行八　　计首百六级

〔原考〕三本"计"下有"斩"字,是也。阁本"百六"作"六百"。

〔新考〕国图本、《五边典则》卷七第三六页下均作"计斩首百六级",是。

卷二四二考证

页四上行六　　江睿

〔原考〕三本作"汪濬"。按《实录》四九二三面作"江濬"。

〔新考〕国图本作"江濬"。同书卷二二一嘉靖十八年二月丁未条第八页下载:"选授……知县商承学、童汉臣、江濬……王德纯俱试监察御史……濬,四川道。"道光《济南府志》卷四九《人物五》第五一二页下至第五一三页上载:"江濬字子泉,其先枣强人,有名湖者迁于济南城西门外,方水而居,人谓之江家池……五传至濬。举正德十四年乡试。嘉靖十四年,授正定知县……居四年,以荐入为四川道监察御史……十八年,巡按隆庆,劾大同总兵下吏。"查嘉靖《隆庆志》卷四《巡按》第五页上、雍正《山东通志》卷一五之一《选举志》第六八页上,均作"江濬"。馆本"睿"当作"濬"。

页六上行五　　永寿袭爵

〔新考〕国图本所载与馆本同。然同书卷三五〇嘉靖二十八年七月癸巳条第七页上载"应城伯孙永爵"。《明功臣袭封底簿》卷三《应城伯》第五〇五页至第五〇六页载："嘉靖十八年十月十三日,孙钺病故。伊长男孙岱奏患风疾,不能承袭,奏要将长男孙永爵承袭。嘉靖十九年十月二十四日,本部题:奉圣旨孙永爵准袭伊祖伯爵。钦此!"《皇明功臣封爵考》卷三《应城伯》第四二四页下、《续文献通考》卷五五《学校考》第七〇四页上均载应城伯名"孙永爵"。馆本"寿"当作"爵"。

卷二四三考证

页一上行六　　王梃

〔原考〕阁本"梃"作"挺"。

〔新考〕国图本作"王梃"。然同书卷二九七嘉靖二十四年三月壬午条第三页载"升户部山东司郎中徐进于陕西、江西左参议王梃于山东……俱按察司副使"。嘉靖《宁波府志》卷三一《文学》第二五二二页至第二五二四页载："王梃字子长,象山人……嘉靖辛卯领乡荐。明年,应礼闱试,策名亚魁……丁酉,选兵科给事中。阁臣以吏部不先关白,格不用。改缮部员外郎,进本司郎中……升江西左参议,提督粮储……转山东副使。"查《登科录》第七九页下、嘉靖《浙江通志》卷五二《选举志》第四一五页、《贡举考》卷六第四三六页上、《碑录索引》第二五一九页,皆作"王梃"。且据《登科录》知王梃"兄林"等名之均从木。馆本"王梃"当作"王梃"。

卷二四四考证

页四上行一　　吴昂

〔新考〕国图本作"吴昂"。同书卷二九四嘉靖二十四年正月乙巳条第二页上载"左寺副吴昻升左寺正",卷二九五嘉靖二十四年闰正月癸巳条第六页下载"大理寺寺正吴昻"。同书卷一〇〇嘉靖八年四月戊辰条第一页上至第三页上载"大学士杨一清等言:《大明会典》一书诚国家典礼所系,昨已奉旨令诸司纂集近来条例,送翰林院重订,仍乞赐勑命官开馆纂修,以成盛典……鸿胪寺序班王应芳、杨武、桂林、吴昻……为誊录官",当与前二书所载为同一人。《皇明典礼志》卷一四《东宫出阁》第一四五页上亦载中书舍人名"吴昻"。馆本"昴"当作"昻"。"昴""昻",形近误。

页六下行四　　恭让章皇帝

〔新考〕国图本作"恭让章皇后"。同书卷二四三嘉靖十九年十一月壬辰条第一页上、卷二四七嘉靖二十年三月戊子条第一页上,《明武宗实录》卷一六四正德十三年七月壬子条第一四页上皆载"恭让章皇后"。据《弇山堂别集》卷三一《帝统》第五五一页、《明谥纪汇编》卷四第四八六页下,知章皇后谥号为"恭让诚顺康穆静慈章皇后",章皇帝谥号中则无"恭让"二字。馆本"帝"当作"后"。

卷二四五考证

页二上行一　　山西

〔原考〕三本"西"作"东"。

〔新考〕国图本作"山东"。嘉靖《山东通志》卷一〇《掌司事》第五〇页上载有"翟钦"。馆本"西"当作"东"。

页四上行一二　　陈仲禄

〔原考〕广本、阁本"禄"作"录"。

〔新考〕国图本作"陈仲禄"。然《国朝典汇》卷三九《朝觐考察》第一八〇页下载《实录》事,作"陈仲录"。雍正《山东通志》卷二五之一《副使》第五四一页下亦作"陈仲录"，其注文曰："武陵人。"嘉庆《常德府志》卷三七《列传》第五二二页下载："陈仲录字子载，武陵人，嘉靖癸未进士。令新城……出守兖州。升山东按察副使。告归。"查《明一统志》卷四九《名宦》第一八页上、嘉靖《常德府志》卷一六《科贡》第七页上、《贡举考》卷六第四二三页下、《碑录索引》第二五一四页，皆作"陈仲录"。馆本"禄"当作"录"。

卷二四六考证

页一上行一二　　广东

〔原考〕广本"东"作"西"。

〔新考〕国图本作"广西"。同书卷二〇六嘉靖十六年十一月壬辰条第三页上载："升礼部员外郎李义壮为广西按察司佥事，提调学校。"万历《广西通志》卷七《佥事》第一八〇页上载有"李义壮"，其注文曰："三水人。嘉靖十七年任。"馆本"东"当为"西"之误。

页一下行一　　陕西道

〔原考〕广本"陕"上有"南京"二字。

〔新考〕国图本所载与广本同。同书卷二〇七嘉靖十六年十二月己巳条第四页载："选授……知县陈豪……胡宾……俱试监察御史……宾，南京陕西道。"《南京都察院志》卷六《陕西道》第一七二页下载有"胡宾"，其注文曰："由举人。升佥事。"馆本"陕"上当补"南京"二字。

页三上行九　　因竭

〔新考〕"因"，国图本、《杨忠介集》卷一《隆治道疏》第四页上、《皇明两朝疏抄》卷八《慰人心以隆治道疏》第二五七页上、《国朝典汇》卷三〇《建言》第七二六页下皆作"困"，是。

卷二四七考证

页一下行一二　　副都御史

〔原考〕广本"副"上有"右"字。

〔新考〕国图本作"右副都御史"。同书卷二二〇嘉靖十八年正月乙未条第八页下载："升南京太常寺卿王昈为都察院右副都御史,巡抚江西等处。"《国朝列卿纪》卷一〇一《总漕抚臣行实》第六三四页下载王昈嘉靖"十八年,升巡抚江西右副都御史。二十年,升南京户部右侍郎"。《国朝献征录》卷二九《户部尚书克斋王公暐传》第四六八页也载王昈"升都察院右副都御史,巡抚江西……升南京户部右侍郎"。王昈此时当为"右副都御史"。馆本"副"上当补"右"字。

页七上行二　　李忠

〔原考〕广本、阁本"忠"作"中"。

〔新考〕国图本作"李中"。同书卷二三〇嘉靖十八年十月丙寅条第一页上载："升……浙江按察使李中为右佥都御史,巡抚山东。"《国朝献征录》卷五九李中行状第二〇〇页下至第二〇三页上载："谨按先生姓李氏,讳中,字子庸,吉水谷平里人也……正德丁卯,举湖广乡试第一人。甲戌,赐进士出身……升浙江按察使,未上。升都察院右佥都御史,巡抚山东。"万历《吉安府志》卷二五《儒行传》第三七四页下载："李中字子庸,吉水人。少从父至随州,为州弟子。正德丁卯,举湖广乡试第一。甲戌,登进士。"查嘉靖《江西通志》卷二七《科目》第三八一页上、万历《吉安府志》卷六《国朝进士》第八二页下、《贡举考》卷六第三九三页上、《碑录索引》第二五〇一页,皆作"李中"。馆本"忠"当作"中"。

页七下行二　　少卿

〔原考〕广本、阁本"少"上有"右"字。

〔新考〕国图本作"右少卿"。同书卷七〇嘉靖五年十一月戊子条第三页上载:"升南京大理寺右寺丞顾佖为大理寺右少卿。"《国朝列卿纪》卷九四《大理寺左右少卿年表》第五五三页下亦载顾佖"嘉靖五年,任右少卿。六年,谪戍"。顾佖仅曾担任大理寺右少卿。馆本"少"上当补"右"字。

卷二四八考证

页二下行九　　邓文植

〔原考〕广本、抱本"植"作"值",阁本作"直"。

〔新考〕国图本作"邓文值"。同书卷三三一嘉靖二十六年十二月甲寅条第二页上载安南"宣抚同知邓文值、阮如桂等"。《议处安南事宜》第一七四页上、《越峤书》卷一六《表笺》第二三九页下、《少室山人集》卷二五《安南后议》第四一六页上、《台省疏稿》卷六《发回安南夷目疏》第一一七页下、《西事珥》卷八《交南纳土疏》第八三一页上、《殊域周咨录》卷六《安南》第六四〇页下皆载安南大臣名"邓文值"。馆本"植"当作"值"。

页四下行九　　右侍郎

〔原考〕阁本"右"作"左"。

〔新考〕国图本作"右侍郎"。然同书卷二二七嘉靖十八年闰七月甲寅条第七页上载:"广西断藤峡弩滩诸巢贼平……上嘉其功,诏……提督兵部右侍郎蔡经升左侍郎兼右副都御史。"又,《国榷》卷五七第三五八二页亦载"叙广西断藤峡诸贼巢功","提督兵部右侍郎蔡经进兵部左侍郎"。馆本"右"似当作"左"。

页六上行三　　右副都御史

〔原考〕抱本"右"作"左"。

〔新考〕国图本作"右副都御史"。然同书卷二四六嘉靖二十年二月己卯条第七页上载"升都察院右副都御史张珩为左副都御史"。《国朝列卿纪》卷七七《南京都察院左右副都行实》第四六一页下亦载张珩"(嘉靖)二十年,迁都察院左副都御史"。《弇山堂别集》卷六一《都察院左右副都御史》第一一五一页也载张珩"(嘉靖)十八年任右。二十年转左"。馆本"右"当作"左"。

页九上行一二　　张环

〔原考〕广本、阁本"环"作"寰"。

〔新考〕国图本作"张寰"。同书卷二三二嘉靖十八年十二月壬申条第一页下载:"升刑部山西司员外郎张寰为通政使司右参议。"《国朝列卿纪》卷八八《通政使司左右参议年表》第五一五页下亦作"张寰",其注文曰:"直隶昆山人,正德辛巳进士。嘉靖十八年任右。"查《登科录》第三〇三八页、嘉靖《昆山县志》卷六《进士》第二三页上、《贡举考》卷六第四〇七页下、《国朝献征录》卷六七张寰墓表第六七四页上、《碑录索引》第二五〇七页,皆作"张寰"。且据《登科录》知张寰"兄完,弟宦",故张寰兄弟之名皆从宀。馆本"环"当作"寰"。

页十一上行五　　乙潝

〔新考〕"乙",国图本、《行水金鉴》卷一一五《运河水》第六九二页下均作"乞",是。

卷二四九考证

页一上行八　　孙楚

〔原考〕广本、阁本"孙"作"徐"。

〔新考〕国图本作"徐楚"。同书卷三〇一嘉靖二十四年七月甲子条第四页上载"工部员外郎徐楚"。万历《续修严州府志》卷一三《乡达列传上》第三四一页上载"徐楚字世望,淳安人。由进士历工部都水屯田郎。出董衡王葬,尽归所侵民间田。复治孝烈皇后山陵,有奇绩,擢守辰州……转参四川藩政",光绪《严州府志》卷一八《人物》第四三三页上载"徐楚字世望,淳安人,嘉靖戊戌进士。授工部主事,转郎中……迁四川参政",当即《实录》之人。查《登科录》第四四八〇页、嘉靖《浙江通志》卷五二《选举志》第四三〇页、《贡举考》卷七第四四六页上、《碑录索引》第二五二二页,皆作"徐楚"。馆本"孙"当作"徐"。此外,《国朝典汇》卷一九〇《治河》第八二一页下载《实录》文,也作"徐楚"。可为旁证。

页八上行一　　十九堡

〔原考〕广本、阁本"堡"作"墩"。

〔新考〕国图本、万历《明会典》卷一三一《镇戍六》第六七一页下所载均与广本、阁本同。万历《四川总志》卷二二《经略四》第六六五页载:"嘉靖十一年,房贼深入为害,巡抚都御史宋仓(沧)议于膊腊后山岭建靖房墩,西小高岭建御寇墩,设戍守之。"《万历武功录》卷五《元坝潘哑商巴石觜列传》第三二〇页下、《读史方舆纪要》卷七三《漳脑堡》第三三四八页皆作"御寇墩"。馆本"堡"当作"墩"。

卷二五〇考证

页一下行一〇　　开元

〔原考〕广本、阁本"元"作"原"。

〔新考〕国图本作"开原"。同书卷二八一嘉靖二十二年十二月辛未条第一页上、《明太宗实录》卷一三三永乐十年十月庚申条第二页上、《明宪宗实录》卷四一成化三年四月癸丑条第七页上、《明孝宗实录》卷一〇四弘治八年九月癸卯条第四页下、《明武宗实录》卷一四九正德十二年五月壬辰条第五页下皆载"辽东开原"。嘉靖《辽东志》卷一《地理志》第四七一页下载辽东下辖有"开原"。不过,据嘉靖《辽东志》第四七二页上,辽东此前确有开元,至"本朝洪武二十一年,平定东土",始"改'元'为'原'"。开元为开原之前身也。此外,《五边典则》卷二第五四二页上载《实录》事,也作"开原"。馆本"元"当作"原"。

页六上行五　　右春坊右谕德

〔原考〕广本二"右"字均作"左"。

〔新考〕国图本作"左春坊左谕德"。同书卷二一九嘉靖十七年十二月癸亥条第一四页下载:"升翰林院修撰龚用卿为左春坊左谕德兼翰林院侍讲。"同书卷二二一嘉靖十八年二月癸丑条第一五页下、《国朝献征录》卷七四龚用卿墓志铭第一一八页下均载龚用卿为"左春坊左谕德"。此外,《南雍志》卷五《职官年表上》第一九五页上、《国朝列卿纪》卷一六〇《南京国子监祭酒行实》第四〇九页上虽载龚用卿为"左谕德",但左谕德为左春坊属僚。馆本"右"字均当作"左"。

卷二五一考证

页二上行二　　侍讲

〔原考〕东本"讲"作"读"。

〔新考〕国图本作"侍讲"。然同书卷二二一嘉靖十八年二月癸丑条第一六页上载"升侍读华察、侍讲胡经为司经局洗马兼侍读"。《南宫奏议》卷一五《薛瑄从祀覆议》第三七五页上、《皇明肃皇外史》卷一九第一四一页下、《明政统宗》卷二四第六七〇页上、《国朝典汇》卷一四《巡幸》第五四〇页下皆载嘉靖十八年二月以后胡经为"侍读"。馆本"讲"为"读"之误。

页二上行三　　李璋

〔原考〕广本、东本"璋"作"章"。

〔新考〕国图本作"李章"。《河东盐法备览》卷三《运使》第五一页下亦作"李章",其注文曰:"四川长寿进士。嘉靖十九年任。"嘉靖《陕西通志》卷一九《右参政》第九二八页也作"李章",其注文曰:"字明俊,四川长寿县人,(正德)辛巳进士。"查《登科录》第三○六九页、嘉靖《四川总志》卷九《科第》第一八四页下、《贡举考》卷六第四○八页上、《碑录索引》第二五○七页,皆作"李章"。馆本"璋"当作"章"。

卷二五二考证

页六下行一一　　赵世宗

〔原考〕广本、阁本、东本"赵"作"张"。各本"宗"作"忠"。

〔新考〕国图本作"张世忠"。同书卷二○三嘉靖十六年八月甲戌条第六页上载:"虏寇大同,拥四万余骑从偏关东入。副总兵郝锉、中路参将张世忠等各率所部与三关军合御之。"《南宫奏议》卷二四《参将张世忠立祠谕祭》第四五四页上、《杨襄毅公本兵疏议》卷一《议宣府阵亡参将李光启等卹典疏》第一三二页下、《嘉靖大政类编》之《北虏》第七六四页上、《国朝献征录》卷一一○《参将张世忠传》第三二七页下皆载此期有名为"张世忠"的参将。且遍稽史书,未见此期有名为"赵世忠"或"赵世宗"的参将。馆本"赵世宗"当为"张世忠"。

页八下行三　　左侍郎

〔原考〕广本、东本"左"作"右"。

〔新考〕国图本作"右侍郎"。同书卷七二嘉靖六年正月丁亥条第二页上载:"升抚治郧阳都察院右副都御史蒋曙为工部右侍郎兼右佥都御史,总督采办大木。"《国朝列卿纪》卷一一二《抚治郧阳少卿都御史行实》第七四一页上、雍正《广西通志》卷七八《乡贤》第三二五页上亦均载蒋曙仅曾担任工部"右侍郎"。馆本"左"当作"右"。

页一三上行六　　于敖

〔原考〕广本、阁本"于"作"於"。

〔新考〕国图本作"於敖"。同书卷二五三嘉靖二十年九月壬子条第一六页下载"山西参政於敖"。万历《山西通志》卷一二《左参政》第二三七页亦作"於敖",其注文曰:"见《大同巡抚》。"复稽万历《山西通志》卷一二《巡抚大同都御史一员》第二一六页,亦作"於敖",其注文曰:"陕西岷州进士,右副都御史。"据《国朝列卿纪》卷一一九《巡抚辽东行实》第五六页上载:"於敖字伯度,陕西岷州卫籍,直隶凤阳府亳州人,正德辛巳进士。嘉靖二十四年,以右佥都御史任……三十一年,改抚大同。"查《登科录》第三〇五二页、嘉靖《陕西通志》卷三一《科贡》第一七四三页、《贡举考》卷六第四〇八页上、《碑录索引》第二五〇七页,皆作"於敖"。馆本"于"当作"於"。此外,《国朝典汇》卷四〇《荐举》第一九五页下载《实录》文,亦作"於敖",可为辅证。

卷二五三考证

页一下行一　　美烷

〔原考〕旧校改作"美垸"。

〔新考〕国图本作"美垸"。《明英宗实录》卷三七正统二年十二月癸未条第九页上、《弇山堂别集》卷七四《谥法五》第一四二二页、《国朝典汇》卷一二四《谥法》第三四页下、《明谥纪汇编》卷一二第五四六页上皆载交城王名"美垸"。据《钦定续文献通考》卷二〇五《帝系考》第八〇〇页上载"三世济熺子美圭、美垸、美垙……济燺子美坚",知美垸兄弟名之末字皆从土。馆本"烷"当作"垸"。

页六下行八　　钱惟垣

〔原考〕广本"惟"作"维"。

〔新考〕国图本作"钱维垣"。《国朝典汇》卷三一《勋臣考》第七六二页上、《国榷》卷五七第三六一七页载指挥或皇亲名"钱维垣"。据《明世宗实录》卷一〇五嘉靖八年九月癸丑条第一一页下载"已故安昌伯钱承宗者,孝庄睿皇后外戚也……嘉靖初,承宗卒。嫡男维圻嗣袭。维圻寻亦卒。承宗妻以庶长男维垣请嗣袭。章下吏部,以钱氏历世既久,恩礼当杀,止议袭带俸指挥",知钱维垣兄弟以"维"字排行。馆本"惟"当作"维"。

卷二五四考证

页一上行三　　张翼相

〔原考〕广本、阁本、东本"相"作"翔"。

〔新考〕国图本作"张翼翔"。同书卷二二一嘉靖十八年二月丁未条第八页下载:"选授……推官张翼翔……俱为给事中翼翔、珮兵科。"《掖垣人鉴》卷一三第二八七页下亦作"张翼翔",其注文曰:"字仲羽,号四山,直隶凤阳县人,嘉靖十一年进士。十八年二月,由山东登州府推官选兵科给事中。"查《登科录》第三五页上、《贡举考》卷六第四三四页上、乾隆《江南通志》卷一二二《进士》第六一一页上、《碑录索引》第二五一八页,皆作"张翼翔"。馆本"相"当作"翔"。"相""翔",音近误。此外,《五边典则》卷七第四三页下、《国榷》卷五七第三六一八页载《实录》事,亦均作"张翼翔",可并证馆本误。

页一下行二　　延绥总兵

〔原考〕广本、阁本、东本"绥"下有"副"字。

〔新考〕国图本作"延绥副总兵"。同书卷二四三嘉靖十九年十一月乙未条第一页上载:"命延绥分守署都指挥佥事王缙充副总兵,协守延绥地方。"《五边典则》卷七第四四页上载《实录》文,王缙亦为"延绥副总兵"。馆本"绥"下当补"副"字。

卷二五五考证

页四下行六　　夏士开

〔原考〕广本、阁本、东本"士"作"子"。

〔新考〕国图本、《登科录》第二一页下、《贡举考》卷七第四五二页上、《碑录索引》第二五二五页皆作"夏子开",是。

页四下行八　　梁诏儒

〔原考〕广本、阁本、东本"诏"作"绍"。

〔新考〕国图本、《登科录》第六二页下、《贡举考》卷七第四五四页上、《碑录索引》第二五二七页皆作"梁绍儒"。且据《登科录》知梁绍儒兄弟以"绍"字排行。"梁绍儒"是。

页四下行一二　　户科

〔原考〕广本、阁本、东本作"吏科"。

〔新考〕国图本作"吏科"。同书卷二四二嘉靖十九年十月癸酉条第四页上载"选授……推官李文进、安宅、张思、王烨……俱为给事中……烨,南京吏科",卷二六九嘉靖二十一年十二月丁酉条第四页上载"南京吏科给事中王烨",均证馆本"户"为"吏"之误。

页六上行八　　鄡本恕

〔原考〕广本、抱本"鄡"作"鄢"。

〔新考〕国图本作"鄢本恕"。《国朝献征录》卷一〇七杨宏墓志铭第二三五页上载"蜀盗鄢本恕"。《明武宗实录》卷七四正德六年四月戊申条第八页上、《泾野先生文集》卷一五《送蓝公平汉中序》第二九页下、《皇明经济文录》卷二七《蓝鄢捷音》第二四七页上、《鸿猷录》卷一三《勘平蜀盗》第三七〇页下皆载蜀盗名为"鄢本恕"。馆本"鄡"当作"鄢"。

卷二五六考证

页三上行一一　　阳翠领

〔原考〕阁本作"翠阳岭"。

〔新考〕国图本作"阳翠岭"。同书卷一八六嘉靖十五年四月戊申条第一○页下载："其十八道岭可更为阳翠岭。"《楚纪》卷五六《丙午御题阳翠岭恭和一首》第五三五页下、《桂洲文集》卷六《赐侍行阳翠岭》第三一八页下、《礼部志稿》卷二八《陵寝》第五三三页下皆作"阳翠岭"。馆本"领"为"岭"误。

页五下行四　　融丞

〔新考〕国图本、《弇山堂别集》卷七四《谥法》五第一四○四页、《国朝典汇》卷一二四《谥法》第三一页下、《明谥纪汇编》卷一二第五三三页下皆载褒城王名"融烝"。馆本"丞"为"烝"之误。

页七下行四　　杜承天

〔原考〕广本"天"作"文"。

〔新考〕国图本作"杜承文"。万历《河间府志》卷九《同知》第一九页亦作"杜承文"，其注文曰："直隶淮安府人。由举人任。"嘉靖《河间府志》卷七《知州》第六二四页下也作"杜承文"，其注文曰："锦衣卫籍，直隶山阳人。由举人升今任。"按，山阳县隶属淮安府。馆本"天"当为"文"之误。

卷二五七考证

页四上行三　　左副都御史

〔新考〕国图本作"左副都御史"。然同书卷二正德十六年五月丙寅条第二〇页下载"升巡抚宁夏都察院右佥都御史王时中为右副都御史,协理院事",卷三六嘉靖三年二月庚子条第一页下载"复除都察院右副都御史王时中原职"。《国朝列卿纪》卷七六《都察院左右副都御史年表》第四四一页下亦载王时中"正德十六年任右。本年丁忧","嘉靖三年任右。四年,迁兵侍"。《国朝献征录》卷四五《刑部尚书王时中》第三五四页上也载王时中"辛巳(正德十六年),召为右副都御史,入佐院事"。馆本"左"当为"右"。

页五上行三　　只许一次

〔原考〕三本"只"上有"补荫"二字。

〔新考〕国图本作"则许一次"。然《皇明疏钞》卷二九《正国典明选法以便遵守疏》第二五页下至第二六页上、《明经世文编》卷一三七《正国典明选法以便遵守疏》第一三六九页上许讚原奏均作"补荫一事,查照近年题准事例止补一次"。馆本"只"上当补"补荫"二字。

卷二五八考证

页二上行一一　　亳泗

〔新考〕"亳",国图本、《行水金鉴》卷一一五《运河水》第六九三页下均作"亳",是。

卷二五九考证

页四下行六　　采尧年刑科

〔新考〕国图本所载与馆本同。然同书卷二六六嘉靖二十一年九月丙辰条第二页下载"礼科右给事中周采"。《掖垣人鉴》卷一三第二八八页上亦载周采"(嘉靖)二十一年,升礼科右"。是疑馆本"采"下脱"礼科"二字。

201

卷二六〇考证

页二下行七　　汪东祥

〔原考〕阁本"汪"作"江"。三本"祥"作"洋",下同。

〔新考〕国图本、《两朝宪章录》卷一〇第六六三页下均作"汪东洋"。雍正《山东通志》卷二五之一《佥事》第五四五页上亦作"汪东洋",其注文曰:"锦(绵)州人。"《贡举考》卷六嘉靖十一年林大钦榜第四三五页下载有"汪东洋",其籍贯即为"四川绵州"。查《登科录》第六八页上、万历《四川总志》卷七《科第》第三二三页下、《碑录索引》第二五一九页,皆作"汪东洋"。馆本"汪东祥"当作"汪东洋"。

页三上行二　　右副都御史

〔新考〕国图本作"右副都御史"。然同书卷二九一嘉靖二十三年十月庚寅条第八页上载:"升提督南、赣都察院左佥都御史虞守愚为右副都御史,巡抚江西。"雍正《江西通志》卷五八《名宦》第五三页下载"虞守愚字惟明,义乌人,嘉靖进士,以佥都御史提督南、赣",其注文载其史源为"《赣州府志》"。《国朝列卿纪》卷九一《大理寺卿行实》第五四一页下、《国榷》卷五八第三六六三页均载虞守愚为提督南、赣"右佥都御史"。馆本"副"当作"佥"。

卷二六一考证

页四上行三　　彭为行

〔原考〕三本"为"作"危"。

〔新考〕国图本作"彭危行"。《南京都察院志》卷七《贵州道》第一八六页上亦作"彭危行",其注文曰:"字直夫,河南 固始人。由举人。"嘉靖《河间府志》卷一七《推官》第六二一页下、嘉靖《固始县志》卷六《乡举》

第四页上、嘉靖《商城县志》卷五《举人》第九八七页皆作"彭危行"。馆本"为"当作"危"。"为""危",音近误。

卷二六二考证

页二上行九　　右参议

〔新考〕国图本作"右参议"。然同书卷二二五嘉靖十八年六月戊申条第三页下载"升户科左给事中潘九龄为湖广布政使司左参议"。嘉靖《宁夏新志》卷二《选举》第一〇九页下、万历《湖广总志》卷一九《左参议》第六三七页上均载潘九龄为湖广"左参议"。是疑馆本"右"当作"左"。

卷二六三考证

本卷未在原考的基础上有新的发现和明显推动。对原考保持肯定。

卷二六四考证

页一下行三　　一夫

〔原考〕旧校改"夫"作"失"。

〔新考〕国图本、《国朝典汇》卷三二《辅臣考》第八一九页上均作"一失",是。

卷二六五考证

页三下行六　　殴阳重

〔新考〕国图本作"殴阳重"。然同书卷八二嘉靖六年十一月丁酉条第一〇页上载:"升浙江按察使欧阳重为都察院右佥都御史,总理粮储兼巡抚应天等府。"《国朝列卿纪》卷一〇〇《巡抚应天侍郎卿都御史年表》第五九四页下亦作"欧阳重",其注文曰:"江西庐陵人,正德戊辰进士。嘉靖六年以右佥都御史推。未任,改抚云南。"查《登科录》第一〇页下、嘉靖《江西通志》卷二七《科目》第三七九页下、《贡举考》卷六第三七九页下、《国朝献征录》卷六三欧阳重墓志铭第四六三页下、《碑录索引》第二四九五页,皆作"欧阳重"。馆本"殴"为"欧"之误。

卷二六六考证

页二下行六 　　南京吏部尚书

〔新考〕国图本作"南京吏部尚书"。然同书卷三一四嘉靖二十五年八月壬辰条第一页载:"致仕太子少保、南京户部尚书周金卒……辛丑(嘉靖二十年),升南京刑部尚书,改南户部。六年秩满,加太子少保。"《国朝献征录》卷三一《户部尚书周襄敏公金传》第五六五页下载"(公)为尚书也,于刑、于户凡两部"。《国榷》卷五七第三六三二页载"南京户部尚书周金秩满,进太子少保"。馆本"吏"当作"户"。

卷二六七考证

页二下行二 　　陆钶

〔原考〕广本、阁本"珂"作"钶"。

〔新考〕国图本作"陆钶"。同书卷二一二嘉靖十七年五月乙亥条第二页上载:"升福建左布政使陆钶为都察院右副都御史,巡抚保定兼提督紫荆等关。"《国朝列卿纪》卷一一八《巡抚保定侍郎都御史年表》第三九页下误作"陆珂",其注文曰:"浙江鄞县人,正德甲戌进士。嘉靖十七年,以右副都御史任。"查嘉靖《宁波府志》卷三《选举表》第二八五页、嘉靖《浙江通志》卷五一《选举志》第三九八页、《国朝献征录》卷六二陆钶行状第三六一页下、《贡举考》卷六第三九四页上、《碑录索引》第二五〇一页,皆作"陆钶"。馆本"珂"当作"钶"。

页三上行一　　右佥都御史

〔新考〕国图本作"右佥都御史"。然同书卷二五三嘉靖二十年九月辛卯条第三页下载"升都察院右佥都御史刘玓（讱）为左佥都御史"。《南宫奏议》卷二三《奉旨参看三法司会审过期》第四五二页下严嵩原奏亦载刘讱为"左佥都御史"。馆本"右"当误。

页三上行一　　左少卿

〔新考〕国图本作"左少卿"。然同书卷二五三嘉靖二十年九月壬子条第一七页上载"升太仆寺少卿杨行中为大理寺右少卿",卷二七一嘉靖二十二年二月戊寅条第二页下至第三页上载"升……大理寺少卿杨行中为南京都察院右佥都御史,提督操江",其校勘记曰："大理寺少卿,广本、阁本'寺'下有'右'字,是也。"《国朝列卿纪》卷九四《大理寺左右少卿行实》第五六五页下载杨行中"（嘉靖）二十年,升大理寺右少卿。二十二年,升都察院右佥都御史"。是疑馆本"左"为"右"之误。不过,《南宫奏议》卷二三《奉旨参看三法司会审过期》第四五二页下严嵩原奏载杨行中为"大理寺左少卿",《实录》盖沿袭而误。

页三下行七　　顷廷吉

〔原考〕旧校改"顷"作"项"。

〔新考〕国图本作"项廷吉"。同书卷二六一嘉靖二十一年五月丙午条第三页下至第四页上载"选授……助教项廷吉俱为试监察御史……廷吉,贵州道",卷三八五嘉靖三十一年五月乙酉条第三页下载"升云（南）道御史项廷吉为四川布政使司左参议"。万历《四川总志》卷三《参议》第二三四页下亦作"项廷吉",其注文曰："龙泉人,举人。嘉靖三十二年任左。"查嘉靖《江西通志》卷二七《科目》第三八二页上、嘉靖《广平府志》之《序》第六页下,亦载举人或御史名"项廷吉"。馆本"顷"为"项"之误。

"顷""项",形近误。

卷二六八考证

页四下行一　　刘庭仪

〔新考〕国图本作"刘廷仪"。同页下文作"廷仪"。同书卷三〇二嘉靖二十四年八月戊午条第五页下载御史名"刘廷仪"。据嘉靖《青州府志》卷一三《宦迹》第四七页下载"刘廷仪字汝修,慈溪人,嘉靖戊戌进士。历官监察御史",查《登科录》第四五一二页、嘉靖《浙江通志》卷五二《选举志》第四二〇页、《贡举考》卷七第四四六页下、《碑录索引》第二五二三页,皆作"刘廷仪"。且据《登科录》知刘廷仪兄弟以"廷"字排行。馆本"庭"当作"廷"。

卷二六九考证

页二下行一〇　　侍讲

〔新考〕国图本作"侍讲"。然同书卷二二四嘉靖十八年五月戊辰条第二页下载"改南京吏部考功司郎中邹守益、江西按察司提学副使徐阶俱司经局洗马兼翰林院侍读"。《礼部志稿》卷五四《尚书徐阶》第九八三页上载徐阶"寻改督学江西,升副使。皇太子出阁,升司经局洗马兼翰林院侍读"。《国榷》卷五七第三六三六页载《实录》事,徐阶的兼官亦作"翰林侍读"。此外,《国朝列卿纪》卷一六〇《南京国子监祭酒行实》第四〇九页上载"邹守益字谦之……嘉靖十八年,起司经局洗马兼侍读",亦可侧证馆本"讲"为"读"之误。

卷二七〇考证

页三上行八　　米崈方

〔原考〕三本"米"作"朱"。

206

〔新考〕国图本、《五边典则》卷二三第六三〇页下、《国榷》卷五八第三六三八页、《明通鉴》卷五八第一五八一页均作"朱崇方"。嘉靖《四川总志》卷一〇《科第》第二〇七页上载有"朱崇方",其注文曰:"正德己卯乡试",或为此处之人。疑馆本"米"当作"朱"。

卷二七一考证

页一下行一　　北至忻口

〔原考〕广本作"比至沂口"。阁本"忻"作"沂",抱本作"忻"。

〔新考〕国图本作"比至忻口"。成化《山西通志》卷二《分野》第五二页上载:"沙河水有二:一、源出太原县……一、源出崞县……流至忻口,入滹沱。"《读史方舆纪要》卷四〇《忻州》第一八四七页载"滹沱河",其注文曰"在州北五十里。自崞县流入,界经忻口山下",且据同卷第一八四五页知忻州乃"因忻口为名"。馆本"炘"当作"忻"。

页五下行三　　江汉

〔原考〕抱本"江"作"姜"。

〔新考〕国图本作"姜汉"。《明武宗实录》卷六五正德五年七月戊辰条第四页下载:"故镇守宁夏总兵官、都督佥事姜汉子奭奏,臣父先年守御边方,多所斩获。顷寘鐇变,为贼众迫协,不从,遇害。乞赐祭葬。"嘉靖《宁夏新志》卷二《国朝主将》第九七页亦作"姜汉",其注文曰:"榆林卫人,正德五年以都督佥事镇守,才兼文武……是故伏诸凶于寘鐇之第。诡计致公而掩害之,公数其负国背义之罪,而骂不绝口。临害,其气益厉。边人至今哀之。"查《关中奏议》卷一〇《一为分别将官功过事》第二八二页上、《南宫奏议》卷二四《都督姜汉祠额》第四五五页下、嘉靖《陕西通志》卷一九《宁夏总兵》第九五三页,皆载都督或宁夏总兵名"姜汉"。馆本"江"当作"姜"。此外,《明政统宗》卷二五第六八七页上、《国朝典汇》卷一二六《录死事》第六二页上载《实录》事,也作"姜汉",可为旁证。

207

卷二七二考证

页一下行八　　右都御史

〔原考〕阁本"右"下有"副"字。

〔新考〕国图本作"右都御史"。然同书卷八一嘉靖六年十月己未条第八页下载"升顺天府府尹万镗为南京都察院右副都御史"。《国朝列卿纪》卷七七《南京都察院左右副都御史年表》第四五四页上亦载万镗"嘉靖六年，任右副都御史"。《国朝献征录》卷二五万镗行状第二九四页下至第二九五页上载万镗"服阕，仍补顺天尹。秩满，升南京都察院右副都御史……蒙旨谕：万镗以右副都御史前去勘处湖广、贵州夷情"。馆本"右"下当补"副"字。

卷二七三考证

页五上行六　　赵大佑

〔原考〕广本"佑"作"祐"，阁本作"佑"。

〔新考〕国图本作"赵大祐"。然同书卷二二一嘉靖十八年二月丁未条第八页下至第九页上载："选授……推官钱嶫、闵煦、赵大佑……俱试监察御史……大佑、镗，广东道。"《南京都察院志》卷三八《左右都御史列传下》第三九四页下载："赵大佑字世胤，号方崖，太平人，嘉靖乙未进士。为凤阳推官。召拜广东道御史。"嘉靖《贵州通志》卷五《巡按监察御史》第七〇四页亦作"赵大佑"，其注文曰："太平人。"查《登科录》第三七页下、嘉靖《太平县志》卷七《乡贡》第一九页上、嘉靖《浙江通志》卷五二《选举志》第四一八页、《贡举考》卷七第四四〇页下、《碑录索引》第二五二〇页，皆作"赵大佑"。且据《登科录》知赵大佑"弟大佃、大佶"，故赵大佑兄弟之名末字皆从人，故馆本"祐"当作"佑"。

卷二七四考证

页三下行六　　何镗

〔新考〕国图本作"何镗"。然同书卷二四七嘉靖二十年三月庚寅条第一页上载"命守备永昌署都指挥佥事何堂充宁夏游击将军",卷二五四嘉靖二十年十月甲戌条第四页上载"命……宁夏游击将军、署都指挥佥事何堂俱充右参将……堂分大同,守西路",卷三〇三嘉靖二十四年九月丙子条第三页下载大同"西路右参将何堂"。《国朝献征录》卷一一〇《参将张世忠传》第三二七页下、《国榷》卷五八第三六四〇页均载山西参将名"何堂"。馆本"镗"当作"堂"。

页四上行一〇　　宣府同知

〔原考〕广本、阁本"府"作"抚"。

〔新考〕国图本、同书卷二七三嘉靖二十二年四月乙未条第四页下、《殊域周咨录》卷六《安南》第六四四页下、《万历武功录》卷四《安南莫茂洽列传》第二九七页上皆载阮典敬职官为"宣抚同知"。馆本"府"为"抚"之误。"府""抚",音近误。

页五上行八　　沐朝弼

〔新考〕国图本作"沐朝弼"。然同书卷三二四嘉靖二十六年六月庚子条第五页下载"镇守云南总兵官、太子太保、黔国公沐朝辅卒",卷四〇八嘉靖三十三年三月癸丑条第五页下载"诏镇守云南总兵官沐朝弼袭封黔国公"。此时黔国公当为"沐朝辅"。馆本"弼"当作"辅"。

209

卷二七五考证

页一上行一二　　所司即劾奏

〔原考〕广本、阁本"奏"下有"之"字。

〔新考〕国图本作"所司则劾奏之"。《典故纪闻》卷一七第三一二页、《王国典礼》卷五《奏事》第四二七页上所载均与广本、阁本同。疑馆本"奏"下脱"之"字。

卷二七六考证

页二上行九　　费寀

〔原考〕旧校改"寀"作"寀"。

〔新考〕国图本作"费寀"。同书卷二六九嘉靖二十一年十二月丁酉条第四页上载："改兵部左侍郎费寀为礼部左侍郎兼翰林院学士,掌翰林院事。"《国朝列卿纪》卷二〇《翰林院学士讲读学士年表》第三三〇页上亦作"费寀",其注文曰："江西铅山人,正德辛巳(未)进士。嘉靖二十一年,擢礼部左侍郎兼学士,掌院事。"查《登科录》第二四页上、嘉靖《江西通志》卷一一《科目》第四九〇页下、《贡举考》卷六第三八七页上、《碑录索引》第二四九八页,皆作"费寀",旧校是。此外,《国朝典汇》卷二〇《御制》第五九六页上载《实录》事,亦作"费寀",可为辅证。

卷二七七考证

页二下行六　　左春坊左中允

〔新考〕国图本作"左春坊左中允"。然同书卷二二一嘉靖十八年二月癸丑条第一六页上载："升……编修秦鸣夏、闵如霖俱右春坊右中允兼修撰。"《国朝献征录》卷一九秦鸣夏墓志铭第二四页上载："己亥(嘉靖十八年)春,哀冲皇太子立,简用辅导诸臣,上意属素所选择者。于是,拜君右春坊右中允兼翰林修撰。"馆本"左"均当作"右"。《国朝献征录》卷三六闵如霖行状第七三九页上载闵如霖"寻升右春坊右中允兼翰林院修撰。癸卯(嘉靖二十二年),主应天乡试",亦可侧证馆本之误。

卷二七八考证

本卷未在原考的基础上有新的发现和明显推动。对原考保持肯定。

卷二七九考证

页四上行八　　熊揖

〔原考〕三本作"熊楫"。

〔新考〕国图本作"熊楫"。同书卷二五三嘉靖二十年九月庚子条第一〇页下载"以修天寿山各陵寝工完……主事熊楫各照资升授",卷三〇一嘉靖二十四年七月甲子条第三页下至第四页上载"以太庙工完,诏……工部郎中召南、周浩、向宗哲、熊楫升二级"。同治《南昌府志》卷四〇《人物》第四五〇页下载:"熊楫字应济,南昌人,正德举人。任福建汀州府推官。迁广西梧州。有善政,内擢工部主事。后以郎中任云南曲靖兵备。"查嘉靖《江西通志》卷六《科目》第二三六页上、万历《新修南昌府志》卷一七《科第》第三四一页下、雍正《广西通志》卷五五《推官》第五七四页上、乾隆《云南通志》卷一八上《副使》第五六六页上,皆作"熊楫"。馆本"揖"当作"楫"。"揖""楫",形近误。

页六下行二　　毛渠子廷魁

〔原考〕广本、阁本"廷"作"延",本面第八行同。

〔新考〕国图本作"毛渠子延魁"。《弇山堂别集》卷八二《科试考二》第一五七四页、《续文献通考》卷四五《选举考》第五四六页上、《万历野获编》卷一四《京闱冒籍》第三七四页、《国朝典汇》卷一二八《科目》第九九页上皆载《实录》事,皆作"毛延魁"。雍正《山东通志》卷一五之一《癸卯科第》七四页下载有"毛延魁",其注文曰:"掖县人。"据《国朝列卿纪》卷一三八《四夷舘少卿行实》第二四五页上,知毛渠亦为"山东掖县人"。又据《明世宗实录》卷二八八嘉靖二十三年七月甲子条第五页上载"太仆寺卿毛渠三载绩满,荫其次子延清为国子生",知毛延魁兄弟以"延"字排行。馆本"廷"当作"延"。"廷""延",形近误。

卷二八〇考证

页二上行三　　乙丑

〔原考〕旧校改"乙"作"丁"。

〔新考〕国图本作"乙丑"。然《南雍志》卷五《职官年表上》第一九四页下、《国朝列卿纪》卷一六〇《南京国子监祭酒行实》第四〇八页下均载马汝骥为正德丁丑进士。《国朝献征录》卷三五马汝骥行状第六八三页下载马汝骥"正德庚午举乡试,丁丑举进士"。旧校是。

页四下行五　　太祖肇塞

〔原考〕旧校改"塞"作"基"。

〔新考〕国图本、《钤山堂集》卷二四《庙建勅》第二〇六页下、《礼部志稿》卷六《祀典之训》第九五页下均作"太祖肇基",是。

卷二八一考证

页一下行一二　　方明悦

〔原考〕三本"明"作"民"。

〔新考〕国图本作"方民悦"。同书二九〇嘉靖二十三年九月庚子条第二页上载"以督采大木事完,诏……工部郎中王之臣、方民悦、员外郎沙稷量资升用",卷三五七嘉靖二十九年二月辛丑条第一页下载"广东右参议方民悦"。按,郎中为正五品,参议为从四品。工部郎中方民悦所升当为广东右参议。雍正《广东通志》卷二七《右参议》第一〇〇页上载有"方民悦",其注文曰:"湖广麻城人,进士。(嘉靖)二十四年任。"此外,《贡举考》卷七第四三九页下嘉靖十四年韩应龙榜载有"方民悦",其籍贯即"湖广麻城县"。查《登科录》第一四页上、万历《湖广总志》卷三七《国朝进士》第二二八页下、《碑录索引》第二五二〇页,皆作"方民悦"。且据《登科录》知方民悦兄弟以"民"字排行。馆本"明"当作"民"。

页二上行四　　右参政

〔原考〕阁本"右"作"左"。

〔新考〕国图本作"左参政"。同书卷二九五嘉靖二十四年闰正月壬申条第一页下载:"升广东布政使司左参政周延为福建按察使。"万历《广东通志》卷一〇《左参政》第二五一页下载有"周延"。馆本"右"为"左"之误。

页二上行四　　郭崇皋

〔原考〕三本"崇"作"宗"。

〔新考〕国图本作"郭宗皋"。同书卷二八六嘉靖二十三年五月乙丑条第七页上载:"升……陕西布政使司右参政郭宗皋为大理寺右少卿。"《国朝列卿纪》卷九四《大理寺左右少卿行实》第五六五页下至第五六六页上载:"郭宗皋字君弼,山东登州卫籍,嘉靖己丑进士。除刑部主事,历山西副使。二十三年,以陕西右参政升右少卿。"查《登科录》第一四页上、嘉靖《山东通志》卷一七《科目》第一四四页下、嘉靖《陕西通志》卷一九《右参政》第九二八页、《贡举考》卷六第四二六页下、《国朝献征录》卷四二郭宗皋墓志铭第二五五页下、《碑录索引》第二五一五页,皆作"郭宗皋"。且据《登科录》知郭宗皋兄弟以"宗"字排行。馆本"崇"当作"宗"。

页二下行六　　林庭琛

〔原考〕广本、阁本"庭"作"廷"。

〔新考〕国图本作"林廷琛"。同书卷二七〇嘉靖二十二年正月己未条第二页下载："降郎中林廷琛等、主事周卿等、御史蔡翚等及司正等官李天然等为各布按二司首领,及各府县佐二等官。廷琛等俱以元旦失误庆贺,为鸿胪寺所纠,上怒其不恪,下锦衣卫狱,因各降调外任。"《闽中理学渊源考》卷四五《通判林世献先生廷琛》第五一三页下至第五一四页上载："林廷琛字世献,怀安人,嘉靖十四年进士。授户部主事……历郎中……会朝正后,诸后至者率向阉人为好语,廷琛不能也,坐谪判镇江。"查《登科录》第一九页下、《贡举考》卷七第四三九页下、乾隆《福建通志》卷三六《明进士》第一四九页下、《碑录索引》第二五二〇页,皆作"林廷琛"。且据《登科录》知林廷琛兄弟以"廷"字排行。馆本"庭"当作"廷"。此外,《国榷》卷五八第三六五〇页载《实录》事,亦作"林廷琛",可为辅证。

卷二八二考证

页三上行一一　　张锦

〔新考〕国图本作"张锦"。然同书卷二六四嘉靖二十一年七月丁巳条第五页上载"改河南按察司副使孙锦于山西"。嘉靖《河南通志》卷一二《右参政》第一六八页下亦作"孙锦",其注文曰："元朴,宿州人,进士。嘉靖二十三年任。"乾隆《江南通志》卷一二二《丙戌科龚用卿榜》第六〇九页下载有"孙锦",其注文曰："宿州人。"查《贡举考》卷六第四三〇页下、万历《山西通志》卷一二《副使》第二五二页、《碑录索引》第二五一三页,皆作"孙锦"。馆本"张"为"孙"之误。

页五下行一〇　　辛珎

〔新考〕国图本作"辛珎"。然雍正《山西通志》卷七八《职官》第六九六页上载:"辛珍,举人。嘉靖时任佥事,陕西耀州人。"嘉靖《耀州志》卷下《选举志第七》第九八页、嘉靖《陕西通志》卷二七《科贡》第一四六四页、万历《山西通志》卷一二《佥事》第二六〇页皆作"辛珍"。疑馆本"琜"当作"珍"。

卷二八三考证

页三下行一　　侍读

〔新考〕国图本作"侍读"。然同书卷五二嘉靖四年六月甲午条第三页上载:"升翰林院编修张潮、尹襄俱侍讲,以九年秩满也",卷五二嘉靖四年六月辛亥条第七页上载:"侍讲刘朴、尹襄、张潮。"《国朝献征录》卷一九尹襄墓志铭第四〇页下载:"乙酉(嘉靖四年),秩满,迁侍讲。"不过,《国朝献征录》卷一八张潮行状第七三六页上则载其为"侍读"。存疑。

卷二八四考证

本卷未在原考的基础上有新的发现和明显推动。对原考保持肯定。

卷二八五考证

页六上行一一　　右副都御史

〔新考〕国图本作"右付都御史"。然同书卷二六七嘉靖二十一年十月甲申条第二页下载"升都察院右副都御史张景华为左副都御史……景华总督漕运并巡抚凤阳"。《国朝列卿纪》卷一〇一《总漕抚臣行实》第六三四页上载张景华"(嘉靖)二十年,起用补都察院右副都御史,佐理院事。二十一年,改本院左副都御史,总督漕运兼理巡抚"。疑馆本"右"当作"左"。

卷二八六考证

页七下行二　　抚剿兼夫

〔原考〕旧校改"夫"作"失"。

〔新考〕国图本、《皇明辅世编》卷五《毛司马伯温》第六八八页下均作"抚剿兼失",是。

卷二八七考证

本卷未在原考的基础上有新的发现和明显推动。对原考保持肯定。

卷二八八考证

本卷未在原考的基础上有新的发现和明显推动。对原考保持肯定。

卷二八九考证

页三下行三　　殴阳塾

〔原考〕旧校改"殴"作"欧"。

〔新考〕国图本作"殴阳塾"。然同书卷二四六嘉靖二十年二月壬申条第五页下载"升南京太常寺少卿欧阳塾为南京通政司右通政"。《国朝列卿纪》卷一三六《南京太常寺少卿行实》第二三五页下至第二三六页上载:"欧阳塾字崇儒,江西吉安府泰和县人,嘉靖丙戌进士……十六年,升南京太常寺少卿。十九年,升南京通政。历应天府尹。"查万历《吉安府志》卷二〇《列传三》第三〇二页下、《贡举考》卷六第四三〇页下、《碑录索引》第二五一三页,皆作"欧阳塾"。旧校是。

页四上行四　　佥书

〔新考〕国图本作"佥书"。然同书卷三四九嘉靖二十八年六月辛丑条第一页下载:"宣府修筑松树、君子二堡成,巡按直隶御史王楠劾上诸臣劝劳功次,兵部覆奏。诏赐……参议苏志皋、佥事程缓各二表里。"《高文襄公集》卷一《山西按察司佥事程缓》第二六页上、万历《山西通志》卷一二《佥事》第二六〇页亦均载程缓为"佥事"。馆本"书"当作"事"。

卷二九〇考证

页三下行三　　弘治乙丑

〔新考〕国图本作"弘治乙丑"。然乾隆《江南通志》卷一二二《正德戊辰科吕柟榜》第六〇三页上载有"潘鉴",其注文曰:"婺源人。"《登科录》第六三页上、《贡举考》卷六第三八二页上、《国朝献征录》卷五七潘鉴神道碑第一一一页上、《碑录索引》第二四九七页皆载潘鉴于正德三年戊辰科。馆本"弘治乙丑"当作"正德戊辰"。

页三下行八　　右副都御史

〔新考〕国图本作"右副都御史"。然同书卷二四九嘉靖二十年五月戊子条第三页上载:"遂命原任工部左侍郎潘鉴兼都察院左副都御史,往湖广。"《国朝列卿纪》卷一一三《勒使四川行实》第七五〇页上亦载潘鉴"(嘉靖)二十年,起左副都,再命督川、广、江浙等处大木"。疑馆本"右"为"左"之误。

卷二九一考证

页一下行五　　方献夫侄芷

〔原考〕旧校改"芷"作"芷"。

〔新考〕国图本作"方献夫侄芷"。同书卷三三六嘉靖二十七年五月己亥条第四页下载："黜中书舍人方芷为民。芷,大学士方献夫侄也,以献夫荫为中书舍人。"《国朝典汇》卷八三《恩荫》第五〇四页上亦载方献夫侄为"方芷"。旧校是。

页七上行五　　宾泟

〔新考〕国图本作"宾泟"。然同书卷三八〇嘉靖三十年十二月乙亥条第三页下载："蜀府内江王宾泚。"《明孝宗实录》卷七二弘治六年二月壬戌条第九页下载："赐……蜀府内江王嫡长子申鋜,庶长子曰宾泚。"《明武宗实录》卷一六三正德十三年六月甲戌条第二页下载："封……内江王长孙宾泚为内江王。"《弇山堂别集》卷七三《谥法四》第一三九五页、《国朝典汇》一二四《谥法》第三三页上、《明谥纪汇编》卷一二第五三九页下皆载内江王名"宾泚"。馆本"泟"当作"泚"。"泟""泚",形近误。

卷二九二考证

本卷未在原考的基础上有新的发现和明显推动。对原考保持肯定。

卷二九三考证

页八上行九　　栱椤

〔新考〕国图本作"栱椤"。同书卷四七一嘉靖三十八年四月丁巳条第六页上、《弇山堂别集》卷七五《谥法六》第一四三八页、《国朝典汇》卷一二四《谥法》第二七页上、《明谥纪汇编》卷一一第五一四页下皆载乐安王名为"拱椤"。据《钦定续文献通考》卷二〇五《帝系考》第八〇九页下载"六世宸瀗子拱榾……宸湎子拱椤……宸浍子拱樣、拱楙",知拱椤兄弟以"拱"字排行。馆本"栱"当作"拱"。

页八下行五　　右副都御史

〔新考〕国图本作"右副都御史"。然同书卷三〇九嘉靖二十五年三月丙子条第四页上载"升巡抚陕西都察院右佥都御史柯相为右副都御史,巡抚河南",卷三一二嘉靖二十五年六月癸卯条第四页下载"陕西巡抚右佥都御史柯相以虏患未靖"。《国朝列卿纪》卷一二七《敕使陕西侍郎都御史年表》第一四五页上也载柯相"嘉靖二十四年,以右佥都御史任"。嘉靖《陕西通志》卷一九《巡抚陕西都御史》第九〇〇页亦载柯相"嘉靖二十四年二月,升都察院右佥都御史,巡抚陕西地方"。馆本"副"当作"佥"。

卷二九四考证

页一下行九　　右谕德

〔原考〕三本"右"作"左"。

〔新考〕国图本作"左谕德"。同书卷二九五嘉靖二十四年闰正月癸巳条第六页下载闵如霖为"左谕德"。《国榷》卷五八第三六六五页载《实录》事,闵如霖所升亦为"左谕德"。最为重要的是,《国朝献征录》卷三六闵如霖行状第七三九页上载:"乙巳(嘉靖二十四年),以校录御文并修《宋史》书成,升左春坊左谕德。"馆本"右"当作"左"。

页一下行一〇　　左赞善

〔新考〕国图本"左"字残缺。同书卷二九五嘉靖二十四年闰正月癸巳条第六页下、卷三一四嘉靖二十五年八月庚寅条第一页上、《弇山堂别集》卷八三《科试考三》第一五七七页,《国榷》卷五八第三六六九页皆载吴山此时为"右赞善"。馆本"左"当作"右"。

页二上行七　　李芮

〔原考〕广本、阁本"李"作"季"。旧校改"芮"作"芮"。

〔新考〕国图本作"季芮"。同书卷二四四嘉靖十九年十二月己卯条第三页下至第四页上载"诏升……序班吴应凤、季芮……俱中书舍人",卷二九五嘉靖二十四年闰正月癸巳条第六页下载评事"季芮"。《世经堂集》卷三《请于举人内选补两房中书官》第四〇五页上载"管典籍事、礼部主客司郎中季芮",《明穆宗实录》卷七隆庆元年四月庚子条第九页上载"以重录《永乐大典》成,加……侍郎王槐俸二级,郎中季芮、左监正丛恕俱河南右参议,右寺丞顾从礼光禄寺少卿,与四品服色",当均与《实录》此处为同一人。馆本"李芮"当作"季芮"。

卷二九五考证

页一下行一　　都指挥佥事

〔原考〕三本作"都督佥事"。

〔新考〕国图本作"都督佥事"。同书卷二六二嘉靖二十一年闰五月癸丑条第一页下载"海西兀者右卫等女直都督佥事歹卜",卷二七〇嘉靖二十二年正月己巳条第六页下载"海西右等卫都督歹卜"。馆本"都指挥佥事"当作"都督佥事"。

页五下行八　　左都督

〔原考〕抱本"左"作"右"。

〔新考〕国图本作"右都督"。同书卷三一三嘉靖二十五年七月甲戌条第九页上载:"大同总兵、右都督周尚文升本府左都督,加太子太保。"《国榷》卷五八第三六六八页载:"叙黑山功,进大同总兵官周尚文右都督。"馆本"左"当作"右"。

页七上行一　　刘恺

〔新考〕国图本作"刘恺"。然同书卷一八七嘉靖十五年五月乙卯条第二页下载"鸿胪寺主簿刘铠",卷一九一嘉靖十五年九月甲寅条第一页载"以重录列圣训录成,勅加……鸿胪寺主簿刘铠……序班孙绳、童瑞俱中书舍人",卷二九四嘉靖二十四年正月乙巳条第一页下至第二页上载"以恭录皇祖、列圣御制文集并《圣学心法》《四书五经大全》及《性理大全》、二十一史诸书成……中书舍人刘铠、都事任卿俱左寺副",是疑馆本"恺"当作"铠"。

卷二九六考证

页二上行一　　弌矛

〔原考〕旧校改"弌"作"戈"。

〔新考〕国图本、《两朝宪章录》卷一一第六七七页上均作"戈矛",是。

卷二九七考证

页四下行一一　　太仆寺

〔原考〕三本"仆"作"常"。

〔新考〕国图本作"太常寺"。同书卷三〇八嘉靖二十五年二月壬辰条第二页上载:"改南京太常寺少卿卢勋为太常寺少卿,提督四夷馆。"《掖垣人鉴》卷一三第二八二页下亦载卢勋"(嘉靖)二十二年,升吏科都。二十四年,升南京太常寺少卿"。此外,《国朝列卿纪》卷一三六《南京太常寺少卿年表》第二三三页上载有"卢勋",其注文曰:"浙江缙云人,进士。嘉靖二十四年任。"由上可知,馆本"仆"当作"常"。

221

卷二九八考证

页三上行四　　右寺丞

〔原考〕三本"右"作"左"。

〔新考〕国图本作"左寺丞"。《国朝列卿纪》卷九四《大理寺左右少卿行实》第五六六页上载杨宜"(嘉靖)二十四年,以左寺丞升右少卿"。馆本"右"当作"左"。

页六上行三　　赵文革

〔原考〕抱本、阁本"革"作"华",是也。

〔新考〕国图本作"赵文华"。同书卷三五九嘉靖二十九年四月戊午条第四页下载"升通政使司左参议赵文华为右通政",卷三七五嘉靖三十年七月甲寅条第五页上载"升通政使司左通政赵文华为通政使"。《国朝列卿纪》卷八五《通政使司左右通政年表》第五○五页上亦作"赵文华",其注文曰:"见本司使。嘉靖二十九年任右通政。三十年转左。"查同书卷八二《通政使司通政使年表》第四九二页上亦作"赵文华",其注文曰:"浙江慈溪人,嘉靖己丑进士。二十九年任。"复稽《登科录》第三一页上、嘉靖《浙江通志》卷五二《选举志》第四○七页、《贡举考》卷六第四二七页下、《碑录索引》第二五一五页,皆作"赵文华"。馆本"革"当作"华"。"革""华",形近误。

卷二九九考证

页四上行一二　　陆烨

〔新考〕国图本误作"睦崒"。当作"眭烨"。详参卷一四四页一上行六"眭烨 沈谧"条之辨析。《掖垣人鉴》卷一三第二七九页上载眭烨嘉靖"二十四年,题准复职,除工科左",亦可侧证馆本误。

卷三〇〇考证

页二上行九　　月廪

〔原考〕广本"廪"作"米"。

〔新考〕国图本作"月廪"。然同书卷二六一嘉靖二十一年五月戊申条第四页上载:"诏遣官存问原任少保兼太子太保、吏部尚书、谨身殿大学士、致仕毛纪……仍月给食米四石,岁拨人夫六名应役,以示优眷。"《国朝献徵录》卷一五毛纪神道碑第五三二页上载:"上知其志决,疏入,乃允致仕,命有司给月米、夫役。"是疑馆本"廪"当作"米"。

卷三〇一考证

页四上行九　　召南

〔原考〕三本"召"作"邵"。

〔新考〕国图本作"邵南"。同书卷三〇六嘉靖二十四年十二月丙午条第三页上载:"升工部虞衡司郎中邵南为山东按察司副使。"嘉靖《霸州志》卷六《副使》第三页上亦作"邵南",其注文曰:"浙江乌程人,乙未进士。嘉靖二十五年任。"雍正《浙江通志》卷一三二《嘉靖十四年乙未科韩应龙榜》第四六一页下也作"邵南",其注文曰:"乌程人,山东副使。"查《登科录》第三五页下、嘉靖《浙江通志》卷五一《选举志》第四〇〇页、《贡举考》卷七第四四〇页下、《碑录索引》第二五二〇页,皆作"邵南"。馆本"召"为"邵"之误。

页六上行一一　　右侍郎

〔原考〕三本"右"作"左"。

〔新考〕国图本作"左侍郎"。同书卷二五三嘉靖二十年九月乙未条第四页下载:"升南京工部右侍郎叶相为刑部左侍郎。"《国朝列卿纪》卷五九《刑部左右侍郎年表》第一九九页下亦载叶相"嘉靖二十年任左"。《国朝献征录》卷四六叶相墓志铭第四三三页下也载"(嘉靖)二十年,(叶相)复起为南京工部左侍郎。寻升刑部左侍郎"。馆本"右"当作"左"。

卷三〇二考证

页一下行七　　黄闰

〔原考〕三本"闰"作"润",下同。

〔新考〕国图本作"黄润"。《闽中理学渊源考》卷五八《参政黄以诚先生润》第五九〇页载:"黄润字以诚,晋江人,正德十六年进士。授武进令……服阕,补东昌守,升河南副使……擢山西左参政。念母老,乞终养归。"《登科录》第三一四页、嘉靖《河南通志》卷一二《副使》第一七三页下、《贡举考》卷六第四一〇页上、《碑录索引》第二五〇八页皆作"黄润"。且据《登科录》知黄润"弟泽、浑、深"。黄润兄弟之名皆从水。馆本"闰"当作"润"。

卷三〇三考证

页四上行一〇　　闻变住救

〔原考〕旧校改"住"作"往"。

〔新考〕国图本、《国朝典汇》卷一三《宗藩》第四九六页上均作"闻变往救",《世庙识余录》卷一〇第五六二页上作"闻反往救",旧校是。

页六下行一　　松藩

〔原考〕旧校改"藩"作"潘"。

〔新考〕国图本作"松藩"。同书卷二九一嘉靖二十三年十月丁亥条第七页上载:"革松潘分守副总兵李爵任,下巡按御史勘其赃罪。起先任总兵何卿代之。"《皇明驭倭录》卷五第八一页下、《国榷》卷五八第三六五七页均载何卿为"松潘副总兵"。旧校是。

卷三〇四考证

页五下行一〇　　钟铛

〔原考〕旧校改"钟"作"锺"。

〔新考〕国图本作"锺铛"。然《弇山堂别集》卷三四《郡王》第六〇一页载庄僖王名"锺𨰻",且据同书卷七三《谥法四》第一三八二页、《国朝典汇》卷一二四《谥法》第二九页下、《明谥纪汇编》卷一一第五二二页上,知锺𨰻为"交城王","庄僖"乃其谥号。交城王锺𨰻与庄僖王锺𨰻当为同一人。《明孝宗实录》卷一三〇弘治十年十月戊寅条第四页下也载交城王名"锺𨰻"。《国榷》卷五八第三六八〇页载《实录》事,即称"表柙祖交城王锺𨰻"。此外,据《钦定续文献通考》卷二〇五《帝系考》第八〇〇页上载"四世美圭子锺铉、锺铎、锺𨰻、锺鋐、美垸子锺𨰻……美埚子锺铗",知锺𨰻兄弟以"锺"字排行。馆本"钟"作"锺"。同时,据上述史籍,可知馆本"钟铛"当作"锺𨰻"。

卷三〇五考证

页二上行二　　李应时

〔原考〕旧校"时"下增"等"字。

〔新考〕国图本、《国朝典汇》卷一三《宗藩》第四九六页上均作"李应时等"旧校是。

卷三〇六考证

页三下行二　　保庆王

〔新考〕国图本作"保庆王"。然同书卷三四八嘉靖二十八年五月甲戌条第一页上、卷三五五嘉靖二十八年十二月辛酉条第四页上，《弇山堂别集》卷三二《鲁荒王檀》第五七〇页，《国朝献征录》卷一《鲁王传》第三二页下，《名山藏》卷三六《分藩记》第二五〇页上皆载颐坦为"宝庆王"。馆本"保"当作"宝"。"保""宝"，音近误。

页四上行七　　程轨

〔原考〕三本"轨"作"轨"，下同。

〔新考〕国图本作"程轨"。同书卷三九〇嘉靖三十一年十月丁巳条第一页下载："升湖广道御史程轨为江西按察司副使。"嘉靖《江西通志》卷二《金事》第七八页上亦作"程轨"，其注文曰："字信甫，山东临清人。由进士、监察御史升。嘉靖三十二年到任。"此外，《贡举考》卷七嘉靖十七年茅瓒榜第四四七页上载有"程轨"，其籍贯为"山东临清州"。稽《登科录》第四五二六页、雍正《山东通志》卷一五之一《选举志》第二七页下、《碑录索引》第二五二三页，皆作"程轨"。馆本"轨"为"轨"之误。"轨""轨"，形近误。

页四下行四　　晋金都御史

〔原考〕阁本"晋"下有"右"字。

〔新考〕国图本作"晋金都御史"。然同书卷八三嘉靖六年十二月壬申条第一八页下载："升提督四夷馆、太常寺少卿刘天和为都察院右金都御史，专理甘肃粮饷。"《国朝列卿纪》卷一三〇《甘肃巡抚尚书侍郎都御史年表》第一八五页下也载刘天和"嘉靖六年，以右金都御史任"。《国朝献征录》卷三九刘天和墓志铭第九六页上亦载刘天和"寻改太常，即以其年为都察院右金都御史，督甘肃屯政"。馆本"晋"下当补"右"字。

页四下行五　　升副都御史

〔原考〕阁本"升"下有"右"字。

〔新考〕国图本作"升副都御史"。然同书卷一六〇嘉靖十三年闰二月丁巳条第二页下载"起服关原任巡抚陕西右副都御史刘天和总理河道"。《国朝列卿纪》卷一〇二《总理河道尚书侍郎都御史年表》第六三八页下也载刘天和"嘉靖十三年以右副都任"。《国朝献征录》卷三九刘天和墓志铭第九六页载:"进右副都御史……其明年承秦太夫人讣,归。哀毁逾礼,以祭葬请,许之。甫公除,而总理河道之命下矣。"均证馆本"升"下当补"右"字。

卷三〇七考证

页二下行一　　卢梦旸

〔新考〕国图本作"卢梦旸"。然同书卷四〇八嘉靖三十三年三月乙巳条第二页下载:"升……刑部山东司郎中卢梦阳为福建按察司提学副使。"道光《广东通志》卷二八〇《列传十三》第七三七页上载:"卢梦阳字少明,别号星野,南海人……嘉靖丁酉乡荐,戊戌,登进士。……庚子谒选,授刑部主事……升员外郎……丁内艰,起补郎中。未几,转宪副,督学闽中。"《登科录》第四四八六页、《贡举考》卷七第四四六页上、《碑录索引》第二五二三页,皆作"卢梦阳"。馆本"旸"当作"阳"。

卷三〇八考证

页一下行一一　　包为外堑

〔原考〕广本、东本"包"作"圪",抱本、阁本作"屹"。

〔新考〕国图本、《皇明辅世编》卷六《翁司马万达》第七二三页上均作"屹为外堑"。《五边典则》卷八第六五页下作"屹为外蔽"。"屹"字当是。

卷三〇九考证

页四下行一〇　　右都御史

〔原考〕广本、阁本、东本"右"作"左"。

〔新考〕国图本作"左都御史"。同书卷二九一嘉靖二十三年十月戊辰条第一页上载："升总督漕运都察院右都御史周用为左都御史,掌院事。"《国朝列卿纪》卷七二《都察院左右都御史年表》第三七七页上亦载周用"嘉靖二十三年左,掌院事"。《国朝献征录》卷二五周用墓志铭第二九〇页上也载周用"征拜工部尚书,总督河道数月。改督理漕运,未至,以为都察院左都御史……又明年,满九载,加太子少保"。馆本"右"当作"左"。

卷三一〇考证

本卷未在原考的基础上有新的发现和明显推动。对原考保持肯定。

卷三一一考证

页五下行九　　太常寺卿

〔新考〕国图本作"太常寺卿"。然同书卷三〇六嘉靖二十四年十二月丁巳条第七页上载"升南京光禄寺卿潘潢为南京太常寺卿"。《国朝列卿纪》卷一三三《南京太常寺卿行实》第二一七页下载潘潢"(嘉靖)二十三年,升南京光禄寺卿。二十四年,任(南京太常寺卿)。二十五年,升户部右侍郎"。疑馆本"太"上脱"南京"二字。

卷三一二考证

本卷未在原考的基础上有新的发现和明显推动。对原考保持肯定。

卷三一三考证

页九上行五　　延袤几二百里

〔原考〕旧校改"袤"作"袤"。

〔新考〕国图本、《皇明辅世编》卷六《翁司马万达》第七二三页上均作"延袤几二百里",是。

卷三一四考证

本卷未在原考的基础上有新的发现和明显推动。对原考保持肯定。

卷三一五考证

页一上行一〇　　王尚

〔原考〕广本、阁本"尚"下有"学"字。

〔新考〕国图本作"王尚学"。同书卷三四八嘉靖二十八年五月戊戌条第八页上载"时职方郎中王尚学原由户部调用",当即此处之人。雍正《广西通志》卷七〇《嘉靖十七年戊戌科茅瓒榜》第一八二页上载有"王尚学",其注文曰:"马平人,兵部郎中。"查《登科录》第四五六四页、《贡举考》卷七第四四八页上、《碑录索引》第二五二四页,皆作"王尚学"。《国榷》卷五八第三六九三页载《实录》事,也作"王尚学"。馆本"尚"下当补"学"字。

页六下行四　　陈玠

〔原考〕三本"玠"作"炌"。

〔新考〕国图本作"陈炌"。同书卷三〇六嘉靖二十四年十二月甲寅条第四页上载:"选授……行人陈炌、萧世延……俱试监察御史,相、炌浙江道。"雍正《江西通志》卷八二《人物》第七九三页上载:"陈炂字文晦,临川人,嘉靖进士。由行人擢御史。"此外,《贡举考》卷七嘉靖二十年沈坤榜第四五四页上载有"陈炂",其籍贯即"江西临川县"。查《登科录》第六四页下、《碑录索引》第二五二七页,均作"陈炂"。且据《登科录》知陈炂"兄灿"等名皆从火。馆本"玠"当作"炂"。

页六下行五　　谢尚简

〔原考〕广本、抱本"谢"作"邢"。

〔新考〕国图本作"邢尚简"。同书卷三〇六嘉靖二十四年十二月甲寅条第四页上载"选授……知县刘阳、王士翘、邢尚简……俱试监察御史……尚简四川道",卷四一二嘉靖三十三年七月丙辰条第三页下载"升……四川道御史邢尚简为南京大理寺右寺丞"。《国朝列卿纪》卷九八《南京大理寺左右寺丞年表》第五八二页下亦作"邢尚简",其注文曰:"山东昌邑人,嘉靖辛丑进士。三十三年,任右寺丞。"查《登科录》第四一页上、《贡举考》卷七第四五三页上、《碑录索引》第二五二六页,皆作"邢尚简"。馆本"谢"当作"邢"。

页六下行九　　张烜

〔原考〕抱本、阁本"烜"作"烜",本面第十二行同。

〔新考〕国图本作"张烜"。同书卷二九〇嘉靖二十三年九月丁酉条第一页上载:"升吏部验封司署郎中张烜为广东布政使司右参政。"雍正《广东通志》卷二七《右参政》第九六页上亦作"张烜",其注文曰:"广西宜山人,进士。二十四年任。"据《国朝列卿纪》卷一二〇《河南巡抚行实》第七二页下载"张烜字仲熙,广西怀远人,嘉靖己丑进士……二十二年,升稽勋员外郎。本年,改考功,升验封郎中。二十三年,升广东右参政",查《登科录》第八〇页下、《贡举考》卷六第四三〇页上、《碑录索引》第二五一七页,皆作"张烜"。且《五边典则》卷二三第六三五页上载《实录》文,亦作"张烜"。馆本"烜"当作"烜"。"烜""烜",形近误。

页七下行一　　韩明

〔原考〕三本"韩"作"文"。

〔新考〕国图本作"文明"。同书卷二六七嘉靖二十一年十月庚子条第八页上载:"改……南京刑部右侍郎文明为工部右侍郎。"《国朝列卿纪》卷六二《工部尚书行实》第二七七页下载:"文明字用晦,江西袁州府萍乡县人,锦衣卫籍,正德丁丑进士……(嘉靖)二十年,升南京刑部右侍郎。二十一年,召改工部右侍郎。二十五年,升工部左侍郎。"查正德《袁州府志》卷七《科第》第九页下、《登科录》第一一页上、嘉靖《江西通志》卷三三《科目》第六〇六页下、《贡举考》卷六第四〇〇页上、《碑录索引》第二五〇四页,皆作"文明"。馆本"韩"当作"文"。

卷三一六考证

页四上行二　　武堂

〔原考〕广本"堂"作"溏"。

〔新考〕国图本作"武溏"。同书卷三三三嘉靖二十七年二月辛未条第五页上载辽东游击名"武溏"。嘉靖《辽东志》卷六《人物志》第六二五页上亦作"武溏",其注文曰:"辽阳人。升署都挥佥事,充辽东游击将军。"《四镇三关志》卷八《职官考》第四九〇页上、《国朝献征录》卷一二〇《云中事记》第七三七页上亦均载辽东游击名"武溏"。馆本"堂"当作"溏"。

卷三一七考证

页一上行九　　衡山县草市临湘县上门二巡检司

〔原考〕广本"上"作"土"。阁本此十四字作"草市、土门二巡检司;草市属衡山县,土门属临湘县"。

〔新考〕国图本作"衡山县草市、临湘县土门二巡检司"。万历《明会典》卷一三八《关津一》第七〇九页下、《大明一统文武诸司衙门官制》卷三《湖广省》第一〇〇页下皆载"土门巡检司"。馆本"上"当作"土"。

卷三一八考证

页二下行一二　　延衮

〔原考〕旧校改"衮"作"衮"。

〔新考〕国图本、《国朝典汇》卷一七一《河套》第六一四页上、《五边典则》卷一八第四四二页下均作"延衮",是。

页五下行三　　内丘王㽦秘

〔原考〕旧校改"㽦秘"作"胤秘"。

〔新考〕国图本作"内丘王胤秘"。《弇山堂别集》卷七四《谥法五》第一四一〇页、《明谥纪汇编》卷一二第五三五页下皆载内丘王名"胤秘"。《钦定续文献通考》卷二〇八《封建考》第九二七页下载内丘王名"允秘","允秘"原为"胤秘",避清世宗讳而改。此外,据《钦定续文献通考》卷二〇五《帝系考》第八一二页上载"六世勋泄子允桤……勋潔子允秘……勋凑子允杨、允杉、允析",知允秘兄弟名之末字皆从木。旧校是。

卷三一九考证

页二下行六　　谥恭襄

〔原考〕广本、阁本"襄"作"肃"。

〔新考〕国图本、《明政统宗》卷二五第七〇二页上、《国榷》卷五九第三六九七页均作"谥恭肃"。《弇山堂别集》卷七二《谥法三》第一三六五页、《国朝献征录》卷二五周用墓志铭第二九〇页下、《明谥纪汇编》卷一五第五六五页下皆载周用谥"恭肃"。馆本"襄"当作"肃"。

页四上行二　　胡顺

〔新考〕国图本作"胡训"。同书卷二七四嘉靖二十二年五月癸丑条第二页下载:"升南京都察院右都御史胡训为南京工部尚书。"《国朝列卿纪》卷六三《南京工部尚书年表》第二七九页上亦作"胡训",其注文曰:"江西南昌人,弘治壬戌进士。嘉靖二十三年任。"查《登科录》第六五页上、嘉靖《江西通志》卷六《科目》第二三五页上、《贡举考》卷五第三七〇页上、《国朝献征录》卷四二胡训墓志铭第二四八页上、《碑录索引》第二四九二页,皆作"胡训"。且据《登科录》知胡训"弟诏、诰",故胡训兄弟之名皆从言。馆本"顺"当作"训"。

卷三二〇考证

页二下行二　　左佥都御史

〔原考〕广本、阁本"左"作"右"。

〔新考〕国图本作"右佥都御史"。同书卷三二七嘉靖二十六年九月丙辰条第一页上载"升……巡抚河南右佥都御史丁汝夔为吏部右侍郎",卷三五三嘉靖二十八年十月辛亥条第三页下载"升……巡抚顺天都察院右佥都御史孙应奎为左副都御史,回院管事"。《国朝列卿纪》卷一一七《整饬蓟州边备兼巡抚顺天等府行实》第三六页下亦载孙应奎嘉靖"二十六年,以右佥都御史任"。《国榷》卷五九第三六九八页载《实录》事,亦作"右佥都御史"。馆本"左"当作"右"。

页三上行一〇　　杨溥

〔原考〕三本"溥"作"博",是也。

〔新考〕国图本作"杨博"。同书卷三〇九嘉靖二十五年三月丙子条第四页上载:"升……山东布政司左参政杨博为都察院右佥都御史,巡抚甘肃。"《国朝列卿纪》卷一三〇《甘肃巡抚尚书侍郎都御史年表》第一八五页下亦作"杨博",其注文曰:"山西平阳府蒲州人,嘉靖己丑进士。二十五年,以右佥都御史任。"查《登科录》第四五页上、《贡举考》卷六第四二八页上、《国朝献征录》卷二五杨博墓表第三〇三页下、万历《山西通志》卷二二《国朝进士》第六六〇页、《碑录索引》第二五一六页,皆作"杨博"。且据《登科录》知杨博"弟恽、恪、恒"等名皆从心。馆本"溥"当作"博"。此外,《五边典则》卷一八第四四五页下载《实录》事,亦作"杨博",可为旁证。

卷三二一考证

页一下行六　　更晋百人

〔原考〕旧校改"晋"作"留"。

〔新考〕国图本、《皇明辅世编》卷六《杨襄毅博》第七三八页上均作"更留百人",是。

卷三二二考证

页三下行一　　吴春

〔原考〕广本、阁本"春"作"春"。

〔新考〕国图本作"吴春"。然同书卷三三八嘉靖二十七年七月丁丑条第一页下载"升光禄寺少卿吴春为山东按察司副使"。《礼部志稿》卷四二《仪制司郎中》第七七四页上亦作"吴春",其注文曰:"以容,江西贵溪县人,嘉靖十七年进士。二十五年任。升光禄少卿。"查《登科录》第四四五〇页、《贡举考》卷七第四四五页上、《碑录索引》第二五二二页,皆作"吴春"。馆本"春"当作"春"。"春""春",形近误。

卷三二三考证

页五上行三　　张铁

〔原考〕三本作"张铁",本面第六行同。〔新考〕国图本作"张铁"。然同书卷三〇一嘉靖二十四年七月甲子条第四页上载"礼部郎中张铁"。嘉靖《陕西通志》卷一九《右参议》第九三二页亦作"张铁",其注文曰:"字德威,山东冠县人,(嘉靖)己丑进士。以礼部祠祭司郎中升任。"查《登科录》第六八页上、嘉靖《山东通志》卷一七《科目》第一四二页下、《贡举考》卷六第四二九页下、《碑录索引》第二五一六页,皆作"张铁"。馆本"铁"当作"铁"。"铁""铁",形近误。

页五上行八　　冯承驭

〔原考〕广本、阁本"驭"作"叙"。

〔新考〕国图本作"冯承驭"。然同书卷三一三嘉靖二十五年七月丙辰条第一页上载"升河南道监察御史冯天驭为大理寺右寺丞",卷三五二嘉靖二十八年九月壬申条第一页上载"升大理寺左寺丞冯天驭为本寺右少卿"。《国朝列卿纪》卷九四《大理寺左右少卿年表》第五五四页下亦作"冯天驭",其注文曰:"湖广蕲州人,嘉靖乙未进士。二十七年任右。"查《登科录》第四一三三页、万历《湖广总志》卷三七《国朝进士》第二二八页下、《碑录索引》第二五二〇页,皆作"冯天驭"。且据《登科录》知冯天驭"弟天骏",故冯天驭兄弟以"天"字排行。馆本"承"当作"天"。

卷三二四考证

页一上行七　　王南吉

〔原考〕阁本"王"作"伍"。广本"南"作"楠"。

〔新考〕国图本作"王楠"。同书卷三四六嘉靖二十八年三月辛巳条第五页上载"巡按直隶御史王楠"。嘉靖《隆庆志》卷四《巡按》第五页上亦作"王楠",其注文曰:"山东德州人。"嘉靖《宣府镇志》卷二七《巡按宪臣》第三一一页下所载更为详细:王楠"字子村,山东德州卫人"。此外,《贡举考》卷七嘉靖二十三年秦鸣雷榜第四五九页上载有"王楠",其籍贯即"直隶德州左卫"。复稽《登科录》第五三三页、雍正《山东通志》卷一五之一《选举志》第二八页上、《碑录索引》第二五二九页,皆作"王楠"。且据《登科录》知王楠"兄松"。王楠兄弟之名皆从木。馆本"南"当作"楠"。

页一上行九　　翁景葵

〔原考〕三本"翁"作"温"。

〔新考〕国图本作"温景葵"。同书卷四一〇嘉靖三十三年五月甲子条第五页下载"福建道御史温景葵"。《国朝献征录》卷六三《金都御史温景葵传》第四九二页下载:"温景葵字汝阳,大同举人也……令长山,升御史。"查《四镇三关志》卷八《巡抚》第四三八页下、《国朝列卿纪》卷一一七《整饬蓟州边备兼巡抚顺天等府左右副金都御史年表》第二六页下、万历《顺天府志》卷四《名宦》第一八四页下、万历《山西通志》卷二三《国朝举人》第七一七页,皆作"温景葵"。馆本"翁"当作"温"。

卷三二五考证

页二下行一　　临端王

〔新考〕国图本作"临湍王"。同书卷一七〇嘉靖十三年十二月辛丑条第一页下载:"册封……周府临湍端简王安瀠庶长男睦㮁为临湍王。"《弇山堂别集》卷七三《谥法四》第一三七七页、《国朝典汇》卷一二四《谥法》第二八页下、《明谥纪汇编》卷一一第五二〇页下皆载睦㮁为"临湍王"。馆本"端"当作"湍"。

卷三二六考证

页二下行二　　陆柄

〔原考〕旧校改"柄"作"炳"。

〔新考〕国图本作"陆炳"。同书卷三〇六嘉靖二十四年十二月甲午条第一页上载："以提督缉访功升锦衣卫掌卫事、署都督佥事陆炳为都督同知。"嘉靖《嘉兴府图记》卷一七《人文八》第五一三页上、《鸿猷录》卷一六《追戮仇鸾》第四一三页上、《皇明功臣封爵考》卷八《忠诚伯陆炳》第六三三页上、《国朝献征录》卷一〇九《陆炳传》第三〇六页下皆载都督或都督同知名"陆炳"。旧校是。

卷三二七考证

页二上行四　　应众准袭

〔原考〕旧校改"众"作"寰"。

〔新考〕国图本缺载。《万历会计录》卷一五第九〇页上载"百户马应寰",或可为旧校提供左证。

卷三二八考证

页一上行六　　两苑

〔新考〕国图本作"西苑"。同书卷三三二嘉靖二十七年正月癸未条第四页下载"总督仓场、督理西苑农事、户部尚书刘储秀"。《国榷》卷五九第三七〇六页载"吏部左侍郎刘储秀为户部尚书,督理西苑农事"。馆本"两"当作"西"。

卷三二九考证

页一上行一〇　　大玄紫霁官

〔原考〕旧校改"大"作"太","霁"作"霄"。

〔新考〕国图本作"太玄紫霄宫"。《明太宗实录》卷二〇七永乐十六年十二月丙子条第一页上、《明一统志》卷六〇《寺观》第二四三页上、《国朝典汇》卷一一七《坛庙》第八五九页下皆载武当山有"太玄紫霄宫"。国图本当是。

卷三三〇考证

页一下行五　　左佥都御史

〔新考〕国图本作"左佥都御史"。然同书卷三四三嘉靖二十七年十二月乙卯条第二页下载:"升巡抚山东右佥都御史彭黯右副都御史,巡抚河南。"《国朝列卿纪》卷一二一《巡抚山东尚书都御史年表》第七五页下亦载彭黯嘉靖"二十六年,以右佥都御史任"。《国榷》卷五九第三七〇八页载《实录》事,彭黯亦为"右佥都御史"。馆本"左"当作"右"。

页二上行八　　各归丧次次

〔原考〕抱本删一"次"字。

〔新考〕国图本所载与馆本同,误。万历《明会典》卷九七《嘉靖二十七年孝烈皇后丧礼》第五四八页上、《续文献通考》卷一三一《王礼考》第四五四页下所载孝烈皇后方氏丧仪此节均作"各归丧次"。馆本当衍一"次"字。

页五下行三　　程瑶

〔原考〕抱本"瑶"作"珒"。

〔新考〕国图本作"程瑶"。《国朝列卿纪》卷一六四《尚宝司卿年表》第四二二页上亦作"程瑶",其注文曰:"直隶德州左卫籍,嘉靖壬辰进士……二十六年,由司丞升任。"《登科录》第八三页下、嘉靖《山东通志》卷一七《科目》第一三八页下、嘉靖《河间府志》卷二六《科贡》第七三〇页下、《贡举考》卷六第四三六页下、《碑录索引》第二五一九页皆作"程瑶"。馆本"瑶"当作"瑶"。"瑶""瑶",形近误。

卷三三一考证

页二上行八　　莫敬典

〔新考〕国图本作"莫敬典"。同书卷三四七嘉靖二十八年四月癸丑条第七页下、《少室山人集》卷二四《交议辩》第四三〇页上、《万历武功录》卷四《安南莫茂洽列传》第二九七页下、《皇明象胥录》卷三《安南》第五九九页上、《国榷》卷五九第三七一〇页皆载阮敬婿或其同党名"莫敬典"。馆本"舆"当作"典"。

页二下行九　　戴珊

〔原考〕抱本改"戴"作"臧"。

〔新考〕国图本作"戴珊"。然同书卷三二七嘉靖二十六年九月壬申条第四页上载:"升……户科给事中臧珊……俱为右给事(中)……珊吏科。"《掖垣人鉴》卷一四第二九五页上亦作"臧珊",其注文曰:"字子佩,号静斋,直隶山阳县人,嘉靖十七年进士。二十四年十二月,由中书舍人选户科给事中。二十六年,升吏科右。"查《登科录》第四五一六页、万历《淮安府志》卷二《人物表》第二三三页、《贡举考》卷七第四四七页上、《碑录索引》第二五二三页,皆作"臧珊"。抱本是。

页四上行一一　　王宗庆

〔原考〕三本"宗"作"崇"。

〔新考〕国图本作"王崇庆"。同书卷三三八嘉靖二十七年七月壬午条第三页下载"工部右侍郎王崇庆"。《国朝列卿纪》卷一三三《南京太常寺卿行实》第二一七页下至第二一八页上载"王崇庆……直隶大名府开州人,正德戊辰进士……嘉靖二十二年,起陕西行太仆寺卿……二十六年,升南京太常寺卿。二十七年,升工部右侍郎。"查《登科录》第三二页下、《贡举考》卷六第三八○页下、《碑录索引》第二四九六页,皆作"王崇庆"。且据《登科录》知王崇庆"弟崇寿"。王崇庆兄弟以"崇"字排行。馆本"宗"当作"崇"。

页六下行一　　沈翰

〔原考〕广本、阁本"翰"作"瀚"。

〔新考〕国图本作"沈瀚"。雍正《浙江通志》卷一一九《兵巡道》第一九二页下亦作"沈瀚",其注文曰:"字原约,吴江人。"《掖垣人鉴》卷一三第二八五页上亦作"沈瀚",其注文曰:"字原约,号夷斋,直隶吴江县人,嘉靖十四年进士……仕终浙江副使。"查《登科录》第一三页上、《贡举考》卷七第四三九页上、《碑录索引》第二五二○页,皆作"沈瀚"。且据《登科录》,知沈瀚"弟湛"等名皆从水。馆本"翰"当作"瀚"。

卷三三二考证

页五上行三　　太仆寺

〔原考〕三本"仆"作"常"。

〔新考〕国图本作"太常寺"。同书卷三六一嘉靖二十九年六月甲寅条第二页下载:"升南京太常寺卿汪宗元为都察院右副都御史,总理河道。"《国朝列卿纪》卷一三三《南京太常寺卿年表》第二一○页下亦载汪宗元"嘉靖二十七年任"。《国朝献征录》卷六七《通政使汪公宗元传》第六六四页下亦载汪宗元升副都御史前为"太常卿"。馆本"仆"当作"常"。

卷三三三考证

页三上行四　　郑维城

〔原考〕广本、阁本"城"作"诚"。

〔新考〕国图本作"郑维诚"。同书卷三二四嘉靖二十六年六月庚辰条第一页上载："选授……推官程时思、徐霈、郑维诚……俱给事中……维诚南京礼科。"同治《祁门县志》卷二五《宦绩》第一二二〇页载："郑维诚字伯明,居奇岭。嘉靖甲午乡试第一。辛丑,成进士。授金华府推官,有异政,召补南京礼科给事中。"查《登科录》第六〇页下、嘉靖《徽州府志》卷一三《科第》第二九五页下、《贡举考》卷七第四五四页上、《碑录索引》第二五二六页,皆作"郑维诚"。馆本"城"当作"诚"。

卷三三四考证

页六上行一　　马如松

〔新考〕国图本作"马如松"。然同书卷三六八嘉靖二十九年十二月甲申条第九页下载给事中名"马汝松"。《掖垣人鉴》卷一四第二九九页上亦作"马汝松",其注文曰："字节甫,号与山,直隶东光县籍,山西陵川县人,嘉靖二十三年进士。嘉靖二十七年三月,由中书舍人选工科给事中。"查《登科录》第五三六一页、《贡举考》卷七第四五九页下、《碑录索引》第二五二九页,皆作"马汝松"。且据《登科录》知马汝松弟"汝梅、汝桂、汝桐、汝楸",故马汝松兄弟以"汝"字排行。馆本"如"当作"汝"。"如""汝",音近误。

页六上行四　　钺

〔新考〕国图本作"鈠"。然同书卷三四五嘉靖二十八年二月壬戌条第五页下载"礼科给事中赵钺"。《掖垣人鉴》卷一四第二九八页上亦作

"赵钑",其注文曰:"字子举,号柱野,直隶桐城县人,嘉靖二十三年进士。二十七年三月,由刑部主事改礼科给事中。"查《登科录》第五二八五页、嘉靖《安庆府志》卷八《进士》第七三五页、《贡举考》卷七第四五七页下、《碑录索引》第二五二八页,皆作"赵钑"。馆本"钺"当作"钑"。

卷三三五考证

页一上行一一　　劾有劳勋

〔原考〕旧校改"劾"作"効"。

〔新考〕国图本、《世庙识余录》卷一一第五七一页上、《国朝典汇》卷三二《辅臣考》第八二二页下均作"効有劳勋",是。

卷三三六考证

本卷未在原考的基础上有新的发现和明显推动。对原考保持肯定。

卷三三七考证

页二上行一〇　　徐锭

〔原考〕广本"锭"作"定"。

〔新考〕国图本作"徐锭"。然雍正《陕西通志》卷二二《副使》第二〇七页下作"陈锭",其注文曰:"湖广江陵人。"《贡举考》卷六嘉靖八年罗洪先榜第四二九页上载有"陈锭",其籍贯即"湖广江陵县"。查《登科录》第六四页上、万历《湖广总志》卷三七《国朝进士》第二二八页上、《碑录索引》第二五一六页,皆作"陈锭"。且据《登科录》知陈锭"兄镗"等名皆从金。馆本"徐锭"当作"陈锭"。

卷三三八考证

页二下行八　　餙非恶谏

〔原考〕旧校改"餙"作"饰"。

〔新考〕国图本、《两朝宪章录》卷一二第六九〇页上所载均与馆本同。《万历野获编》卷四《郑王直谏》第一一七页、《国朝典汇》卷一三《宗藩》第四九九页下均作"饰非恶谏"。"餙""饰"为异体字。

卷三三九考证

页一上行七　　胡世廉

〔新考〕国图本作"胡世廉"。然同书卷三三四嘉靖二十七年三月己卯条第一页下载："升左给事中胡叔廉为都给事中……叔廉兵科。"《掖垣人鉴》卷一三第二九二页上亦作"胡叔廉"，其注文曰："字明发，号练溪，江西新淦县人，嘉靖十七年进士。二十一年十一月，由浙江临海知县选刑科给事中……二十七年复除。寻升兵科都。"查《登科录》第四五一四页、隆庆《临江府志》卷一〇《选举》第三四页下、《贡举考》卷七第四四六页下、《碑录索引》第二五二三页，皆作"胡叔廉"。且据《登科录》知胡叔廉"兄叔龄、叔芳，弟叔爱"，故胡叔廉兄弟以"叔"字排行。馆本"世"当作"叔"。

卷三四〇考证

本卷未在原考的基础上有新的发现和明显推动。对原考保持肯定。

卷三四一考证

本卷未在原考的基础上有新的发现和明显推动。对原考保持肯定。

卷三四二考证

页三上行二　　小眚永弃

〔原考〕旧校改"眚"作"眚"。

〔新考〕国图本、《明政统宗》卷二六第五页上、《两朝宪章录》卷一二第六九〇页下均作"小眚永弃",是。

卷三四三考证

页二下行三　　左庶子

〔新考〕国图本作"左庶子"。然同书卷一〇〇嘉靖八年四月乙酉条第八页下载"以南京尚宝司卿费寀为右春坊右庶子兼翰林院侍讲",卷一五三嘉靖十二年八月壬申条第一页上载"升右春坊右庶子兼翰林院侍讲、掌南京翰林院事费寀为南京通政使司右通政"。《国朝列卿纪》卷二二《南京翰林院学士附署印行实》第三五六页上、《国榷》卷五五第三四八六页亦均载费寀为"右庶子"。疑馆本"左"当作"右"。

卷三四四考证

页二下行五　　陆应豹

〔原考〕三本"应"作"梦"。

〔新考〕国图本作"陆梦豹"。同书卷三三一嘉靖二十六年十二月丁巳条第二页下载主事"陆梦豹"。雍正《江西通志》卷五四《嘉靖二十三年甲辰秦鸣雷榜》第七七六页下载有"陆梦豹",其注文曰:"丰城人,工部主事。"查《登科录》第五二九三页、《贡举考》卷七第四五八页上、《碑录索引》第二五二八页,皆作"陆梦豹"。且据《登科录》知陆梦豹"兄梦麟"。陆梦豹兄弟以"梦"字排行。馆本"应"当作"梦"。

页三上行三　　李珍狱

〔原考〕三本"狱"下有"坐死"二字。

〔新考〕引文当作"李珍狱"。国图本作"李珍狱坐死"。同书卷三四〇嘉靖二十七年九月辛巳条第二页下载："兵部尚书赵廷瑞等奏言：铣黩货贪功，罔上残下，诚如仇鸾所劾。其爪牙吏为之济恶行贿者，则有参将李珍、延安卫指挥田世威、宁夏卫指挥郭震，皆以铣故冒功升级。"《两朝宪章录》卷一二第六八六页上、《嘉靖大政类编》之《北虏》第七六八页上、《五边典则》卷一八第四四六页下皆载与曾铣相关之参将名"李珍"。馆本"珎"当作"珍"。此外，《世庙识余录》卷一一第五七二页下载《实录》事，也作"李珍"，可为左证。

卷三四五考证

页三上行八　　殴阳德

〔原考〕"殴"应作"欧"，下同。

〔新考〕国图本作"欧阳德"。同书卷三二七嘉靖二十六年九月丙子条第四页上载："升太常寺卿、掌国子监事欧阳德为礼部左侍郎。"《国朝列卿纪》卷一三三《南京太常寺卿行实》第二一七页下载："欧阳德字崇一，江西吉安府泰和县人，嘉靖癸未进士……二十六年任。本年，改太常寺卿，掌国子监祭酒事。"查《登科录》第一〇页下、嘉靖《江西通志》卷二七《科目》第三八二页下、《贡举考》卷六第四一三页上、《国朝献征录》卷三四欧阳德神道碑第六三七页上、《碑录索引》第二五〇页，皆作"欧阳德"。馆本"殴"当作"欧"。

卷三四六考证

页十一上行一　　陕西

〔原考〕广本、阁本作"山东"，抱本作"山西"。

〔新考〕国图本作"山西"。同书卷三四五嘉靖二十八年二月壬子条第四页上载:"先是,巡抚山西都御史杨守谦议于偏头、老营一带兴举营田,谋之副使张镐,诸所错画,方有次第。守谦俄调延绥,乃上疏请留镐久任山西,以终其事。时镐已及考满期,诏加参政行(衔),仍旧任。"万历《山西通志》卷一二《右参政》第二三九页亦载有"张镐"。而检雍正《陕西通志》及雍正《山东通志》"职官"一目,无名为"张镐"者。馆本"陕"当作"山"。

卷三四七考证

页一上行九　　李洛

〔新考〕国图本作"李洛"。然同书卷三〇一嘉靖二十四年七月甲戌条第五页上载:"升……南京吏部文选司郎中李乐为河南左参议。"嘉靖《河南通志》卷一二《左参议》第一六九页上亦作"李乐",其注文曰:"和仲,卢溪人,进士。嘉靖二十四年任。"《贡举考》卷七嘉靖十四年韩应龙榜第四三九页下载有"李乐",其籍贯即"湖广卢溪县"。查《登科录》第二二页下、万历《湖广总志》卷三七《国朝进士》第二二八页下、《碑录索引》第二五二〇页,皆作"李乐"。且据嘉靖《河南通志》卷一二《左布政使》第一六三页下载"纪常",卷一二《佥事》第一七六页下载"李延康",知李乐当为河南参议。馆本"李洛"当作"李乐"。

卷三四八考证

页六下行十一　　明德宫门外御御祭一坛

〔原考〕抱本无"宫"字,仅一"御"字。

〔新考〕国图本作"明德宫门外御祭一坛"。万历《明会典》卷九八《丧礼三》之"皇太子"一目第五五〇页下、《礼部志稿》卷三二《嘉靖二十八年庄敬太子丧礼》第六〇一页上均作"启奠、遣奠、灵舆至坟所,皇上皆遣祭一坛",均侧证馆本衍一"御"字。

卷三四九考证

页四下行一〇　　礼部覆其簿籍脱落

〔原考〕抱本、阁本"覆"作"核"。

〔新考〕"覆",国图本、《皇明驭倭录》卷五第五五页下、《国朝典汇》卷一六九《日本》第五二四页下均作"核",《礼部志稿》卷九〇《日本勘合给缴》第六四〇页下作"覆",存疑。

卷三五〇考证

页一下行九　　奸商王直

〔原考〕旧校改"王"作"汪"。

〔新考〕国图本作"奸商王直"。然同书卷三九六嘉靖三十二年闰三月甲戌条第七页上载"海贼汪直纠漳、广群盗,勾集各枭倭夷,大举入寇",卷五四四嘉靖四十四年三月辛酉条第五页载"曩羊(年),逆贼汪直勾倭内讧"。《嘉靖倭乱备抄》第二页下、《宝日堂初集》卷二四《三辩士》第六六四页上皆载通倭奸商名"汪直"。《皇明驭倭录》卷五第五六页上载《实录》文,亦作"汪直"。旧校是。

卷三五一考证

页二下行二　　纽纬

〔新考〕国图本作"纽纬"。然同书卷三〇六嘉靖二十四年十二月甲寅条第四页上载:"选授……知县徐良傅……纽纬……俱为给事中……纬礼科。"《掖垣人鉴》卷一四第二九五页下亦作"纽纬",其注文曰:"字仲文,号石溪,浙江会稽县人,嘉靖二十年进士。二十四年十二月,由直

247

隶 祁门知县选礼科给事中。"查《进士登科录》第四四页下、嘉靖《浙江通志》卷五二《选举志》第四一七页、《贡举考》卷七第四五三页上、《碑录索引》第二五二六页,皆作"钮纬"。馆本"纽"为"钮"之误。

页三上行一二　　简讨

〔新考〕国图本作"检讨"。同书卷一七○嘉靖十三年十二月戊午条第四页下载:"授庶吉士……闫(阎)朴……为翰林院检讨。"《楚纪》卷五四《阎朴》第四六三页下、《南雍志》卷五《祭酒》第一九五页上、《国朝列卿纪》卷卷一六〇《南京国子监祭酒行实》第四〇九页下皆载阎朴曾任"检讨"。此外,《国榷》卷五九第三七三七页载《实录》事,阎朴亦为"翰林院检讨"。馆本"简"当作"检"。"简""检",音近误。

卷三五二考证

本卷未在原考的基础上有新的发现和明显推动。对原考保持肯定。

卷三五三考证

页四上行七　　王邦瑞为史部右侍郎

〔原考〕广本"瑞"误"端"。旧校改"史"作"吏"。

〔新考〕国图本作"王邦瑞为吏部右侍郎"。同书卷三四九嘉靖二十八年六月己亥条第一页上载:"升……南京大理寺卿王邦瑞为兵部右侍郎。"《国朝列卿纪》卷一二九《宁夏抚臣行实》第一八二页下载:"王邦瑞……河南□□府宜阳县人,正德丁丑进士。嘉靖二十六年,以右副都御史巡抚。二十八年,升兵部右侍郎。"查《登科录》第八五页下、嘉靖《河南通志》卷一七《科目》第二六四页下、《贡举考》卷六第四〇三页下、《国朝献征录》卷三九王邦瑞墓志铭第一一一页上、《碑录索引》第二五〇六页,皆作"王邦瑞"。馆本是。而关于改"史"为"吏",《实录》卷三五八嘉靖二十九年三月癸酉条第二页上载："升吏部右侍郎王邦瑞为本部左侍郎。"《国朝列卿纪》卷二九《吏部左右侍郎年表》第四六七页下载王邦瑞"嘉靖二十八年右"。《国榷》卷五九第三七四一页亦载王邦瑞所改为"吏部右侍郎"。馆本"史"当作"吏"。

卷三五四考证

页六下行二　　胡世夔

〔原考〕三本"世"作"志"。

〔新考〕国图本作"胡志夔"。同书卷四三三嘉靖三十五年三月丙戌条第八页下载："升……河南道御史胡志夔、兵部署郎中宋国华俱为按察司副使，志夔 河南。"嘉靖《河南通志》卷一二《副使》第一七四页上亦作"胡志夔"，其注文曰："鸣和，安邑人，进士。嘉靖三十五年任。"此外，《贡举考》卷七嘉靖二十三年秦鸣雷榜第四六〇页下载有"胡志夔"，其籍贯即"山西 安邑县"。查《登科录》第五三九七页、万历《山西通志》卷二二《国朝进士》第六六一页、《碑录索引》第二五三〇页，皆作"胡志夔"。且据《登科录》知胡志夔"兄志皋、志太，弟志龙"，故胡志夔兄弟以"志"字排行，故馆本"世"当作"志"。

卷三五五考证

本卷未在原考的基础上有新的发现和明显推动。对原考保持肯定。

卷三五六考证

页一上行一一　　王扬

〔原考〕广本、阁本"扬"作"杨"。

〔新考〕国图本作"王扬"。嘉靖《河南通志》卷一二《右布政使》第一六五页下亦作"王杨",其注文曰:"惟直,会稽人,进士。嘉靖二十八年任。"雍正《浙江通志》卷一三二《正德十六年辛巳科杨惟聪榜》第四五七页上亦作"王杨",即"会稽人"。查《登科录》第三〇三八页、嘉靖《浙江通志》卷五一《选举志》第四〇三页、《贡举考》卷六第四〇七页下、《碑录索引》第二五〇七页,皆作"王杨"。且据《登科录》知王杨"兄桐、楠,弟楝、椆、栩、槐",故王杨兄弟之名皆从木。馆本"扬"当作"杨"。

卷三五七考证

页三下行二　　陆邦

〔原考〕广本"邦"作"埄"。

〔新考〕国图本作"陆埄"。同书卷三三二嘉靖二十七年正月己丑条第五页下载:"升……太仆寺少卿陆埄为南京鸿胪寺卿。"《国朝列卿纪》卷一四五《南京光禄寺卿年表》第二八六页上亦作"陆埄",其注文曰:"浙江嘉善人,嘉靖丙戌进士。二十九年任。"查嘉靖《浙江通志》卷五二《选举志》第四〇五页、《贡举考》卷六第四二〇页下、《碑录索引》第二五一二页,皆作"陆埄"。馆本"邦"为"埄"之误。

页三下行六　　范维一

〔原考〕三本"维"作"惟"。

〔新考〕国图本作"范惟一"。雍正《广东通志》卷二七《佥事》第一〇八页下亦作"范惟一",其注文曰:"江南华亭人,进士。三十年任。"《贡举考》卷七嘉靖二十年沈坤榜第四五一页下载有"范惟一",其籍贯即"南直隶华亭县"。查《登科录》第一六页上、《云间志略》卷一五《范太仆中方公传》第一〇九九页、《碑录索引》第二五二五页,均作"范惟一"。且据《登科录》知范惟一兄弟以"惟"字排行。馆本"维"当作"惟"。

卷三五八考证

页一上行九　　丙辰

〔原考〕旧校改"辰"作"寅"。

〔新考〕国图本作"丙寅"。《国榷》卷五九第三七四六页载《实录》事于"丙寅"下。旧校是。

卷三五九考证

页一上行四　　郑障

〔原考〕三本"障"作"漳",疑是也。

〔新考〕国图本作"郑漳"。同书卷三七四嘉靖三十年六月乙亥条第三页上载:"升应天府府尹郑漳为南京刑部右侍郎。"《国朝列卿纪》卷一四一《应天府府尹年表》第二六四页上亦作"郑漳",其注文曰:"福建闽县人,正德丁丑进士。嘉靖二十九年任。"查《登科录》第九五页下、《贡举考》卷六第四〇四页上、万历《福州府志》卷一七《国朝进士》第一六九页下、万历《广西通志》卷七《广西布政使司左布政使》第一六八页下、《碑录索引》第二五〇六页,皆作"郑漳"。且据《登科录》知郑漳"兄澄"等之名皆从水。馆本"障"当作"漳"。

卷三六〇考证

页一下行一二　　陈编

〔新考〕国图本作"陈编"。然同书卷二九四嘉靖二十四年正月庚申条第四页下载:"诏泰宁侯陈璇弟瑞袭祖爵。"《明功臣袭封底簿》卷三《泰宁侯》第四一五页载:"(嘉靖)二十三年四月内,(陈璇)病故,无嗣。陈璇弟陈瑞奏袭祖爵。二十四年正月二十一日,该本部题:奉圣旨准他袭。

钦此!"《皇明功臣封爵考》卷二《泰宁侯》第三八二页下、《国榷》卷六〇第三八〇五页亦均载泰宁侯名"陈瑞"。馆本"编"当作"瑞"。

卷三六一考证

页一上行二　　许辉

〔原考〕三本"许"作"龚"。

〔新考〕国图本作"龚辉"。同书卷三五九嘉靖二十九年四月己酉条第二页下载:"升总督漕运兼巡抚凤阳都察院右副都御史龚辉为大理寺卿。"《国朝列卿纪》卷六五《工部左右侍郎年表》第三一五页上亦作"龚辉",其注文曰:"浙江余姚人,嘉靖癸未进士。二十九年右。"查《登科录》第八七页上、嘉靖《浙江通志》卷五一《选举志》第四三〇页、《贡举考》卷六第四一六页下、《国朝献征录》卷五一龚辉墓志铭第六四八页下、《碑录索引》第二五一一页,皆作"龚辉"。馆本"许"为"龚"之误。

卷三六二考证

页二上行一〇　　陈

〔原考〕旧校改作"陈灿"。

〔新考〕国图本作"陈灿"。同书卷三六三嘉靖二十九年七月癸卯条第三页下载西官厅官员名"陈灿",可为旧校提供佐证。

卷三六三考证

页六下行一〇　　珉府

〔原考〕旧校改"珉"作"岷"。

〔新考〕国图本缺载。《礼部志稿》卷七六《申阻抑选婚禁》第三二五页下作"岷府",可为旧校提供佐证。

卷三六四考证

页五上行九 　　元聚

〔原考〕广本、阁本"元"作"九"。

〔新考〕国图本作"九聚"。同书卷二九一嘉靖二十三年十月乙酉条第六页上载:"命养病都督佥事九聚驻札通州等处。"《世庙识余录》卷一三第五七九页下载《实录》文,亦作"九聚"。馆本"元"为"九"之误。

页五上行一二 　　太仆寺卿

〔原考〕广本"寺"下有"少"字。

〔新考〕国图本作"太仆寺少卿"。同书卷三三二嘉靖二十七年正月丁酉条第六页下载"升吏部文选司郎中张舜臣为太仆寺少卿",卷三八一嘉靖三十一年正月戊戌条第四页上载"升太仆寺少卿张舜臣为南京太仆寺卿"。《国朝列卿纪》卷一五一《南京太仆寺卿行实》第三二一页上也载张舜臣"(嘉靖)三十一年,由太仆寺少卿升任"。张舜臣此时当为"太仆寺少卿"。此外,《世庙识余录》卷一三第五七九页下载《实录》文,亦作"太仆寺少卿"。馆本"寺"下当补"少"字。

页六下行一 　　右侍郎

〔原考〕三本"右"作"左"。

〔新考〕国图本作"左侍郎"。同书卷三五八嘉靖二十九年三月癸酉条第二页上载"升吏部右侍郎王邦瑞为本部左侍郎",卷三六五嘉靖二十九年九月己亥条第七页下载"改吏部左侍郎王邦瑞为兵部左侍郎兼都察院右佥都御史,赞理京营军务"。《世庙识余录》卷一三第五八〇页上载《实录》文,亦作"左侍郎"。馆本"右"当作"左"。

页一六上行四　　整饬蓟州兵备

〔原考〕广本、阁本"兵"作"边"。

〔新考〕国图本作"整饬蓟州边备"。同书卷三六六嘉靖二十九年十月丙寅条第二页上载:"诏复以都御史吴嘉会整饬蓟州边备,巡抚顺天。"《国朝献征录》卷四一吴嘉会墓志铭第一八二页上载:"庚戌(嘉靖二十九年),迁陕西右参政未任,而蓟守臣被逮,即日拜公都察院右佥都御史,整饬蓟镇边务。"《世庙识余录》卷一三第五八五页下也载为"整饬蓟州边备"。馆本"兵"当作"边"。

卷三六五考证

页一〇下行三　　应焯

〔原考〕广本、阁本"应"作"雍"。

〔新考〕国图本作"雍焯"。同书卷三七一嘉靖三十年三月丙申条第三页下载:"诏试监察御史李承华……雍焯……王绍元各实授。"《万姓统谱》卷二第一二七页上亦作"雍焯",其注文曰:"陕西狄道人,字闇仲,贡士。嘉靖中任监察御史,巡按山东,有风裁。"雍正《山东通志》卷二五之一《巡按监察御史》第五二四页下、乾隆《甘肃通志》卷三三《选举》第二六六页上、《国榷》卷五九第三七六四页亦均作"雍焯"。馆本"应"为"雍"之误。

页一二上行三　　阳翱

〔原考〕阁本作"杨翔",抱本作"阳翔"。按应作"阳朔"。

〔新考〕国图本作"阳翔"。然《国榷》卷五九第三七六四页作"阳朔"。雍正《广西通志》卷五四《阳朔县知县》第五五〇页下载有"张士毅",其注文曰:"琼山人。嘉靖二十六年任。"《粤西丛载》卷二八《阳朔永福》第七六二页上载"阳朔令张士毅"。馆本"翱"当作"朔"。

卷三六六考证

页四上行二　　修撰

〔原考〕广本、阁本作"编修"。

〔新考〕国图本作"编修"。同书卷六五嘉靖五年六月丁丑条第八页下载："翰林院庶吉士张治病痊,授翰林院编修。"《国朝献征录》卷一六张治传第五八五页下载其"入翰林为庶吉士……五年,起授翰林编修"。馆本"修撰"当作"编修"。

页五下行二　　成天俸

〔原考〕广本、阁本"俸"作"奉"。

〔新考〕国图本作"成天俸"。然万历《河间府志》卷九《户部分司重立题名记》第一〇页作"朱天俸",其注文曰："直隶濬县人,丁未进士。三十一年任。"《登科录》第二九页下、《贡举考》卷七第四六四页下、万历《顺天府志》卷五《人物志》第二〇〇页上、《碑录索引》第二五三二页皆作"朱天俸"。馆本"成天俸"当作"朱天俸"。

卷三六七考证

页一上行四　　栾檠

〔新考〕国图本作"栾檠"。然同书卷二〇三嘉靖十六年八月壬子条第二页上载"以山东都司都指挥佥事栾檠充五军营右掖坐营官",卷二六五嘉靖二十一年八月己丑条第六页下载"升伸威营坐营、都指挥佥事栾檠为署都督佥事,守备沙河城",卷二六九嘉靖二十一年十二月辛卯条第三页下载"沙河守备栾檠",卷三六三嘉靖二十九年七月乙未条第一页上载"原任守备沙河城署都督佥事栾檠"。嘉靖《山东通志》卷一〇《掌司事》第四九页下、《鸟鼠山人小集》卷九《送都指挥栾檠》第二七七页下、

《四镇三关志》卷八《职官考》第四七四页下、《万姓统谱》卷二五第四三〇页上、道光《济南府志》卷二六《都指挥使司》第五一九页上皆作"栾檠"。《国榷》卷五九第三七六八页载《实录》事,亦作"栾檠"。馆本"擎"当作"檠"。

页四下行九　　太仆寺卿

〔原考〕广本"仆"作"常"。

〔新考〕国图本作"太常寺卿"。同书卷三六三嘉靖二十九年七月辛丑条第二页上载:"升南京太仆寺卿赵汝濂为南京太常寺卿。"《国朝列卿纪》卷一三三《南京太常寺卿年表》第二一〇页下载赵汝濂"嘉靖二十九年任",《国朝献征录》卷六四赵汝濂墓志铭第五四六页下载"丁未,转太仆寺卿。庚戌(嘉靖二十九年),转太常寺卿。寻转都察院右副都御史,协掌院事"。《国榷》卷五九第三七六九页亦载"南京太常寺卿赵汝濂为南京右副都御史"。馆本"仆"为"常"之误。

页六上行三　　陆炜

〔原考〕广本、抱本"炜"作"炜"。

〔新考〕国图本作"陆炜"。同书卷三九五嘉靖三十二年三月辛丑条第六页下载"升尚宝司司丞陆炜为本司少卿",卷四二四嘉靖三十四年七月丁未条第四页上载"升尚宝司少卿陆炜为本司卿"。《国朝列卿纪》卷一六四《尚宝司卿年表》第四二二页上亦作"陆炜",其注文曰:"浙江平湖人,嘉靖甲辰进士。三十四年,由少卿升任。"查《登科录》第五二七九页、嘉靖《浙江通志》卷五二《选举志》第四二四页、《贡举考》卷七第四五七页下、《碑录索引》第二五二八页,皆作"陆炜"。馆本"炜"宜作"炜"。

页七下行七　　右副都御史

〔原考〕广本、抱本"右"作"左"。

〔新考〕国图本作"左副都御史"。同书卷三五八嘉靖二十九年三月癸巳条第四页下载："升……都察院右佥都御史梁尚德为本院左副都御史。"《国朝列卿纪》卷七六《都察院左右副都御史年表》第四四二页上亦载梁尚德"（嘉靖）二十九年任左"。此外，《国榷》卷五九第三七七〇页载"以左副都御史梁尚德为工部右侍郎"。馆本"右"为"左"之误。

卷三六八考证

页五下行四　　怀宁伯

〔新考〕国图本作"怀宁侯"。同书卷二八五嘉靖二十三年四月戊寅条第二页载："诏故怀宁侯孙瑈子秉元……及优给宁晋伯刘良玺俱袭爵。"《明功臣袭封底簿》卷三《怀宁侯》第四七七页、《高文襄公集》卷二一《题行查建平伯孙高添爵疏》第二八一页上、《皇明功臣封爵考》卷五《怀宁侯》第五三八页下、《国榷》卷五九第三七六四页皆载孙秉元为"怀宁侯"。馆本"伯"宜作"侯"。

页五下行七　　右侍郎

〔新考〕国图本作"右侍郎"。然同书卷三六五嘉靖二十九年九月乙巳条第九页上载"升工部右侍郎龚辉为本部左侍郎"。《国朝列卿纪》卷六五《工部左右侍郎年表》第三一五页上载龚辉"二十九年右。本年左"。《国朝献征录》卷五一龚辉墓志铭第六四九页下亦载其"（嘉靖二十九年）六月，升工部右侍郎。九月，转左侍郎……是年十月始考满"。馆本"右"应为"左"。

页七下行一二　　陆隐

〔原考〕广本、抱本"隐"作"稳"。

〔新考〕国图本作"陆稳"。光绪《归安县志》卷三四《名臣二》第三四一页上载："陆稳字汝成，号北川，归安人，嵩孙，嘉靖二十二（三）年进士。授刑部主事。升郎中。"《登科录》第五二八四页、嘉靖《浙江通志》卷五二

《选举志》第四二二页、《贡举考》卷七第四五七页下、《国朝献征录》卷四三陆稳墓志铭第二九三页下、《碑录索引》第二五二八页皆作"陆稳"。且据《登科录》知陆稳"弟稷、秩",故陆稳兄弟之名皆从禾。馆本"隐"宜作"稳"。"隐""稳",形近误。

卷三六九考证

页二上行一一　　山西口

〔原考〕旧校改作"西山口"。

〔新考〕国图本、《四镇三关志》卷七《制疏考》第三五九页下何光裕原奏均作"西山口",是。

页七上行一二　　沅陵王宠溇

〔原考〕旧校改"溇"作"渼"。

〔新考〕国图本作"沅陵王 宠渼"。同书卷四〇九嘉靖三十三年四月甲戌条第一页下、《明武宗实录》卷九九正德八年四月丙辰条第四页上、《弇山堂别集》卷七四《谥法五》第一四一七页、《国朝典汇》卷一二四《谥法》第三四页上、《明谥纪汇编》卷一二第五四三页下皆载沅陵王或沅陵荣简王(荣简为谥号。仍为沅陵王)名"宠渼"。旧校是。

卷三七〇考证

页三下行一　　亦当计计处

〔原考〕旧校删一"计"字。

〔新考〕国图本、《五边典则》卷三第五五八页上均作"亦当计处",是。

卷三七一考证

页一上行六　　宁远堡

〔原考〕广本、阁本、历本"远"作"虏"。

〔新考〕国图本作"宁虏堡"。同书卷三六六嘉靖二十九年十月乙丑条第二页上载"大同 宁虏堡"。万历《明会典》卷一二六《镇戍一》第六五三页下、《万历武功录》卷七中《俺答列传中》第四三二页下、《三云筹俎考》卷三《宁虏堡》第七二页下皆载山西有"宁虏堡"。此外,《五边典则》卷九第九四页上载《实录》文,也作"宁虏堡"。馆本"远"当作"虏"。

页四上行七　　任维钧

〔原考〕广本、阁本、历本"维"作"惟"。

〔新考〕国图本作"任惟钧"。《万历会计录》卷二〇《沿革事例》第二六四页上载:"嘉靖二十九年,主事任惟钧呈本镇被虏残掠,请拨粮草。"《登科录》第一三页上、《贡举考》卷七第四六三页下、《碑录索引》第二五三一页,皆作"任惟钧"。且据《登科录》知任惟钧兄弟以"惟"字排行。馆本"维"当作"惟"。

页八上行五　　左布政司戴瑁

〔原考〕广本、阁本、历本"司"作"使",是也。阁本、历本"瑁"作"瑁"。

〔新考〕国图本作"左布政使戴瑁"。同书卷四三〇嘉靖三十一年十一月壬午条第一页上载"四川巡抚戴瑁"。《国朝列卿纪》卷一一三《巡抚四川侍郎都御史年表》第七四七页下亦作"戴瑁",其注文曰:"浙江鄞县人,正德丁丑进士。嘉靖三十年,以都察院右副都御史任。"查《登科录》第三〇页上、嘉靖《浙江通志》卷五一《选举志》第四三〇页、《贡举考》卷六第四三〇页上、《国朝献徵录》卷六二戴瑁墓志铭第三九二页上、《碑录索引》第二五〇四页,皆作"戴鼇"。且据《登科录》知戴鼇"兄鳌"等名皆从鱼。馆本"暨"为"鼇"之误。

页九上行七　　侍读学士

〔原考〕广本、阁本、历本"读"作"讲"。

〔新考〕国图本作"侍讲学士"。同书卷三八〇嘉靖三十年十二月丙寅条第三页上载:"升南京翰林院侍讲学士敖铣为左春坊左庶子兼侍讲学士。"《国榷》卷六〇第三七七七页载"翰林院侍读敖铣为南京侍讲学士,署院"。馆本"读"当作"讲"。

卷三七二考证

页一上行一〇　　参军

〔原考〕抱本、历本"军"作"将"。

〔新考〕国图本作"参将"。同书卷二五九嘉靖二十一年三月壬午条第一页下载"老营堡参将段堂"。《骂言》卷三《慎推升》第四三页上也载段堂为"参将"。馆本"军"宜作"将"。

页一下行一一　　卢惠

〔原考〕各本"惠"作"蕙"。

〔新考〕国图本作"卢蕙"。《小山类稿》卷五《苗贼突劫思州疏》第三四〇页下、雍正《贵州通志》卷三一《列女》第一三六页下、乾隆《云南通志》卷二二《列女》第二〇七页下、《五边典则》卷二三第六四一页上、《国榷》卷六〇第三七七八页皆载思州经历或经历名"卢蕙"。馆本"惠"应作"蕙"。

页二上行二　　俞冲

〔原考〕抱本、阁本"俞"作"喻"。

〔新考〕国图本作"喻冲"。雍正《贵州通志》卷一七《佥事》第四四六页下亦作"喻冲",其注文曰:"麻城人,举人。"《小山类稿》卷五《苗贼突劫思州疏》第三四一页上、嘉靖《贵州通志》卷五《佥事》第七二六页、雍正《湖广通志》卷三五《举人》第三三六页下皆作"喻冲"。此外,《五边典则》卷二三第六四一页下载《实录》文,亦作"喻冲"。馆本"俞"宜作"喻"。

页六上行六　　宋端登

〔原考〕各本作"朱瑞登"。

〔新考〕国图本作"朱瑞登"。同书卷三六五嘉靖二十九年九月戊申条第一〇页载:"授……知县王光祖、李应时、朱瑞登……为试监察御史……瑞登,山东道。"民国《杭州府志》卷一三四《人物四》第二七二页下载:"朱瑞登字禾仲,海宁人,嘉靖二十年进士。知江南桐城县……内艰服阕,补合肥县。擢御史。"查《登科录》第三九页下、嘉靖《浙江通志》卷五二《选举志》第四三〇页、《贡举考》卷七第四五二页下、《碑录索引》第二五二六页,皆作"朱瑞登"。馆本"宋"应作"朱"。

卷三七三考证

页三下行二　　膝阑花样衣

〔原考〕旧校改"様"作"样"。

〔新考〕"様",国图本、《五边典则》卷九第九七页下均作"样",是。

卷三七四考证

页二上行一二　　朱伯良

〔原考〕广本、阁本、历本"良"作"辰"。

〔新考〕国图本作"朱伯辰"。同书卷三六五嘉靖二十九年九月戊申条第一〇页载:"授……知县朱绘……朱伯辰为给事中……伯辰、公遴兵科。"《掖垣人鉴》卷一四第三〇二页上亦作"朱伯辰",其注文曰:"字文拱,号太蒲,江西南昌县人,嘉靖二十六年进士。二十九年九月,由直隶昆山知县选兵科给事中。"查《登科录》第四九页上、《贡举考》卷七第四六五页下、《碑录索引》第二五三二页,皆作"朱伯辰"。馆本"良"为"辰"之误。

页三上行六　　左侍郎

〔新考〕国图本作"左侍郎"。然同书卷三六八嘉靖二十九年十二月丁丑条第七页上载"升巡抚山西右副都御史应槚为兵部右侍郎兼都察院右佥都御史,总督漕运兼近(巡)抚凤阳",卷三九〇嘉靖三十一年十月庚午条第四页下载"提督两广兵部右侍郎应槚"。《国朝列卿纪》卷一〇七《总督两广尚书侍郎都御史年表》第六九五页下载应槚"嘉靖丙戌进士。三十一年,以兵部右侍郎兼佥都任"。《国朝献征录》卷五八应槚墓志铭第一七九页上也载应槚"升兵部右侍郎,总漕于淮兼抚庐、凤诸郡……未旬月,仍奉命以少司马兼台秩提督两广军务,巡抚地方"。馆本"左"宜作"右"。

页六上行四　　祐耆

〔新考〕国图本作"祐耆"。然同书卷一二六嘉靖十年六月辛酉条第二页上载"寿王祐榰"。《明孝宗实录》卷五四弘治四年八月己未条第五页下载:"册封皇第九弟祐榰为寿王。"《吾学编》卷一六《寿王》第二六九页下、《弇山堂别集》卷七〇《谥法一》第一三一七页、《明谥纪汇编》卷一〇第五〇二页上皆载寿王名"祐榰"。据《钦定续文献通考》卷二〇五《帝系考》第八一七页上载"孝宗外,悼恭太子及皇十子俱殇……岐王祐棆、雍王祐橒、寿王祐榰、汝王祐梈、申王祐楷俱无嗣",知祐榰兄弟名之末字皆从木。馆本"耆"当作"榰"。

262

卷三七五考证

本卷未在原考的基础上有新的发现和明显推动。对原考保持肯定。

卷三七六考证

页五上行七　　徐文粲

〔原考〕广本、阁本、历本"粲"作"灿"。

〔新考〕国图本作"徐文灿"。同书卷一二一嘉靖十年正月乙卯条第一七页上载："升……尚宝司司丞徐文灿为尚宝司少卿。"《国朝列卿纪》卷一六五《尚宝司少卿年表》第四二二页上、《吏部职掌》之《大臣恩荫》第六〇页下亦均作"徐文灿"。且据《吏部职掌》知徐文灿兄"徐文焕"，故徐文灿兄弟名之末字皆从火。馆本"粲"当作"灿"。

页五上行九　　陈奎

〔新考〕国图本作"陈圭"。同书卷三六八嘉靖二十九年十二月丙戌条第一〇页上、卷三七九嘉靖三十年十一月己亥条第四页上均载平江伯或伯名"陈圭"。《明功臣袭封底簿》卷三《平江伯》第四九〇页、《杨忠愍公集》卷一《请诛贼臣疏》第六二四页上、《小山类稿》卷三《报封川捷音疏》第三〇四页下、《皇明功臣封爵考》卷五《平江伯》第五三三页下皆载平江伯名"陈圭"。馆本"奎"当作"圭"。

卷三七七考证

页一上行一二　　京山王

〔新考〕国图本作"京山王"。同书卷一三二嘉靖十年十一月乙亥条第九页下载："册封……荆府樊山庄和王祐构庶长子厚煖（熑）为樊山王。"《弇山堂别集》卷七二《谥法三》第一三六一页、《国朝献征录》卷二《樊山温懿王》第七五页上、《国朝典汇》卷一二四《谥法》第三〇页上、《明谥纪汇编》卷一一第五二六页下、《国榷》卷五五第三四五六页皆载厚炪为"樊山王"。馆本"京"当作"樊"。

页四上行七　　吴川楫

〔原考〕广本、阁本、历本"吴"作"胡"。

〔新考〕国图本作"胡川楫"。嘉靖《青州府志》卷三《莒州知州》第五三页下亦作"胡川楫",其注文曰:"歙县人,进士。户部员外。"《贡举考》卷七嘉靖十七年茅瓒榜第四四七页下载有"胡川楫",其籍贯即"南直隶歙县"。查《登科录》第四五五四页、嘉靖《徽州府志》卷一三《科第》第二九六页上、《碑录索引》第二五二四页,皆作"胡川楫"。此外,《国朝典汇》卷一六五《寇盗》第四五八页下、《国榷》卷六〇第三七八四页载《实录》文,均作"胡川楫"。馆本"吴"为"胡"之误。

页四下行八　　府尹

〔原考〕各本"尹"作"丞"。

〔新考〕国图本作"府丞"。同书卷三五〇嘉靖二十八年七月癸酉条第三页上载:"升光禄寺少卿窦一桂为顺天府府丞。"《国朝列卿纪》卷一五〇《太仆寺卿行实》第三〇九页下载窦一桂"(嘉靖)一十八年,升顺天府丞。二十九年,升太仆寺卿"。此外,顺天府尹为正三品,太仆寺卿为从三品,此处言"升",显然不合情理。馆本"尹"当作"丞"。

卷三七八考证

本卷未在原考的基础上有新的发现和明显推动。对原考保持肯定。

卷三七九考证

页二上行一 　　右侍郎

〔原考〕广本、阁本、历本"右"作"左"。

〔新考〕国图本作"左侍郎"。同书卷二九二嘉靖二十三年十一月甲辰条第二页下载"升礼部右侍郎许成名为本部左侍郎",卷三二六嘉靖二十六年八月壬寅条第二页下载"勒礼部左侍郎许成名、右侍郎崔桐……致仕"。《国朝列卿纪》卷四四《礼部左右侍郎年表》第六九一页下载许成名"嘉靖二十二年右。二十三年左。二十六年闲住"。《国榷》卷六〇第三七八五页载"前礼部左侍郎许成名卒",皆证馆本"右"当作"左"。

页三下行二 　　董懋忠

〔原考〕广本、阁本、历本"忠"作"中"。

〔新考〕国图本作"董懋中"。同书卷三六四嘉靖二十九年八月丙戌条第一四页下载"郎中董懋中"。《国朝列卿纪》卷一四七《光禄寺少卿年表》第二九四页下亦作"董懋中",其注文曰:"直隶高阳人,嘉靖戊戌进士。三十一年任。"查《登科录》第四五五八页、《贡举考》卷七第四四八页上、《碑录索引》第二五二四页,皆作"董懋中"。且据《登科录》知董懋中"兄用中、执中……弟……就中、适中",故董懋中兄弟名之末字皆为"中"。馆本"忠"当作"中"。

页三下行三 　　马从善

〔原考〕各本"马"作"乌"。

〔新考〕国图本作"乌从善"。同书卷三七七嘉靖三十年九月己丑条第一页下载:"升……礼科右给事中乌从善……户科右给事中石鲸俱左给事中……从善吏科。"《掖垣人鉴》卷一四第二九八页下亦作"乌从善",其注文曰:"字汝登,号龙冈,山东博平县人,嘉靖二十三年进士。二十七年三月,由太常寺博士选刑科给事中……三十年升吏科左。寻升刑科都。"查《登科录》第五三五九页、《贡举考》卷七第四五九页下、《碑录索引》第二五二九页,皆作"乌从善"。馆本"马"当作"乌"。

卷三八〇考证

页一上行一二　　吴鼎

〔原考〕历本"鼎"作"鼎"。

〔新考〕国图本作"吴鼎"。同书卷三五五嘉靖二十八年十二月戊戌条第一页上载:"升分守宁夏左参将、都指挥佥事吴鼎为署都督佥事,充总兵官,镇守延绥。"康熙《延绥镇志》卷三之二《镇守延绥都督府》第三四三页上亦作"吴鼎"。此外,《五边典则》卷一八第四五〇页下载《实录》文,也作"吴鼎",当是。

页三下行一二　　旭潭

〔新考〕国图本作"旭潭"。《明孝宗实录》卷二一九弘治十七年十二月乙亥条第五页下载:"册封……庶第七子旭橝为永福王。"《弇山堂别集》卷七五《谥法六》第一四四〇页、《国朝典汇》卷一二四《谥法》第二七页下、《明谥纪汇编》卷一一第五一五页下皆载永福王名"旭橝"。馆本"潭"当作"橝"。

卷三八一考证

页五下行五　　吴百朋

〔原考〕广本、阁本"百"作"伯"。

〔新考〕国图本作"吴伯朋"。《本朝分省人物考》卷五三《吴百朋》第四六七页上载:"吴百朋字惟锡,号尧山,青田人。徙居义乌。嘉靖丁未进士。授永丰令。为政务先教化……征拜御史。"然《登科录》第五〇页下、嘉靖《浙江通志》卷五二《选举志》第四二五页、《贡举考》卷七第四六五页下、《碑录索引》第二五三二页,皆作"吴伯朋"。且据《登科录》知吴伯朋兄弟以"伯"字排行。馆本"百"为"伯"之误。

页五下行六　　江克用

〔原考〕广本"江"作"汪"。

〔新考〕国图本作"汪克用"。同书卷三九八嘉靖三十二年五月庚午条第五页上载"南京广西道御史汪克用"。《南京都察院志》卷七《广西道》第一八一页下亦作"汪克用",其注文曰:"江西永丰人。由进士。"此外,《贡举考》卷七嘉靖二十三年秦鸣雷榜第四五九页上载有"汪克用",其籍贯即"江西广信府永丰县"。查《登科录》第五三四〇页、《碑录索引》第二五二九页,亦均作"汪克用"。馆本"江"宜作"汪"。"江""汪",形近误。

卷三八二考证

页五上行四　　奇法

〔原考〕阁本"法"作"沄"。

〔新考〕国图本作"奇沄"。同书卷五〇二嘉靖四十年十月丁丑条第五页下、《明武宗实录》卷三六正德三年三月庚子条第二页上、《弇山堂别集》卷七四《谥法五》第一四〇四页、《国朝典汇》卷一二四《谥法》第三一页下、《明谥纪汇编》卷一二第五三三页下皆载宁河王名"奇沄"。馆本"法"当作"沄"。

卷三八三考证

页二上行八　　金濠

〔原考〕广本、阁本"濠"作"豪"。

〔新考〕国图本作"金豪"。同书卷三四二嘉靖二十七年十一月己亥条第五页下至第六页上载："选授……行人申仲……金豪……为试御史……豪,南京广东道。"《南京都察院志》卷七《广东道》第一七八页上亦作"金豪",其注文曰:"字文兴,浙江兰溪人。由进士。"此外,《贡举考》卷七嘉靖二十三年秦鸣雷榜第四六一页上载有"金豪",其籍贯即"浙江兰溪县"。复稽《登科录》第五四三〇页、嘉靖《浙江通志》卷五二《选举志》第四二五页、《碑录索引》第二五三〇页,皆作"金豪"。馆本"濠"当作"豪"。

页三上行二　　右布政使

〔原考〕抱本"右"作"左"。

〔新考〕国图本作"左布政使"。雍正《山东通志》卷二五之一《职官志》第五三五页上载谢存儒为山东左布政使。馆本"右"当作"左"。

卷三八四考证

页一下行五　　廉宁伯

〔原考〕"廉"应作"广"。

〔新考〕国图本作"广宁伯"。同书卷二三嘉靖二年二月己丑条第一二页上载："命故广宁伯刘佶嫡长刘泰袭祖爵。"《明功臣袭封底账簿》卷三《广宁伯》第五三六页、《皇明功臣封爵考》卷五《广宁伯》第五二八页、《弇山堂别集》卷四四《赠公孤宫臣表》第八二四页也皆载刘泰为"广宁伯"。馆本"廉"当作"广"。

卷三八五考证

页五下行一〇　　周孟昌

〔原考〕广本、阁本"孟"作"益",次行同。

〔新考〕国图本作"周益昌"。同书卷四〇二嘉靖三十二年十月壬辰条第三页上载"古北口参将周益昌"。《四镇三关志》卷七《制疏考》第二八四页下载墙子岭参将名"周益昌"。馆本"孟"当作"益"。

卷三八六考证

页三下行七　　白璧

〔原考〕广本"璧"作"壁",本面第十一行同。抱本"白"作"向"。

〔新考〕国图本作"白璧"。同书卷四八三嘉靖三十九年四月辛亥条第四页上载:"前吏部司属李一科、白璧皆赃墨著闻,为御史林腾蛟、给事中袁洪愈所发。"《世庙识余录》卷一六第六〇二页上、《国朝典汇》卷四二《论劾》第二二七页上、《国榷》卷六〇第三七九五页载《实录》事,皆作"白璧"。馆本"壁"当为"璧"之误。

卷三八七考证

页二下行一二　　显揽

〔原考〕旧校改"揽"为"榄"。

〔新考〕国图本作"显榄"。《礼部志稿》卷七四《降封例》第二八一页下载"崇阳王府革职奉国将军荣渭嫡第四子显榄"。旧校当是。

页三上行四　　吴百朋

〔新考〕国图本作"吴百朋",误。当作"吴伯朋"。详参卷三八一页五下行五"吴百朋"条之辨析。

页三上行四　　张守义

〔原考〕阁本"义"作"蒙",抱本作"荒"。

〔新考〕国图本作"张守蒙"。同书卷三八一嘉靖三十一年正月甲辰条第五页下载:"选授……知县宋仪望……张守蒙……为试御史……守蒙,四川道。"《本朝分省人物考》卷九五《张守蒙》第六〇一页下至第六〇二页上载:"张守蒙字启哲,其先陕西华阴人……守蒙举嘉靖甲辰进士。历知宝应、鄢陵二县,咸有能名,擢四川道御史。"查《登科录》第五三九九页、《贡举考》卷七第四六〇页下、《碑录索引》第二五三〇页,皆作"张守蒙"。馆本"义"应作"蒙"。

卷三八八考证

页二下行一〇　　鼎橝

〔原考〕旧校改"鼎"作"鬴"。阁本"橝"作"橑"。

〔新考〕国图本作"鬴橝"。同书卷四〇九嘉靖三十三年四月甲戌条第一页下、嘉靖《宁夏新志》卷一《封建》第五八页下、《弇山堂别集》卷七四《谥法五》第一四三〇页、《国朝典汇》卷一二四《谥法》第三二页下、《明谥纪汇编》卷一二第五三七页下、《国榷》卷六〇第三七九七页皆载真宁王名"鬴橝"。馆本"鼎橝"宜作"鬴橝"。

卷三八九考证

页二上行一　　堡城王

〔原考〕旧校改"堡"作"褒"。

〔新考〕国图本作"褒城王"。《弇山堂别集》卷七四《谥法五》第一四〇四页、《国朝典汇》卷一二四《谥法》第三一页下、《明谥纪汇编》卷一二第五三三页下皆载融烝为"褒城王"。旧校是。

卷三九〇考证

页一下行一一　　萧世言

〔原考〕广本、阁本"言"作"延"。

〔新考〕国图本作"萧世延"。同书卷三〇六嘉靖二十四年十二月甲寅条第四页上载:"选授……行人陈炌、萧世延……俱试监察御史……世延,江西道。"雍正《四川通志》卷三四《进士》之"戊戌科"一目第七五页下载有"萧世延",其注文曰:"内江县人。历参议。"查《登科录》第四五七一页、《贡举考》卷七第四四八页上、《碑录索引》第二五二四页,皆作"萧世延"。馆本"言"宜作"延"。

页七下行一　　谭太初

〔原考〕广本、阁本"太"作"大"。

〔新考〕国图本作"谭大初"。据前条之辨析,知谭大初当为江西副使。《掖垣人鉴》卷一四第二九八页亦作"谭大初",其注文曰:"字宗元,号次川,广东始兴县人,嘉靖十七年进士。二十七年三月,由户部主事改……三十年,升江西副使。"查《登科录》第四五八八页、《贡举考》卷七第四四八页下、《碑录索引》第二五二四页,皆作"谭大初"。且据《登科录》知谭大初"兄大中",故谭大初兄弟乃以"大"字排行。馆本"太"应作"大"。

卷三九一考证

页四上行三　　戈阳

〔原考〕旧校改"戈"作"弋",次行同。

〔新考〕国图本、《王国典礼》卷七《管理》第四八一页下、《礼部志稿》卷七八《革爵府事管理》第三八〇页上、《国朝典汇》卷一三《宗藩》第五〇一页下皆作"弋阳",是。

页四下行一〇　　州贵

〔新考〕"州",国图本、《国榷》卷六〇第三八〇四页均作"川",是。

卷三九二考证

页三下行五　　导张张鲁白现诸河

〔原考〕旧校删一"张"字。广本"现"作"规",抱本作"蚬"。

〔新考〕国图本、《世庙识余录》卷一七第六〇六页上、《行水金鉴》一一六《运河水》第六九六页上均作"导张鲁、白现诸河"。然隆庆《海州志》卷二《诸水》第七页下、万历《淮安府志》卷三《建置志》第二八三页均载"白蚬河",且遍检诸书,未见白现河与白规河,是疑馆本"现"应作"蚬"。

卷三九三考证

页二下行九　　李桥

〔原考〕广本、阁本"桥"作"侨"。

〔新考〕国图本作"李侨"。道光《济南府志》卷五二《人物八》第六〇一页上载:"李侨字子高,长清人……嘉靖甲辰以连捷登第。初授平湖令,有循异声。继升户部主事。寻改兵部职方(主事)。"《登科录》第五四三〇页、《贡举考》卷七第四六〇页下、《碑录索引》第二五三〇页皆作"李侨"。且据《登科录》知李侨"兄儒",故李侨兄弟之名均从人。馆本"桥"宜作"侨"。

页三上行一二　　右侍郎

〔原考〕广本、阁本"右"作"左"。

〔新考〕国图本作"左侍郎"。同书卷三九九嘉靖三十二年六月乙酉条第四页下载:"改赈济淮、徐刑部左侍郎吴鹏为兵部左侍郎兼都察院右副都御史,总督漕运兼巡抚凤阳。"《国朝列卿纪》卷五九《刑部左右侍郎年表》第二〇〇页上载吴鹏"(嘉靖)三十一年任左"。《行水金鉴》卷二五《河水》第三九七页下载《实录》文,吴鹏亦为"刑部左侍郎"。馆本"右"当作"左"。

卷三九四考证

页二下行九　　黄笞吉

〔原考〕旧校改"笞"作"台"。

〔新考〕国图本作"黄台吉"。同书卷三八五嘉靖三十一年五月壬午条第一页上、卷四二三嘉靖三十四年六月乙酉条第五页下、卷四七四嘉靖三十八年七月戊子条第五页上皆载虏酋名"黄台吉"。《五边典则》卷九第一〇六页下载《实录》文,亦作"黄台吉"。旧校是。

卷三九五考证

页六下行五　　黄李瑞

〔原考〕三本"李"作"季",本页后九行同。

〔新考〕国图本作"黄季瑞"。同书卷三六八嘉靖二十九年十二月癸未条第九页载"选授……知县周如斗……黄季瑞、黄国用为试监察御史……季瑞 山西道",卷四七七嘉靖三十八年十月辛丑条第二页下载"升山西道御史黄季瑞为大理寺右寺丞"。《国朝列卿纪》卷九四《大理寺左右少卿行实》第五六八页上载:"黄季瑞字宗和,福建福州府闽县人,嘉靖丁未进士。任御史。三十九年,升大理寺右寺丞。"查《登科录》第四八页上、《贡举考》卷七第四六五页下、《碑录索引》第二五三二页,皆作"黄季瑞"。馆本"李"当作"季"。"李""季",形近误。

页七下行二　　张西教

〔原考〕三本"西"作"四"。

〔新考〕国图本、嘉靖《宣府镇志》卷二八《游击将军》第三二一页上、

《五边典则》卷九第一〇八页上均作"张四教",当是。

页七下行二　　刘堡

〔原考〕旧校改"堡"作"玺"。

〔新考〕国图本作"刘玺"。同书卷三七〇嘉靖三十年二月丁亥条第六页上载"巡抚宣府右佥都御史刘玺"。《国朝列卿纪》卷一二四《巡抚宣府左右副佥都御史年表》第九九页上亦作"刘玺",其注文曰:"直隶唐县人,山东濬州卫籍,嘉靖壬辰进士。二十九年,以右佥都御史任。"查《登科录》第一七页下、嘉靖《宣府镇志》卷二七《巡抚宪臣》第三一一页下、《贡举考》卷六第四三三页上、《碑录索引》第二五一七页,皆作"刘玺"。此外,《五边典则》卷九第一〇八页上载《实录》文,也作"刘玺"。旧校是。

卷三九六考证

页五上行九　　融埈

〔原考〕旧校改"埈"作"焌"。

〔新考〕国图本、同页上文均作"融焌"。《明武宗实录》卷一二九正德十年九月甲午条第三页下、《弇山堂别集》卷七三《谥法四》第一三九二页、《国朝典汇》卷一二四《谥法》第二八页上、《明谥纪汇编》卷一一第五一七页下皆载长洲王名"融焌"。据《钦定续文献通考》卷二〇五《帝系考》第八一〇页下载"七世旭櫏子融燧、融焌、融炡、融焞",知融焌兄弟名之末字皆从火。旧校是。

卷三九七考证

页七上行一一　　宜春官兴工

〔原考〕旧校改"官"作"宫"。

〔新考〕国图本作"宜春宫兴工",《国榷》卷六〇第三八一五页作"作宜春宫",旧校是。

页七下行一　　松杨

〔原考〕旧校改"杨"作"阳"。

〔新考〕国图本、《皇明驭倭录》卷五第六三页下、《五边典则》卷二四第六七〇页上、《国榷》卷六〇第三八一五页皆作"松阳",是。

卷三九八考证

页三下行一　　俱为设

〔原考〕旧校"为"下增"虚"字。

〔新考〕国图本、《鼉言》卷八《罢摆边》第九二页下均作"俱为虚设",是。

页五上行九　　克海防副总兵

〔原考〕旧校改"克"作"充"。

〔新考〕国图本、《皇明驭倭录》卷五第六四页上均作"充海防副总兵",是。

卷三九九考证

页四下行七　　右副都御史

〔原考〕史馆供事删"副"字。

〔新考〕国图本作"右都御史"。《国朝列卿纪》卷五二《兵部左右侍郎年表》第八〇页下载苏祐嘉靖"二十八年右。二十九年左。寻总督宣大军务。历加右都御史、兵部尚书"。《国朝献征录》卷五七苏祐行状第一一九页下载其"癸丑（嘉靖三十二年）,三品载考,进右都御史"。《国权》卷六〇第三八一七页也载"总督宣大右侍郎苏祐满六年考,进右都御史"。馆本"副"字当衍。

卷四〇〇考证

页二上行五　　晋府奉国将军表衬

〔原考〕广本、阁本"府"下有"方山王府"四字,抱本"衬"作"槰",是也。

〔新考〕国图本作"晋府奉国将军表衬"。然《礼部志稿》卷七九《越关奏扰》第四〇四页上、《国榷》卷六〇第三八一八页均载"晋府奉国将军表槰"。据《钦定续文献通考》卷二〇五《帝系考》第八〇〇页下载"六世奇源子表荣、表槏……奇溄子表槰……奇湑子表桮",知表槰兄弟名之末字皆从木。馆本"衬"应作"槰"。

卷四〇一考证

页三下行六　　董伦

〔原考〕广本、阁本"伦"作"纶"。

〔新考〕国图本作"董纶"。同书卷四〇七嘉靖三十三年二月己亥条第二页下载"归德府检校董纶",卷四一二嘉靖三十三年七月戊申条第一页下载"荫故河南归德府阵亡检校董纶子良臣为国子生"。《明一统志》卷二七《名宦》第六七九页上、《两朝宪章录》卷一四第七一三页下、《国朝典汇》卷一二六《录死事》第六三页上、雍正《山西通志》卷一〇七《人物》第六七三页上、雍正《河南通志》卷五五《名宦》中第二五七页下皆载归德府检校名"董纶"。馆本"伦"当作"纶"。

页三下行一一　　马荐

〔原考〕三本"马"作"冯"。

〔新考〕国图本作"冯荐"。同书卷三〇六嘉靖二十四年十二月甲寅条第四页上载："选授……知县刘阳……冯荐……俱试监察御史……荐，贵州道。"雍正《四川通志》卷八《人物》第三六七页下亦作"冯荐"，其注文曰："南充人。登进士。由谷城令擢御史……历按山东、湖广。"查《登科录》第四六页下、《贡举考》卷七第四五三页上、《碑录索引》第二五二六页，皆作"冯荐"。馆本"马"应作"冯"。

页六下行九　　罗廷绣

〔原考〕广本、阁本"绣"作"綉"。

〔新考〕国图本作"罗廷绣"。同书卷四一六嘉靖三十三年十一月甲子条第六页载："升太仆寺卿罗廷绣为都察院右佥都御史，巡抚四川。"《国朝列卿纪》卷一一三《巡抚四川侍郎都御史年表》第七四七页下亦作"罗廷绣"，其注文曰："陕西淳化人，嘉靖戊戌进士。三十四年，以都察院右佥都御史任。"查《登科录》第四五七二页、《贡举考》卷七第四四八页上、《碑录索引》第二五二四页，皆作"罗廷绣"。馆本"綉"当作"绣"。

卷四〇二考证

页五上行三　　张守宋

〔原考〕广本、阁本"宋"作"宗"。

〔新考〕国图本作"张守宗"。嘉靖《贵州通志》卷六《科目》第八六一页亦作"张守宗"，其注文曰："中庚戌科进士，任户部主事。"《登科录》第一三页上、《贡举考》卷七第四六九页上、《碑录索引》第二五三四页皆作"张守宗"。馆本"宋"宜作"宗"。"宋""宗"，形近误。

页五下行一二　　朱国华

〔原考〕阁本"华"作"萧"。

〔新考〕国图本作"朱国华"。然同书卷四三三嘉靖三十五年三月丙戌条第八页下载:"升……兵部署郎中宋国华俱为按察司副使……国华四川……提调学校。"万历《四川总志》卷三《副使》第二三八页上亦作"宋国华",其注文曰:"奉新人,进士。嘉靖三十六年任。"查《登科录》第五三二八页、《贡举考》卷七第四五九页上、《碑录索引》第二五二九页,皆作"宋国华"。馆本"朱"应作"宋"。"朱""宋",形近误。

卷四〇三考证

页三上行七　　王铁

〔新考〕三本"铁"作"铁"。

〔新考〕国图本作"王铁"。然同书卷四二二嘉靖三十四年五月丁巳条第一二页上载"倭寇常熟县,知县王铁率兵乘城御之"。《本朝分省人物考》卷二《王铁》第六五页上载:"王铁字德威……嘉靖庚子举于乡,庚戌登进士第……壬子,拜常熟令。"查《登科录》第八三页上、嘉靖《浙江通志》卷五二《选举志》第四二二页、《贡举考》卷七第四七二页下、《国朝献徵录》卷八三王铁墓表第四五九页下、《碑录索引》第二五三六页,皆作"王铁"。馆本"铁"应作"铁"。

卷四〇四考证

页一上行九　　曾子拱

〔原考〕广本、抱本"子"作"于"。

〔新考〕国图本作"曾于拱"。同书卷三八三嘉靖三十一年三月己丑条第二页上载:"升……兵部郎中谢东山、工部郎中曾于拱俱为按察司副史(使)……于拱,四川。"万历《四川总志》卷三《副使》第二三七页下亦作"曾于拱",其注文曰:"泰和人,进士。嘉靖三十二年任。"此外,《本朝分省人物考》卷六七《曾于拱》第八三页上载:"曾于拱字思极,号鲁源,泰和人,嘉靖辛丑进士。授工部主事。历员外、郎中。晋副使。"查《登科录》第二一页下、《贡举考》卷七第四五二页上、《国朝献征录》卷五九曾于拱墓志铭第二○五页下、《碑录索引》第二五二五页,皆作"曾于拱"。且据《登科录》知曾于拱兄弟以"于"字排行。馆本"子"应作"于"。"子""于",形近误。

卷四〇五考证

页六上行一〇　　谭起

〔原考〕广本、阁本"起"作"棨"。

〔新考〕国图本作"谭启"。然《万姓统谱》卷六六第九九四页下作"谭棨",其注文曰:"字朝器,涪州人,嘉靖戊戌进士。历副使。"《登科录》第四五一五页、万历《淮安府志》卷二《漕储道》第一○八页、万历《四川总志》卷九《科第》第三八二页上、《贡举考》卷七第四四七页上、《碑录索引》第二五二三页皆作"谭棨"。且据《登科录》知谭棨"兄海、栋,弟荣、棠、讲、枭",故谭棨兄弟名多从木。馆本"起"宜作"棨"。

页六上行一〇　　李天龙

〔新考〕国图本作"李天宠"。同书卷四三〇嘉靖三十三年六月壬辰条第六页上载:"上谕吏部曰:朕闻大同边务坏甚……可升王忬右副都御史,巡抚山西兼赞理军务。时忬方巡抚浙、福,吏部因请升徐州兵备(副)使李天宠为都察院右佥都御史,代忬。报可。"万历《淮安府志》卷二《漕储道》第一○八页作"李天宠",其注文曰:"河南孟津人,戊戌进士。"查《登科录》第四五二七页、嘉靖《河南通志》卷一七《科目》第二六六页下、《贡举考》卷七第四四七页上、《碑录索引》第二五二三页皆作"李天宠"。且据《登科录》知李天宠"弟天定",故李天宠兄弟名之末字皆从宀。馆本"龙"当作"宠"。

卷四〇六考证

页七上行六　　陈惟誉

〔原考〕广本"誉"作"学";抱本、阁本作"举"。

〔新考〕国图本作"陈惟举"。同书卷四二〇嘉靖三十四年三月癸亥条第五页上载"清理四川盐法户部主事陈惟举"。民国《长乐县志》卷一四上《二十六年李春芳榜》第二一四页上亦作"陈惟举",其注文曰:"字直夫,东隅人,钱塘知县、户部主事、员外郎、郎中、江西副使、广东参政。倭乱时,督饷浙直,监军江西,平饶寇皆有功。"查《登科录》第五四页上、《贡举考》卷七第四六五页下、《碑录索引》第二五三二页,皆作"陈惟举"。馆本"誉"当作"举"。此外,《万历会计录》卷三九《沿革事例》第一二一页下载《实录》事,也作"陈惟举",可为辅证。

卷四〇七考证

页二下行五　　副使邦辅

〔原考〕旧校"邦"上增"曹"字。

〔新考〕国图本作"副使曹邦辅"。同书卷三四一嘉靖二十七年十月乙丑条第四页下载:"升……云南道监察御史曹邦辅为湖广按察司副使。"《本朝分省人物考》卷九五《曹邦辅》第五九八页上载:"曹邦辅字子忠,定陶人。第嘉靖壬辰进士。历知元城、南和二县……擢云南道监察御史……出为河南副使。"查《登科录》第八〇页下、嘉靖《山东通志》卷一七《科目》第一四一页上、嘉靖《河南通志》卷一二《副使》第一七三页下、《贡举考》卷六第四三六页下、《碑录索引》第二五一九页,皆作"曹邦辅"。旧校是。

卷四〇八考证

页七下行二　　赵天通

〔原考〕旧校改"天"作"文"。

〔新考〕国图本、《国朝典汇》卷一七八《两广猺黎》第七一三页下均作"赵文通",可为旧校提供左证。

卷四〇九考证

本卷未在原考的基础上有新的发现和明显推动。对原考保持肯定。

卷四一〇考证

页五上行四　　右副都御史

〔新考〕国图本作"都御史"。同书卷四〇〇嘉靖三十二年七月乙巳条第一页上载:"升都察院右佥都御史倪嵩为本院左副都御史,协理院事。"《国朝列卿纪》卷七六《都察院左右副都御史年表》第四四二页上亦载倪嵩嘉靖"三十二年任左"。《国榷》卷六一第三八三三页载"左副都御史倪嵩为户部右侍郎"。疑馆本"右"为"左"之误。

卷四一一考证

页六下行一二　　右侍郎

〔原考〕广本、阁本"右"作"左"。

〔新考〕国图本作"左侍郎"。同书卷三八七嘉靖三十一年七月壬辰条第三页上载:"升户部右侍郎马坤为本部左侍郎。"《国朝列卿纪》卷三六《户部左侍郎年表》第五七九页上亦载马坤"(嘉靖)三十年右。三十一年左"。馆本"右"应作"左"。

卷四一二考证

页四上行一〇　　右侍郎

〔新考〕国图本作"右侍郎"。同书卷四〇二嘉靖三十二年九月辛未条第六页下载："升礼部右侍郎吴山为本部左侍郎。"《国朝列卿纪》卷四四《礼部左右侍郎年表》第六九一页下亦载吴山"嘉靖三十二年右。本年左"。《礼部志稿》卷四二《左右侍郎》第七六六页下也载吴山"嘉靖三十二年,擢太常寺卿管国子监祭酒事,升右侍郎。本年转左兼翰林院侍读学士"。馆本"右"应作"左"。

卷四一三考证

页二下行一一　　襄巴王

〔新考〕国图本作"襄邑王"。同书卷三六嘉靖三年二月壬子条第五页下载："诏以赵府襄邑昭和王庶子厚燔嗣封襄邑王。"《弇山堂别集》卷七五《谥法六》第一四四二页、《国朝典汇》卷一二四《谥法》第二八页上、《明谥纪汇编》卷一一第五一七页下皆载厚燔为"襄邑王"。馆本"巴"为"邑"之误。

页六上行九　　何炌

〔原考〕广本"炌"作"价"。

〔新考〕国图本作"何炌"。然雍正《广东通志》卷二八《职官志》之"以上知东莞县"一目第一六〇页上作"何价",其注文曰:"湖广衡阳人,举人。二十九年任。"雍正《湖广通志》卷三五《嘉靖十九年庚子乡试榜》第三四五页下亦作"何价",其注文曰:"衡州人。"民国《东莞县志》卷五〇《宦绩署二》第一八六四页载"何价字君藩,衡阳人。嘉靖二十九年以举人知邑事……海寇何亚八掠境,设法讨平之"。馆本"炉"宜作"价"。

卷四一四考证

页二上行五　　侍读学士

〔原考〕三本"读"作"讲"。

〔新考〕国图本作"侍读学士"。然同书卷八一嘉靖六年十月丙寅条第一三页上载"遂改大理寺左少卿黄绾为詹事府少詹事兼翰林院侍讲学士"。《国朝献征录》卷三四黄绾行状第六三五页下亦载其"升大理寺少卿……先帝以翰林缺官,命选中外臣僚才德学识堪备储辅者入翰林,时公膺首选,改少詹事兼侍讲学士"。《礼部志稿》卷五四《尚书黄绾》第九八一页下载《实录》文,亦作"侍讲学士"。馆本"读"当作"讲"。

卷四一五考证

本卷未在原考的基础上有新的发现和明显推动。对原考保持肯定。

卷四一六考证

本卷未在原考的基础上有新的发现和明显推动。对原考保持肯定。

卷四一七考证

页四上行二　　万文朝

〔新考〕国图本作"万文朝"。然万历《四川总志》卷三参议第二三四页下作"万文彩",其注文曰:"临安卫籍,南昌人,进士。嘉靖三十二年任右。"雍正《江西通志》卷五四《嘉靖十七年戊戌茅瓒榜》第七七三页下亦作"万文彩",其注文曰:"南昌人,云南籍。"查《登科录》第四五八九页、

《贡举考》卷七第四四八页下、《碑录索引》第二五二四页,皆作"万文彩"。且遍稽湖广与四川地方志,未见名为"万文朝"的参议。馆本"朝"当作"彩"。

卷四一八考证

页三下行八　　茂櫺

〔原考〕旧校改作"茂櫺"。

〔新考〕国图本作"茂櫺"。同书卷四一六嘉靖三十三年十一月辛酉条第六页上载"荫故大学士许讚孙茂桢为中书舍人"。许讚、许论为兄弟。许茂桢与许茂櫺为堂兄弟,其名之末字皆从木。民国《灵宝县志》卷七《封荫》第四一六页亦作"许茂櫺",其注文曰:"字稚荣,以祖尚书荫授宏农卫左所世袭正千户。"旧校是。

卷四一九考证

页九上行四　　礼部

〔原考〕三本"礼"作"吏"。

〔新考〕国图本作"吏部"。同书卷三七九嘉靖三十年十一月癸卯条第四页上载:"改礼部左侍郎程文德为吏部左侍郎。"《国朝列卿纪》卷二九《吏部左右侍郎年表》第四六七页下载程文德"(嘉靖)三十一年左。三十二年改兼学士,掌詹事府"。《国朝献征录》卷一八程文德墓志铭第七三九页下亦载程文德"壬子(嘉靖三十一年),转吏部左侍郎。癸丑(三十二年)会试,知贡举。毕事,兼翰林院学士掌詹事府事"。馆本"礼"应作"吏"。

卷四二〇考证

页二上行六　　陈圭孙玉谟

〔原考〕抱本、阁本"玉"作"王"。

〔新考〕国图本作"陈圭孙王谟"。同书卷四三二嘉靖三十五年二月丙申条第二页上、《杨襄毅公本兵疏议》卷五《覆广东巡按御史潘季驯请命督臣亟剿贼寇疏》第二三六页上、《续文献通考》卷一六一《兵考》第二一八页下、《皇明功臣封爵考》卷五《平江伯》第五三三页下皆载平江伯名"陈王谟"。馆本"玉"应作"王"。

卷四二一考证

页四上行一二　　彭守中

〔新考〕国图本作"彭守中"。然同书卷四三九嘉靖三十五年九月甲戌条第五页上、《筹海图编》卷六《直隶倭变纪》第一七二页上、《杨襄毅公本兵疏议》卷一《覆工部侍郎赵文华论湖兵有功行赏疏》第一三六页下、《江南经略》卷三上《常熟县倭患事迹》第一五七页上、《皇明驭倭录》卷七第一二五页下、《嘉靖倭乱备抄》第五二页上皆作"彭守忠",当是。

页五上行八　　岳预达

〔原考〕三本"岳"作"丘"。

〔新考〕国图本作"丘预达"。同书卷四〇二嘉靖三十二年九月戊申条第一页下至第二页上载："升……刑科给事中丘预达俱右给事中,敏、公邈、元白、预达俱本科。"《掖垣人鉴》卷一四第三〇二页下亦作"丘预达",其注文曰："字若夫,号荆野,福建莆田县人,嘉靖二十六年进士。二十九年十二月,由中书舍人选刑科给事中。三十二年,升刑右。三十四年,升户科左。"查《登科录》第六三页上、《贡举考》卷七第四六六页上、

《碑录索引》第二五三三页,皆作"丘预达"。馆本"岳"为"丘"之误。

卷四二二考证

页一二上行一一　　太仆寺卿

〔原考〕抱本"寺"下有"少"字。

〔新考〕国图本作"太仆寺少卿"。同书卷四三三嘉靖三十五年三月癸亥条第二页上载"南京太仆寺少卿陈邦修"。《掖垣人鉴》卷一三第二八九页上载陈邦修"(嘉靖)三十二年,除工科都。三十四年,升南京太仆寺少卿"。《粤西文载》卷七〇《人物》第二三〇页下载陈邦修"后官至太仆少卿致仕"。馆本"寺"下当补"少"字。

卷四二三考证

页三下行六　　莺洰湖

〔原考〕广本、阁本"洰"作"豆"。

〔新考〕国图本作"莺洰湖"。然《明一统志》卷四六《山川》第一〇八〇页上、正德《姑苏志》卷一〇《水》第二四一页下、《江南经略》卷三上《烂溪险要说》第一六八页下、《三吴水考》卷二《运河》第九九页下皆作"莺脰湖"。《读史方舆纪要》卷二四《南直六》第一一六七页至第一一六八页亦作"莺脰湖",据下文知,其在吴江县南,"湖之上流纳烂溪、荻塘诸水,出平望安德桥汇流成湖,形如莺脰。名"。《皇明驭倭录》卷六第九六页下所载《实录》文也作"莺脰湖"。馆本"洰"为"脰"之误。

页四上行一二　　袭来

〔原考〕广本作"龚莱",抱本作"龚来"。

〔新考〕国图本作"龚来"。然同书卷四四七嘉靖三十六年五月壬申条第三页下载"改宝(保)定镇守总兵官、署都督佥事龚业镇守大同"。

《杨襄毅公本兵疏议》卷二《覆大同镇巡官齐宗道等传报虏情堤备蓟镇疏》第一六一页上、《郑端简公奏议》卷一一《参大同抚镇朱笈龚业疏》第二三页下、《明经世文编》卷二七五《改河道济粮运疏》第二九〇二页分载大同总兵与密云副总兵名"龚业"。馆本"来"应作"业"。

卷四二四考证

页二上行二　　季遇元

〔原考〕三本"季"作"李"。

〔新考〕国图本作"李遇元"。同书卷四三〇嘉靖三十四年四月甲申条第五页上载："升……户科给事中李遇元、兵科给事中殷正民（茂）俱为右给事中……遇元吏科。"《掖垣人鉴》卷一四第三〇一页上亦作"李遇元"，其注文曰："字应乾，号晴山，云南临安卫籍，直隶江都县人，嘉靖二十六年进士。二十八年十月，由庶吉士授兵科给事中……三十三年，复除户科。三十四年，升吏科右、礼科左。"查《登科录》第五一页上、《贡举考》卷七第四六五页下、《碑录索引》第二五三二页，皆作"李遇元"。馆本"季"应作"李"。

页三上行五　　周元

〔原考〕广本、阁本"元"作"原"。

〔新考〕国图本作"周原"。《国朝典汇》卷一七〇《北虏》第五九五页下、《五边典则》卷九第一一四页下所载《实录》文也均作"周原"。《杨襄毅公本兵疏议》卷二《覆宣大巡按御史李凤毛责成边臣用间购逆疏》第一四五页上、《郑端简公奏议》卷一二《看拟查勘杨顺路楷疏疏》第六二页下、《国朝献征录》卷一二〇《俺答前志》第七一八页下皆载缉捕山西边贼名"周原"。馆本"元"当作"原"。

卷四二五考证

页三下行八　　以柜三路之冲

〔原考〕旧校改"柜"作"扼"。

〔新考〕国图本、《皇明驭倭录》卷六第一〇〇页下、《嘉靖倭乱备抄》第三〇页下均作"以扼三路之冲",是。

页三下行一一　　亘为唇齿

〔原考〕旧校改"亘"作"互"。

〔新考〕国图本、《皇明驭倭录》卷六第一〇一页上、《嘉靖倭乱备抄》第三〇页下均作"互为唇齿",是。

卷四二六考证

页一上行八　　永康

〔原考〕广本"康"作"宁"。

〔新考〕国图本作"永宁"。据《明一统志》卷一九《太原府》第四一八页上知太原府下辖"永宁州",复据同书卷八五《太平府》第七九一页下知太平府下辖"永康州"。就《实录》所载诸州县来看,均在太原附近。馆本"康"当作"宁"。

页九上行一　　麻路口

〔原考〕广本、阁本"路"作"峪"。

〔新考〕国图本作"麻峪口"。同书卷四六〇嘉靖三十七年六月丁丑条第一页上、《忠肃集》卷一《北伐类》第二六页上、《明英宗实录》卷一八一正统十四年八月辛酉条第二页下、《读史方舆纪要》卷一八《北直九》第八〇八页皆载山西有"麻峪口"。《五边典则》卷九第一一五页上所载《实录》文也作"麻峪口"。馆本"路"当作"峪"。

卷四二七考证

页一下行一　　唐见庵

〔原考〕三本"见"作"儿"。

〔新考〕国图本作"唐儿庵"。《杨襄毅公本兵疏议》卷三《奏报蓟辽督臣统兵拒堵昌平虏寇疏》第一六七页上、《四镇三关志》卷一〇入犯第五四二页上、《读史方舆纪要》卷一八《北直九》第八〇八页皆载"唐儿庵"。且查其他史籍,并未见名为"唐见庵"者。馆本"见"当作"儿"。

页三下行六　　孙襄

〔原考〕阁本"襄"作"衮"。

〔新考〕国图本作"孙衮"。同书卷三二二嘉靖二十六年四月己酉条第六页下载"改进士亢思谦……孙衮俱为庶吉士",卷三五三嘉靖二十八年十月戊申条第三页下载"授庶吉士亢思谦……孙衮陕西道……俱监察御史"。查《碑录索引》第二五三一页至第二五三三页,知亢思谦等均为该科进士。复稽《登科录》第八三页上、《贡举考》卷七第四六七页上、《碑录索引》第二五三三页,皆作"孙衮"。馆本"襄"应作"衮"。

卷四二八考证

页四上行四　　马佩

〔新考〕国图本作"马珮"。然同书卷四四〇嘉靖三十五年十月癸卯条第三页下载:"升……山西布政使司右参议马珮俱为山东按察司副使。"万历《山西通志》卷一二《佥事》第二六一页载有"马珮",其注文曰:"山东德州进士。"雍正《山东通志》卷一五之一《辛丑科第》二八页上载

289

有"马珮",其注文曰:"德州人,都御史。"查《登科录》第八〇页下、《贡举考》卷七第四五五页上、《碑录索引》第二五二七页,皆作"马珮"。且据《登科录》知马珮"兄琎、琪"等名之皆从玉。馆本"佩"应作"珮"。

页七下行六　　丘琛

〔新考〕国图本作"丘琛"。然同书卷四三二嘉靖三十五年二月壬寅条第三页下载福建阵亡千户名"丘珍"。《皇明驭倭录》卷六第一〇七页下、《五边典则》卷二四第六九四页上载《实录》事,也均作"丘珍"。而《嘉靖倭乱备抄》第四二页下虽作"邱珍",盖避讳所致,仍可证馆本"琛"应作"珍"。

卷四二九考证

页三上行六　　万镰

〔原考〕广本"万"作"鼐",是也。抱本、阁本"万"误"鼎"。

〔新考〕国图本作"鼐镰"。同书卷五〇二嘉靖四十年十月丁丑条第五页下至第六页上载:"册封……代府灵丘王聪㴐玄长孙鼐镰为灵丘王。"《弇山堂别集》卷三五《代府》第六一八页、《国朝献征录》卷一《灵丘端懿王》第三八页下亦均载廷址子为"鼐镰"。据《钦定续文献通考》卷二〇五《帝系考》第八〇七页下载"九世廷埼子鼐铉、鼐钧……廷址子鼐镰",知鼐镰兄弟以"鼐"字排行。馆本"万"当作"鼐"。

卷四三〇考证

页三上行一一　　右都御史

〔原考〕广本、阁本"右"作"左"。

〔新考〕国图本作"左都御史"。同书卷四一八嘉靖三十四年正月庚申条第三页上载:"改南京兵部尚书周延为都察院左都御史。"《国朝列卿纪》卷七二《都察院左右都御史年表》第三七七页下亦载周延"(嘉靖)三十四年左"。《国朝献征录》卷五四《都察院左都御史周公延传》第五三页下也载周延"乙卯(嘉靖三十四年),特召为左都御史"。馆本"右"应作"左"。

页六下行五　　太保

〔原考〕广本"太"作"少"。

〔新考〕国图本作"少保"。同书卷二七九嘉靖二十二年十月第四页下载:"杨守礼加太子少保。"《国朝献征录》卷五七杨守礼墓志铭第一一七页上亦载:"公在镇几三年,天子五降敕嘉奖,赐以银币,最后升太子少保。"《国朝典汇》卷五五《总督巡抚》第三四○页下载《实录》事,也作"太子少保"。馆本"太"应作"少"。

卷四三一考证

本卷未在原考的基础上有新的发现和明显推动。对原考保持肯定。

卷四三二考证

页一下行七　　无湖

〔新考〕"无",国图本、《皇明驭倭录》卷七第一一四页下均作"芜",是。

页四下行三　　翟领

〔新考〕国图本作"翟领"。然嘉靖《宣府镇志》卷二八《参将》之"分守东路"一目第三二七页下载嘉靖三十五年参将为"翟钦"。《杨襄毅公本兵疏议》卷三《覆宣大蓟辽等处总督尚书许论等献捷升赏疏》第一七六页上载"宣大参将翟钦"。馆本"领"当作"钦"。

卷四三三考证

页二上行一二　　广东

〔原考〕抱本"东"作"西"。

〔新考〕国图本作"广西"。《国朝献征录》卷六三阮鹗墓志铭第四七八页下载阮鹗为"广西右参政"。馆本"东"应作"西"。

卷四三四考证

页一下行一　　工科给事中

〔原考〕三本"科"下有"左"字。

〔新考〕国图本作"工科左给事中"。同书卷四三〇嘉靖三十四年四月甲申条第五页上载："升……兵科右给事中王正国俱为左给事中……正国工科。"《掖垣人鉴》卷一四第三〇四页上亦载王正国"（嘉靖）三十三年，升兵科右。三十四年，升工科左。三十五年，升户科都"。王正国在升户科都给事中前为"工科左给事中"。馆本"科"下当补"左"字。

页二下行一二　　孙值

〔原考〕抱本"值"作"植"。

〔新考〕国图本作"孙植"。同书卷四〇八嘉靖三十三年三月庚戌条第四页下载："升光禄寺丞孙植为本寺少卿。"《国朝列卿纪》卷一五四《南京太仆寺少卿年表》第三三八页上亦作"孙植"，其注文曰："浙江平湖人，嘉靖乙未进士。三十四年任。"查《登科录》第二三页上、嘉靖《浙江通志》卷五二《选举志》第四一五页、《贡举考》卷七第四三九页下、《碑录索引》第二五二〇页，皆作"孙植"。且据《登科录》知孙植"兄棐、栋"等名均从木。馆本"值"当作"植"。

页五下行八　　王彦中

〔原考〕三本"中"作"忠"。

〔新考〕国图本作"王彦忠"。《筹海图编》卷五《浙江倭变纪》第一三七页上、《皇明驭倭录》卷七第一二○页上、《嘉靖倭乱备抄》第四七页下皆载御倭指挥"王彦忠"。馆本"中"当作"忠"。

卷四三五考证

页三上行一○　　谥康僖

〔原考〕阁本"僖"作"懿"。〔新考〕国图本作"谥康僖"。然《弇山堂别集》卷七三《谥法》四第一三九四页、《国朝典汇》卷一二四《谥法》第三三页上、《明谥纪汇编》卷一二第五三八页下皆载汾西王勤熼谥"康懿"。馆本"僖"当作"懿"。

卷四三六考证

页一上行一○　　来汝璧

〔新考〕国图本作"来汝璧"。然同书卷四二六嘉靖三十四年九月甲辰条第四页下载户部员外郎名"梁汝璧"。雍正《云南通志》卷一八上《金事》第五七一页下亦作"梁汝璧",其注文曰："江津人,进士。"雍正《四川通志》卷三四《辛丑科第》七六页上也作"梁汝璧",其注文曰："江津县人。历金事。"查《登科录》第三七页下、《贡举考》卷七第四五二页下、《碑录索引》第二五二六页,皆作"梁汝璧"。馆本"来"当作"梁"。

页四上行一二　　徐仲揖

〔原考〕抱本"揖"作"楫"。

〔新考〕国图本作"徐仲楫"。同书卷四八九嘉靖三十九年十月丁未条第五页下载御史"徐仲楫"。隆庆《长洲县志》卷六《嘉靖三十二年癸丑科陈谨榜》第二〇三页载有"徐仲楫",其注文曰:"监察御史。"查《登科录》第三七页上、《贡举考》卷七第四七六页下、《碑录索引》第二五三七页,皆作"徐仲楫"。且据《登科录》知徐仲楫"兄伯梅",故徐仲楫兄弟名之末字均为"木"。馆本"揖"应作"楫"。"揖""楫",形近误。

卷四三七考证

页三下行五　　左颢

〔新考〕国图本作"左颢"。然同书卷三一〇嘉靖二十五年四月乙卯条第五页下载"以虏入宣府桑树峪,逮问东路参将左灏、北路参将董麟等",卷四三〇嘉靖三十三年六月壬申条第一页载"诏籍京师召募民兵充巡捕军,统领民兵,革职参将左灏复原职,回卫听用"。嘉靖《宣府镇志》卷二八《参将》之"分守东路"一目第三二六页下亦作"左灏"。《皇明驭倭录》卷七第一二四页上所载《实录》文也作"左灏"。馆本"颢"当作"灏"。

卷四三八考证

页四下行四　　以显金王露形之经旨耳

〔原考〕三本无"之"字。旧校删"耳"字。

〔新考〕国图本作"以显金王露形经旨",《国朝典汇》卷一九六《开矿》第八七五页上作"以显金玉露形经旨",均可为旧校提供佐证。

卷四三九考证

本卷未在原考的基础上有新的发现和明显推动。对原考保持肯定。

卷四四〇考证

页二上行六　　荫其子

〔原考〕抱本、阁本"荫"上有"仍"字。

〔新考〕国图本作"仍令其子"。《皇明驭倭录》卷七第一二五页下、《嘉靖倭乱备抄》第五二页上均作"仍荫其子"。馆本"荫"上当补"仍"字。

卷四四一考证

页三下行一一　　侍讲

〔原考〕抱本无此二字。

〔新考〕国图本所载与抱本同。同书卷一九一嘉靖十五年九月甲寅条第一页上载："以重录列圣训录成，勅加监录等官……故随诏吏部列上史馆劾劳诸员役职名。于是，升管录官、礼部右侍郎兼翰林院学士谢丕为吏部左侍郎，掌管翰林院印信兼官如故。"《国朝献征录》卷二六谢丕行状第三四一页下亦载其"寻转吏部左侍郎兼翰林院学士，仍掌院事"。馆本"侍讲"二字当衍。

卷四四二考证

页二上行五　　昌安

〔原考〕抱本、阁本"安"作"乐"。

〔新考〕国图本、《国朝典汇》卷一六五《寇盗》第四五九页下均作"昌乐"。《明一统志》卷二四《青州府》第五七九页下、《正德明会典》卷一七《州县》第一八九页上、万历《明会典》卷一五《州县一》第九八页上均载青州府下辖"昌乐县"。遍检史籍，并无昌安县。馆本"安"应作"乐"。

页三上行四　　王荣

〔原考〕三本"荣"作"崇"。

〔新考〕国图本作"王崇"。同书卷四一九嘉靖三十四年二月丁丑条第四页上载:"诏升巡抚都御史王崇为兵部左侍郎兼右副都御史。"《国朝列卿纪》卷五二《兵部左右侍郎年表》第八一页上亦作"王崇",其注文曰:"浙江永康人,嘉靖己丑进士。三十五年左。"查《登科录》第七二页上、嘉靖《浙江通志》卷五二《选举志》第四〇八页、《贡举考》卷六第四二九页下、《碑录索引》第二五一六页,皆作"王崇"。馆本"荣"当作"崇"。"荣""崇",形近误。

卷四四三考证

页二上行一　　毛诗末喻

〔原考〕旧校改"未"作"末"。

〔新考〕国图本、《两朝宪章录》卷一五第七二七页上、《国朝献征录》卷四二韩邦奇传第二五〇页上、千顷堂书目卷一第二八页上皆作"《毛诗末喻》",旧校是。

卷四四四考证

页四下行三　　宗天驯

〔原考〕旧校改"宗"作"宋"。

〔新考〕国图本作"宋天驯"。同书卷四二七嘉靖三十四年十月乙亥条第二页上载:"命故西宁侯宋良臣子天驯袭祖爵。"《杨襄毅公本兵疏议》卷一二《会议总督戎政镇远侯顾寰留用以责后效疏》第四〇三页上、《皇明功臣封爵考》卷四《西宁侯》第四四六页上、《弇山堂别集》卷六四《南京协同守备年表》第一二〇五页皆载西宁侯名"宋天驯"。旧校是。

页四下行五　　安安伯

〔原考〕旧校改作"成安伯"。

〔新考〕国图本作"成安伯"。同书卷三四九嘉靖二十八年六月庚戌条第三页上载："命故成安伯郭瓒男应乾袭爵。"《郑端简公奏议》卷一四《参提成安伯郭应乾疏》第七九页下、《续文献通考》卷五五《学校考》第七〇四页上、《皇明功臣封爵考》卷三《成安伯》第四四一页下皆载郭应乾为"成安伯"。旧校是。

卷四四五考证

页三下行三　　李承易

〔原考〕三本"易"作"阳"。

〔新考〕国图本作"李承阳"。隆庆《岳州府志》卷五《任子》第六一页上亦作"李承阳",其注文曰"如圭子,南京后府都事",当即此处之人。馆本"易"当作"阳"。

页六下行一二　　刘本举

〔原考〕三本"举"作"学"。

〔新考〕国图本作"刘本学"。光绪《湖南通志》卷一七三《人物志》十四第三六五页下至第三六六页上载："刘本学字希圣,郴州人。嘉靖癸卯乡举。授常州通判……累迁盐运副使。"万历《郴州志》卷四《科贡表上》第一八页下亦作"刘本学",其注文曰："仕盐运同。"查《江南经略》卷四下《上海县倭患事迹》第三〇一页下、《皇明驭倭录》卷七第一三〇页上、雍正《湖广通志》卷三五《举人》第三四六页下,均载举人或通判名"刘本学"。馆本"举"宜作"学"。"举""学",形近误。

页七下行二　　黎鹏举

〔原考〕抱本"鹏"作"鹏"。

〔新考〕国图本作"黎鹏举"。同书卷四〇五嘉靖三十二年十二月己亥条第五页下、《筹海图编》卷六《直隶倭变纪》第一六九页上、《江南经略》卷四下《上海县倭患事迹》第三〇〇页下、《皇明驭倭录》卷七第一三〇页下、《嘉靖倭乱备抄》第五四页下皆载御倭指挥名"黎鹏举"。馆本"鹏"应作"鹏"。"鹏""鹏"，形近误。

卷四四六考证

页七上行四　　阳州

〔原考〕疑应作"扬州"。

〔新考〕国图本作"扬州"。然《皇明驭倭录》卷七第一三一页上、《嘉靖倭乱备抄》第五五页上、《国朝典汇》卷一六九《日本》第五四三页上所载《实录》文均作"扬州"。嘉靖《惟扬志》卷七第三三页下、《名臣经济录》卷五一《议开河修塘状》第四五〇页下均载扬州有"湾头镇"。馆本"阳州"当作"扬州"。

卷四四七考证

页四下行四　　塞篱材

〔原考〕旧校改"材"作"村"，次行同。

〔新考〕国图本作"塞篱村"。《鹭言》卷八《备重险》第八五页下、《读史方舆纪要》卷一一《北直二》第四七九页、《钦定日下旧闻考》卷一五三《边障》第三六六页上皆载《实录》事，也皆作"塞篱村"。旧校是。

卷四四八考证

页二下行八　　为土所奏

〔原考〕旧校改"土"为"王"。

〔新考〕国图本作"为王所奏"。《礼部志稿》卷七八《钤束宗支》第三六八页上载"嘉靖三十四年二月,乐安王奏辅国将军拱樾、仪宾毛潮故违勅命,不赴庆贺,画押不到"。旧校当是。

卷四四九考证

页二下行一二　　晏城王

〔原考〕旧校改"晏"作"郾"。

〔新考〕国图本作"郾城王"。《国朝典汇》卷一二四《谥法》第三四页上、《明谥纪汇编》卷一二第五四四页上、《国榷》卷六二第三八九六页皆载宙桃为"郾城王"。旧校是。

卷四五〇考证

页四上行七　　吴宾

〔原考〕三本"吴"作"胡"。

〔新考〕国图本作"胡宾"。雍正《山西通志》卷八五《名宦》第九二页下载:"胡宾字汝观,光州人,嘉靖乙未进士……庚戌,由太仆寺丞擢山西佥事……后升山西副使。"《登科录》第八七页上、嘉靖《河南通志》卷一七《科目》第二六六页下、《掖垣人鉴》卷一三第二八九页下、《贡举考》卷七第四四三页上、《碑录索引》第二五二二页皆作"胡宾"。国图本是。

页六上行九　　扬直

〔原考〕三本"直"作"宜"。

〔新考〕国图本作"杨宜"。同书卷四二三嘉靖三十四年六月壬午条第四页下载："勅（勒）总督直隶、浙、福军务都御史周充（珫）……为民,改南京户部右侍郎杨宜为兵部右侍郎兼右佥都御史,代珫。"《国朝列卿纪》卷一〇五《勅使并巡抚浙江尚书侍郎都御史卿年表》第六八四页下亦作"杨宜",其注文曰："直隶衡水人,嘉靖癸未进士。三十三年以兵部右侍郎兼右佥都提督浙直军务。"查《登科录》第六二页下、《贡举考》卷六第四一五页下、《碑录索引》第二五一一页,皆作"杨宜"。且据《登科录》知杨宜"兄宠"等名均从宀。此外,《皇明驭倭录》卷七第一三三页上、《嘉靖倭乱备抄》第五六页上、《五边典则》卷二四第七〇四页下均载《实录》文,也均作"杨宜"。国图本是。

卷四五一考证

页三下行四　　左侍郎

〔新考〕国图本作"左侍郎"。然同书卷四四五嘉靖三十六年三月庚申条第二页上载"升……巡抚宁夏右副都御史王梦弼为兵部右侍郎,总督陕西三边",卷四九八嘉靖四十年六月庚午条第一页下载"致仕总督陕西三边兵部右侍郎兼都察院右佥都御史王梦弼卒"。《国朝列卿纪》卷一二六《总督陕西三边军务尚书侍郎都御史年表》第一一八页下亦载王梦弼"（嘉靖）三十六年,以兵部右侍郎兼佥都御史任"。《国朝献征录》卷五八《兵部右侍郎王公梦弼墓志铭》第一七七页上也载王梦弼"历户、工二科左右给事中……都察院右佥都御史,巡抚宁夏地方,以有功进右副都御史,迁兵部右侍郎兼都察院右佥都御史,总督陕西三边军务"。馆本"左"为"右"之误。

页四上行四　　吴希旦

〔原考〕三本"吴"作"胡"。

〔新考〕国图本作"胡希旦"。光绪《清河县志》卷一三《知县》第一一七页上作"胡希旦",其注文曰:"临桂人,举人。"万历《淮安府志》卷二《清河县知县》第一四七页、雍正《广西通志》卷七三《举人》第二三九页下亦均作"胡希旦"。馆本"吴"应作"胡"。

卷四五二考证

页三下行一　　传野蠡县

〔原考〕旧校改"传"作"博"。抱本"蟸"作"蠡",是也。

〔新考〕国图本作"博野蠡县"。《四镇三关志》卷七《制疏考》第三八三页上、《读史方舆纪要》卷一三《北直四》第五五二页、雍正《畿辅通志》卷二二《川》第四七〇页下皆载"博野 蠡县",当是。

卷四五三考证

页二上行一〇　　副总

〔原考〕广本作"总兵",抱本、阁本作"副总兵"。

〔新考〕国图本作"副总兵"。同书卷四三三嘉靖三十五年三月丙子条第五页下至第七页上载:"兵部奉旨覆议九卿科道条陈御倭事宜……于是,以大猷充镇守总兵,镗充协守副总兵。"《世庙识余录》卷一九第六二九页下、《皇明驭倭录》卷七第一三六页上、《嘉靖倭乱备抄》第五七页下皆载卢镗为"副总兵"。是疑馆本"总"下脱"兵"字。

页三上行一一　　户部尚书

〔新考〕国图本作"户部尚书"。然同书卷四八二嘉靖三十九年三月壬午条第四页下载"升总督仓场户部右侍郎高燿为本部左侍郎",卷四八三嘉靖三十九年四月甲辰条第三页上载"升户部左侍郎高燿为本部尚书"。《国朝列卿纪》卷三二《户部尚书年表》第五〇九页下亦载高燿"(嘉靖)三十九年任"。馆本"尚书"疑为"侍郎"之误。

卷四五四考证

页四下行七　　魏良贵

〔原考〕抱本、阁本"贵"作"辅",是也。

〔新考〕国图本作"魏良贵"。同书卷四三三嘉靖三十五年三月庚辰条第七页下载"升……山东右布政使魏良贵俱为左布政使……良贵,广东",卷四六七嘉靖三十七年十二月丙午条第一页上载"初,操江都御史缺,推广东左布政使魏良贵。未几,良贵为御史徐仲揖劾罢"。雍正《广东通志》卷二七《承宣布政使司左布政使》第八九页上亦作"魏良贵",其注文曰:"江西新建人,进士。三十五年任。"《国朝列卿纪》卷七七《南京都察院左右副都御史年表》第四五四页下亦作"魏良贵",其注文曰:"江西新建人,嘉靖乙未进士。三十七年任右副都御史,督江防。本年回籍听勘。"查《登科录》第七六页上、《贡举考》卷七第四四二页下、《碑录索引》第二五二一页,皆作"魏良贵"。馆本是。

卷四五五考证

页四下行七　　初楷上疏

〔原考〕旧校"初"下增"房入"二字。

〔新考〕国图本、《五边典则》卷九第一一八页下均作"初,房入,楷上疏",是。

卷四五六考证

页五下行九　　唐维禄

〔新考〕国图本作"唐继禄"。同书卷四五〇嘉靖三十六年八月丁酉条第三页下载："选授……知县凌儒……唐继禄……俱试监察御史……继禄,广东道。"《本朝分省人物考》卷二六《唐继禄》第五四二页下载："唐继禄字子廉,上海人,嘉靖癸丑进士。初授浙江遂安知县。有异政,召拜监察御史。"查《登科录》第八六页下、《贡举考》卷七第四七九页上、《碑录索引》第二五三八页,皆作"唐继禄"。且据《登科录》知唐继禄兄弟以"继"字排行。国图本是。

页五下行九　　董克封

〔原考〕阁本"克"作"尧"。

〔新考〕国图本作"董尧封"。同书卷四五〇嘉靖三十六年八月丁酉条第三页下至第四页上载："选授……推官李廷龙、董尧封……王乔年俱试监察御史……尧封、应奎,山东道。"《明穆宗实录》卷二一隆庆二年六月辛卯条第四页上载："升山东道御史董尧封为太仆寺少卿。"《国朝列卿纪》卷一五三《太仆寺少卿年表》第三二七页下亦作"董尧封",其注文曰："河南洛阳人,嘉靖癸丑进士。隆庆二年,由山东道御史任。"查《登科录》第六九页下、嘉靖《河南通志》卷一七《科目》第二六八页上、《贡举考》卷七第四七八页上、《碑录索引》第二五三八页,皆作"董尧封"。馆本"克"应作"尧"。

卷四五七考证

页一上行四　　右侍郎

〔原考〕阁本"右"作"左"。

〔新考〕国图本作"右侍郎"。然同书卷四四七嘉靖三十六年五月癸亥条第二页上载"改户部右侍郎张舜臣于工部,提督大石窝采石",卷五一五嘉靖四十一年十一月丙午条第七页载"起……原任工部右侍郎张舜臣为户部左侍郎"。张舜臣此时当为"户部右侍郎"。馆本作"吏部右侍郎",误。

页三上行二　　右佥事御史

〔新考〕国图本作"右佥都御史"。同书卷四九〇嘉靖三十九年十一月戊辰条第二页上载:"起服阕大同巡抚、右佥都御史杨选以原职巡抚大同。"《国朝列卿纪》卷一二五《巡抚大同左右副佥都御史年表》第一〇九页下载有"杨选",其注文曰:"山东章丘人,嘉靖甲辰进士。三十七年,以右佥都御史任。"国图本是。

页五上行八　　郭如霖

〔新考〕国图本作"郭如霖"。然同书卷四六四嘉靖三十七年九月壬辰条第八页上载"刑科右给事中郭汝霖"。《掖垣人鉴》卷一四第三〇九页上亦作"郭汝霖",其注文曰:"字时望,号一厓,江西永丰县人,嘉靖三十二年进士。三十五年九月,由行人选吏科给事中。三十七年,升刑科右。"查《登科录》第八四页下、《贡举考》卷七第四七八页下、《碑录索引》第二五三八页,皆作"郭汝霖"。且据《登科录》知郭汝霖兄弟以"汝"字排行。馆本"如"应作"汝"。

页八上行一　　李成华

〔新考〕国图本作"李承华"。同书卷三六五嘉靖二十九年九月戊申条第一〇页载"授……行人李秋、李承华……为试监察御史……承华、维持,浙江道",卷五四七嘉靖四十四年六月甲午条第五页上载"升大理寺右寺丞斐天祐为本寺左寺丞,浙江道御史李承华为右寺丞"。《国朝列卿纪》卷九四《大理寺左右少卿行实》第五六九页上载:"李承华字实甫,山西曲沃人,嘉靖丁未进士。四十四年任右寺丞。"查《登科录》第五五页上、《贡举考》卷七第四六五页下、《碑录索引》第二五三二页,皆作"李承华"。且据《登科录》知李承华兄弟以"承"字排行。馆本"成"当作"承"。

卷四五八考证

页一下行五　　大理寺卿

〔新考〕国图本作"南京大理寺卿"。同书卷四八九嘉靖三十九年十月壬子条第七页下载:"改南京大理寺卿叶镗为大理寺卿。"《国朝列卿纪》卷九二《南京大理寺卿年表》第五四五页上载有"叶镗",其注文曰:"江西上饶人,嘉靖辛丑进士。三十七年任。"此外,《国榷》卷六二第三九〇七页载"应天府尹叶镗为南京大理寺卿"。馆本"大理寺卿"前当脱"南京"二字。

卷四五九考证

页一上行四　　张溢

〔原考〕阁本"溢"作"益"。

〔新考〕国图本作"张益"。同书卷四〇六嘉靖三十三年正月甲子条第五页下载:"选授……知县丘岳……张益、张师载为给事中……益、橃俱刑科。"《掖垣人鉴》卷一四第三〇五页下亦作"张益",其注文曰:"字舜卿,号宾峰,江西丰城县人,嘉靖二十九年进士。三十三年正月,由直隶桐城知县选刑科给事中。"查《登科录》第三九页上、《贡举考》卷七第四七〇页下、《碑录索引》第二五三四页,皆作"张益"。馆本"溢"宜作"益"。

卷四六〇考证

页六下行七　　万依

〔新考〕国图本作"万衣"。同书卷四七一嘉靖三十八年四月庚戌条第三页下载福建"参政万衣"。乾隆《福建通志》卷二一左《参政》第一〇二页上亦作"万衣",其注文曰:"德化人。"此外,光绪《江西通志》卷一六五《列传三十二》第二〇九页载:"万衣字浅源,德化人,嘉靖进士……迁福建布政使,时倭犯兴化。"雍正《江西通志》卷五四《嘉靖二十年辛丑沈坤榜》第七七五页上载:"万衣……德化人。"《登科录》作:"罗衣……布政使。"查《登科录》第一九页上、《贡举考》卷七第四五一页下、《碑录索引》第二五二五页,皆作"罗衣"。馆本"依"当作"衣"。"罗"抑或"万",存疑。

页六下行七　　黄宗文

〔新考〕国图本作"黄宗文"。然同书卷四七一嘉靖三十八年四月庚戌条第四页上、《皇明驭倭录》卷七第一四四页下、《嘉靖倭乱备抄》第六四页上皆载福清知县名"叶宗文"。乾隆《福清县志》卷八《知县》第一六二页上也作"叶宗文",其注文曰:"字彬斋。由举人。《旧志》称其强毅有勇。戊午,倭陷城被害。"雍正《广西通志》卷七三《举人》第二三九页上、乾隆《福建通志》卷二二《明知县》第一三五页上亦均作"叶宗文"。馆本"黄"似应作"叶"。

卷四六一考证

页一下行五　　雷麟

〔原考〕阁本作"雷梦麒"。

〔新考〕国图本作"雷梦麟"。同书卷四三〇嘉靖三十四年十二月壬子条第五页下载刑部"员外郎雷梦麟",雍正《江西通志》卷六九《人物》第四〇七页上载"雷梦麟字伯仁,进贤人,嘉靖进士。授无为知州。迁工部员外郎。复除刑部",均当为此处之人。此外,《贡举考》卷七嘉靖二十三年秦鸣雷榜第四五七页下载有"雷梦麟",其籍贯即"江西进贤"。复检《登科录》第五二七〇页、《碑录索引》第二五二八页,亦均作"雷梦麟"。

且据《登科录》知雷梦麟"弟梦熊、梦龙、梦鸾",故雷梦麟兄弟以"梦"字排行。馆本"雷麟"当作"雷梦麟"。《五边典则》卷三第五六八页上所载《实录》文也作"雷梦麟",可为辅证。

页七上行六　　宣忻

〔新考〕国图本作"宣圻"。同书卷四六〇嘉靖三十七年六月辛卯条第五页上载"改封故蜀王承爚庶长子宣圻为蜀世子,管理府事",卷四八九嘉靖三十九年十月壬子条第七页上载"册封蜀康王世子宣圻为蜀王"。《国朝典汇》卷一三《宗藩》第五〇四页下、《国榷》卷六三第三九四八页则分载蜀王或蜀世子名"宣圻"。据《钦定续文献通考》卷二〇五《帝系考》第八〇六页上知"八世承爚子宣圻、宣址"。宣圻兄弟名之末字皆从土。馆本"忻"当作"圻"。

卷四六二考证

页一上行一一　　季登云

〔原考〕抱本、阁本"季"作"李"。

〔新考〕国图本作"李登云"。同书卷三七七嘉靖三十年九月己丑条第一页下载:"升通政使司右参议李登云为右通政。"《国朝列卿纪》卷八二《通政使司通政使年表》第四九二页下亦作"李登云",其注文曰:"河南钧州人,嘉靖乙未进士。三十七年任。"查《登科录》第七六页下、嘉靖《河南通志》卷一七《科目》第二六六页下、《贡举考》卷七第四四二页下、《碑录索引》第二五二一页,皆作"李登云"。馆本"季"宜作"李"。"季""李",形近误。

页一下行五　　赵瓒

〔新考〕国图本作"赵瓒"。然同书卷一七三嘉靖十四年三月甲申条第九页上载"升两广提督军务兵部左侍郎张瓒为兵部尚书"。《国朝列卿纪》卷四七《兵部尚书年表》第七四九页上亦作"张瓒",其注文曰:"直隶沧州人,弘治乙丑进士。嘉靖十四年任。"查《登科录》第二四六八页、《贡举考》卷六第三七四页下、《碑录索引》第二四九三页,皆作"张瓒"。且遍稽各书,未见名为"赵瓒"的兵部尚书。馆本"赵"当作"张"。

卷四六三考证

页二下行九　　遣将多营赂

〔原考〕旧校改"遣"作"边"。

〔新考〕国图本作"边将多营赂",《两朝宪章录》卷一六第七三二页上、《皇明从信录》卷三二第五二一页下均作"边将多营贿",旧校是。

卷四六四考证

页五下行六　　按察司

〔新考〕国图本作"按察使"。《国榷》卷六二第四三〇三页载:"山西按察使葛缙为右佥都御史,提督雁门等关兼巡抚山西。"万历《山西通志》卷一二《按察使》第二四八页上载有"葛缙"。馆本"司"为"使"之误。

页一二下行七　　譬天家与盗邻

〔原考〕旧校改"天"作"大"。阁本作"譬大家之于邻盗"。

〔新考〕国图本作"譬大家之与盗邻"。《荆川集外集》卷二《条陈蓟镇练兵事宜》第一〇页下作"譬如大家与盗贼为邻"。旧校是。

卷四六五考证

页一下行三　　缓军

〔原考〕旧校改"缓"作"援"。

〔新考〕国图本、《皇明驭倭录》卷七第一四一页上、《嘉靖倭乱备抄》

第六一页上、《国朝典汇》卷一六九《日本》第五四六页上皆作"援军",是。

页三下行二　　兴平伯

〔新考〕国图本作"兴平伯"。然同书卷二三七嘉靖十九年五月丙申条第一页下载"兴安伯徐梦旸"。《明功臣袭封底簿》卷三《兴安伯》第五一〇页、《皇明功臣封爵考》卷三《兴安伯》第四三〇页上、《吾学编》卷一九《徐祥》第三一八页下、《续文献通考》卷五五《学校考》第七〇四页上皆载徐梦旸为"兴安伯"。馆本"平"当作"安"。

卷四六六考证

页一下行八　　皆其所厚吏

〔原考〕阁本"其"作"忻"。

〔新考〕国图本、《国朝典汇》卷一六三《兵变》第四一七页上均作"皆忻所厚吏"。《明政统宗》卷二七第三九页上作"皆忻所属吏"。是疑"其"为"忻"之误。

卷四六七考证

页四上行五　　州士

〔原考〕阁本"州"作"俊"。

〔新考〕国图本作"州士"。然《耳谈类增》卷九《杨俊士》第六五页上载:"杨少师愽为职方郎时,第二子俊士产于京邸……甲戌举进士。与孙陶二同年。"《登科录》第四四页下、《贡举考》卷八第五二二页上、《碑录索引》第二五五八页皆作"杨俊士"。且据《登科录》知杨俊士"兄俊民,弟俊彦、俊卿、俊臣",故杨俊士兄弟以"俊"字排行。馆本"州"应作"俊"。

页五上行一〇　　沈志

〔新考〕国图本作"沈至"。同书卷二五八嘉靖二十一年二月辛未条第六页上载："后妃列御,恪慎日勤,宜加恩遇,用示异典。皇亲安平伯方锐进封侯爵不为例,锦衣卫指挥等官沈至、王朝用俱升都督佥事。"同书卷四六三嘉靖三十七年八月癸丑条第一页下、卷四六六嘉靖三十七年十一月丙子条第一页上、卷四七四嘉靖三十八年七月甲申条第三页上皆载祭陵都督佥事名"沈至"。馆本"志"为"至"之误。

卷四六八考证

页一上行一二　　冀练

〔原考〕广本"练"作"鍊"。

〔新考〕国图本作"冀鍊"。咸丰《青州府志》卷四四《人物》第一八七页下载"冀鍊字纯夫,九经子……嘉靖二十三年进士。授长安知县,专以孝弟训民……升户部主事,督边饷",当即此处之人。《登科录》第五三六七页、《贡举考》卷七第四五九页下、《碑录索引》第二五二九页皆作"冀鍊"。且据《登科录》知冀鍊"兄锻",故冀鍊兄弟之名皆从金。馆本"练"当作"鍊"。

页一上行一二　　胡志和

〔新考〕国图本作"胡志和"。然道光《济南府志》卷四〇《嘉靖二十六年丁未科》第二六五页下作"胡致和",其注文曰"平原人,官至户部主事",当即此处之人。《登科录》第八二页上、《贡举考》卷七第四六七页上、《碑录索引》第二五三三页皆作"胡致和"。且据《登科录》知胡致和兄弟以"致"字排行。馆本"志"当作"致"。

页四上行六　　庐仲田

〔原考〕旧校改"田"作"佃"。

〔新考〕国图本作"卢仲佃"。雍正《浙江通志》卷一七〇《人物》第四八三页下亦作"卢仲佃",其注文曰:"《金华府志》:字汝田,东阳人,嘉靖丙辰进士。任晋江令时,苦倭患。仲佃议城,安海居民拒守,得无恙。改调福安。"当即此处之人。《登科录》第四一页上、嘉靖《浙江通志》卷五二《选举志》第四三二页、《碑录索引》第二五四一页皆作"卢仲佃"。馆本"庐仲田"当作"卢仲佃"。

卷四六九考证

本卷未在原考的基础上有新的发现和明显推动。对原考保持肯定。

卷四七〇考证

页二上行八　　右少卿

〔新考〕国图本作"右少卿"。然同书卷四五八嘉靖三十七年四月乙亥条第六页上载"升大理寺右少卿胡汝霖为本部(寺)左少卿"。《国朝列卿纪》卷九四《大理寺左右少卿行实》第五六七页下载胡汝霖"(嘉靖)三十七年任右少卿。转左。三十八年,升巡抚甘肃右佥都御史"。馆本"右"当为"左"。

卷四七一考证

页五上行一一　　宗宪疏上倭情

〔原考〕三本"上"作"言"。

〔新考〕国图本作"宗宪言倭情"。《皇明驭倭录》卷七第一四五页上、《嘉靖倭乱备抄》第六四页下、《国朝典汇》卷一六九《日本》第五四七页上、《五边典则》卷二四第七〇八页上所载皆与三本同。"言"字疑是。

卷四七二考证

页一上行八　　宗翰

〔新考〕"翰",国图本、《皇明驭倭录》卷七第一四六页下、《嘉靖倭乱备抄》第六五页下均作"瀚",是。

卷四七三考证

页三下行八　　尹介夫驻太平寨

〔原考〕影印本"尹""平"二字不明晰。

〔新考〕国图本、《皇明辅世编》卷六《杨襄毅博》第七四二页上、《五边典则》卷三第五七二页下均作"伊介夫驻太平寨",且字迹清晰,可参补。关于"伊介夫",雍正《阜城县志》卷一九《人物》第四八九页载:"伊介夫字贞甫,号钝庵,别号松鹤,嘉靖庚子举人,辛丑进士。……升山东布政司右参议,分守辽海东宁道。再升山西按察司副使,整饬蓟州兵备,筑边墙,修城池。"查《杨襄毅公本兵疏议》卷七《遵谕条上定策遏虏疏》第二六二页下、《四镇三关志》卷八《蓟州兵备》第四四二页下,均载蓟州或蓟镇兵备副使名"伊介夫"。馆本"尹"当作"伊"。

卷四七四考证

页一上行四　　仍照早田旧额

〔原考〕抱本"照早"作"如旱"。

〔新考〕国图本、《皇明辅世编》卷六《杨襄毅博》第七四二页下、《五边典则》卷九第一三〇页下均作"仍照早田旧额",疑是。

卷四七五考证

页三上行六　　况叔祺

〔原考〕抱本"况"作"祝","祺"作"旗"。

〔新考〕国图本作"况叔祺"。《礼部志稿》卷四四《精膳司郎中》第八二七页下亦作"况叔祺",其注文曰:"吉夫,江西高安县人,嘉靖庚戌进士。升贵州提学副使。"《登科录》第四五页上、《贡举考》卷七第四七一页上、《碑录索引》第二五三五页皆作"况叔祺"。馆本"棋"宜作"祺"。

卷四七六考证

页一下行七　　山西

〔新考〕国图本作"山西"。然同书卷四八二嘉靖三十九年三月戊寅条第三页下载"南京山东道御史林润"。《南京都察院志》卷六《山东道》第一六二页上载有"林润",且系于嘉靖"三十八年己未"。馆本"西"当作"东"。

页四上行一一　　甲申

〔原考〕旧校改"申"作"午"。

〔新考〕国图本、《嘉靖倭乱备抄》第六九页下、《五边典则》卷二四第七一一页上均载《实录》事于"甲午",是。

卷四七七考证

页三上行七　　武安伯

〔新考〕国图本作"武安伯"。然同书卷三五四嘉靖二十八年十一月乙未条第八页载"命故武安候郑纲庶长子昆袭祖爵"。《万历会计录》卷

313

一五下《沿革事例》第九二页上、《皇明功臣封爵考》卷二《武安侯》第三八六页、《国朝典汇》卷一九《勋戚田土》第五八四页上皆载郑昆为"武安侯"。馆本"伯"为"侯"之误。

页四下行四　　祝富

〔原考〕抱本、阁本"富"作"福"。

〔新考〕国图本作"祝富"。然同书卷三五八嘉靖二十九年三月丁丑条第二页下载"以辽东游击将军都指挥同知冯登、石匣营游击将军署都指挥佥事祝福各充参将,登分守倒马关,福紫荆关",卷四一八嘉靖三十四年正月癸丑条第二页上载"命紫荆关参将、署都督(衔)指挥佥事祝福充副总兵官,镇守居庸、昌平"。《杨襄毅公本兵疏议》卷三《覆宣大蓟辽等处总督尚书许论等献捷升赏疏》第一七五页下、《四镇三关志》卷八《分守紫荆关参将》第四八〇页上、《五边典则》卷三第五七五页上皆载昌平副总兵或紫荆关参将名"祝福"。馆本"富"当作"福"。

卷四七八考证

页一上行二　　户部侍郎

〔原考〕阁本"部"下有"右"字,抱本有"左"字。

〔新考〕国图本作"户部侍郎"。然同书卷四三三嘉靖三十五年三月庚午条第四页上载"改南京户部右侍郎高燿为户部右侍郎,总督仓场,督理西苑农事",卷四八二嘉靖三十九年三月壬午条第四页下载"升总督仓场户部右侍郎高燿为本部左侍郎"。《国朝列卿纪》卷三六《户部左侍郎年表》第五七九页下也载高燿"嘉靖三十九年左"。阁本所载更准确。

卷四七九考证

本卷未在原考的基础上有新的发现和明显推动。对原考保持肯定。

卷四八一考证

页四上行一　　陈善

〔原考〕广本、阁本"善"作"书"。

〔新考〕国图本作"陈书"。同书卷四六六嘉靖三十七年十一月丙子条第一页上、卷四八七嘉靖三十九年八月辛丑条第二页上、卷四九三嘉靖四十年二月己酉条第四页上均载祭陵都指挥同知名"陈书"。馆本"善"当作"书"。

卷四八二考证

页四上行四　　鉴察御史温如章

〔原考〕旧校改"鉴"作"监"。抱本、阁本"章"作"璋"。

〔新考〕国图本作"监察御史温如璋"。同书卷四七六嘉靖三十八年九月甲戌条第一页载"选授……行人温如璋……林润俱试监察御史……如璋、得春，福建道"，卷五六四嘉靖四十五年闰十月乙未条第四页上载"升……福建道御史温如璋为大理寺右寺丞"。《国朝列卿纪》卷九七《大理寺左右寺丞年表》第五七七页下亦作"温如璋"，其注文曰："见《左少卿》。嘉靖四十五年任右寺丞。隆庆元年转左。本年升右少卿。"复稽同书卷九四《大理寺左右少卿年表》第五五五页下知温如璋"河南洛阳人，嘉靖丙辰进士。隆庆元年任右。寻转左"。查《登科录》第五八页上、《贡举考》卷七第四八四页下、《碑录索引》第二五四一页，皆作"温如璋"。国图本是。

页四上行五　　查允述

〔原考〕广本、阁本"允"作"光"。

〔新考〕国图本作"查光述"。同书卷四七六嘉靖三十八年九月甲戌条第一页载:"选授……推官查光述、王得春……俱试监察御史……光述,江西道。"雍正《昭文县志》卷六《列传》第二八三页下亦作"查光述",其注文曰:"字子孝,以进士授宁波府推官。……倭寇平,擢监察御史。"嘉靖《宁波府志》卷二《推官》第一五五页也作"查光述",其注文曰:"字……常熟人,进士。"复稽《贡举考》卷七嘉靖三十五年诸大绶榜第四八三页下,载有"查光述",其籍贯即"南直隶常熟县"。查《登科录》第三六页下、《碑录索引》第二五四一页,皆作"查光述"。国图本是。

页五下行一二　　侯如谅

〔原考〕广本、阁本"如"作"汝",误。

〔新考〕国图本作"侯汝谅"。同书卷四六八嘉靖三十八年正月壬寅条第五页下载:"升河南按察使侯汝谅为都察院右佥都御史,巡抚辽东。"《国朝列卿纪》卷一一九《巡抚辽东附勅使左右副佥都御史年表》第四九页上亦作"侯汝谅",其注文曰:"山西太原人,嘉靖戊戌进士。三十八年以右佥都御史任。"查《登科录》第四四五八页、《贡举考》卷七第四四五页下、万历《山西通志》卷二一《国朝进士》第六三三页、《碑录索引》第二五二二页,皆作"侯汝谅"。且据《登科录》知侯汝谅"兄汝忠、汝谦、汝讷、汝端、汝惠,弟汝慎、汝谌、汝靖",故侯汝谅兄弟以"汝"字排行。馆本"如"应作"汝"。

卷四八三考证

页四上行六　　河海宴

〔原考〕广本、阁本"宴"作"晏"。

〔新考〕国图本作"何海晏"。同书卷四五四嘉靖三十六年十二月壬寅条第六页上载:"升吏部文选司郎中何海晏为太仆寺少卿。"《国朝列卿纪》卷一五三《太仆寺少卿年表》第三二六页下亦作"何海晏",其注文曰:"山东平阴人,嘉靖甲辰进士。三十六年,由吏部文选司郎中任。"查《登科录》第五三四三页、《贡举考》卷七第四五九页上、《碑录索引》第二五二九页,皆作"何海晏"。国图本是。

页四下行四　　甚为而盈筐书帕

〔原考〕旧校删"为"字。

〔新考〕国图本、《世庙识余录》卷二〇第六三八页上、《国朝典汇》卷三四《吏部》第一一六页上均作"甚而盈筐书帕",是。

卷四八四考证

页六下行三　　马皋谟

〔新考〕国图本作"冯皋谟"。雍正《广东通志》卷二七《左参议》第九八页下亦作"冯皋谟",其注文曰:"浙江海盐人,进士。三十八年任。"《本朝分省人物考》卷四四《冯皋谟》第一八八页下至第一八九页上载:"冯皋谟字禹卿,海盐人,嘉靖庚戌进士。初授刑部主事,转员外郎……寻升江西按察司佥事。历广东布政司参议。"查《登科录》第二三页下、嘉靖《浙江通志》卷五二《选举志》第四二九页、《碑录索引》第二五三四页,皆作"冯皋谟"。国图本是。

页六下行六　　熊希程

〔原考〕三本"熊"作"焦"。

〔新考〕国图本作"焦希程"。同书卷四三二嘉靖三十五年二月丁酉条第二页上载"四川佥事焦希程"。乾隆《贵州通志》卷一七《副使》第四四三页下亦作"焦希程",其注文曰:"泌阳人,举人。"雍正《河南通志》卷四六《举人》第六一六页上也作"焦希程",其注文曰:"泌阳人,副使。"馆本"熊"宜作"焦"。

卷四八五考证

页一下行五　　赵时济

〔新考〕国图本作"赵时齐"。同书卷四七六嘉靖三十八年九月甲戌条第一页载："选授……行人温如璋……赵时齐……林润俱试监察御史……时齐,南京江西道。"《南京都察院志》卷五《江西道》第一四八页下虽误作"赵时济",但却载其为"浙江兰溪人,由进士"。查《登科录》第五七页下、嘉靖《浙江通志》卷五二《选举志》第四一六页、《贡举考》卷七第四八四页下、《碑录索引》第二五四一页,皆作"赵时齐"。国图本是。

卷四八六考证

页二下行八　　壬子

〔原考〕旧校改"子"作"午"。

〔新考〕国图本作"壬午"。《太常续考》卷四《帝后忌辰事宜》第一八九页下载："七月十八日,成祖文皇帝忌辰。"按,该月乙丑朔,十八日恰为壬午。旧校是。

页二下行一二　　都御史

〔新考〕国图本作"佥都御史"。同书卷四三三嘉靖三十五年三月乙亥条第五页下载："改……山西左布政使石永为都察院右佥都御史,巡抚延绥。"《国朝列卿纪》卷一二八《巡抚延绥左右副佥都御史年表》第一六六页上载石永"(嘉靖)三十四年以右佥都御史任"。《国朝献征录》卷三〇《户部左侍郎石永传》第五〇八页下所载《实录》文也作"佥都御史"。国图本是。

卷四八七考证

页一上行五　　纳春芳

〔原考〕旧校改"纳"作"讷"。

〔新考〕国图本、《名山藏》卷二七《典谟记》第一四一页上均作"讷、春芳",是。

页一下行七　　将史

〔原考〕旧校改"史"作"吏"。

〔新考〕国图本、《皇明驭倭录》卷八第一六〇页上、《嘉靖倭乱备抄》第七七页上、《五边典则》卷二四第七一三页上皆作"将吏",是。

卷四八八考证

页二上行一〇　　高汝太

〔原考〕广本、阁本"太"作"泰"。

〔新考〕国图本作"高汝泰"。同书卷四八六嘉靖三十九年七月乙丑条第一页上、卷四八七嘉靖三十九年八月戊戌条第一页上,《杨襄毅公本兵疏议》卷五《覆顺天巡按御史郑存仁等勘明河坊口拒虏功赏疏》第二二四页下皆载山西游击名"高汝泰"。《五边典则》卷九第一三三页上所载《实录》文也作"高汝泰"。国图本是。

页二下行九　　其子尚宝司司丞璠

〔原考〕旧校改"璠"作"璠"。

〔新考〕国图本作"其子尚宝司司丞璠"。同书卷三二八嘉靖二十六年闰九月辛丑条第三页下载:"吏部左侍郎兼翰林院学士徐阶三年秩满,应(荫)其子璠为国子生。"《世经堂集》卷一〇《乞以男代归祭扫》第五三三页下徐阶原奏亦载其子名"徐璠"。《吏部职掌》之《京官三考》第一五一页上、《万历野获编卷》一三《任子再荫》第三三九页也均载徐阶子名"徐璠"。旧校是。

卷四八九考证

页一下行一〇　　太仆寺少卿

〔新考〕国图本作"太仆寺卿"。《国朝列卿纪》卷一五〇《太仆寺卿行实》第三一〇页上载查秉彝嘉靖"三十九年由大理寺左少卿任。四十年升顺天府尹"。《国朝献征录》卷七五查秉彝墓志铭第一三六页上亦载其"改大理少卿,迁太仆卿。所至举其职,遂尹顺天",国图本是。

页七上行九　　莫垣

〔新考〕国图本作"谟垣"。《弇山堂别集》卷三五《韩府》第六二八页、《国朝典汇》卷一二四《谥法》第三一页上、《明谥纪汇编》卷一一第五三一页上皆载褒城王名"谟垣"。据《钦定续文献通考》卷二〇五《帝系考》第八一一页上载"八世融燧子谟坰……融炁子谟垣……融熨子谟桐",知谟垣兄弟以"谟"字排行。馆本"莫"当作"谟"。

卷四九〇考证

页二上行四　　寿不能制

〔原考〕旧校改"寿"作"焘"。

〔新考〕国图本、《皇明驭倭录》卷八第一六一页上、《嘉靖倭乱备抄》第七七页下、《五边典则》卷二四第七一三页下皆作"焘",是。

页六上行六　　同仁

〔原考〕旧校改"同"作"铜"。

〔新考〕国图本、《五边典则》卷二三第六四九页下均作"铜仁"。弘治《贵州图经新志》卷七《铜仁府》第八〇页下、《明一统志》卷八八《铜仁府》第八六〇页上、正德《明会典》卷一八《户部三》第二一七页下、万历《明会典》卷一六《户部三》第一〇九页上皆载贵州下辖"铜仁府"。旧校是。

卷四九一考证

页三下行三　　毛国器

〔新考〕国图本作"毛国器"。然同书卷四二六嘉靖三十四年九月癸巳条第一页上载"命故南宁伯毛重器庶弟邦器袭祖爵",卷五一〇嘉靖四十一年六月癸丑条第一页上载"命故南宁伯毛邦器弟国器袭祖爵"。此时南宁伯当为"毛邦器"。《杨襄毅公本兵疏议》卷五《覆左军都督等府管府事侯伯自陈分别去留疏》第二三五页上杨博原奏也作"毛邦器"。馆本"国"为"邦"之误。

页三下行四　　宁缙伯

〔原考〕"缙"当作"晋"。

〔新考〕国图本作"宁晋伯"。同书卷四三二嘉靖三十五年二月庚子条第三页上载:"诏故宁晋伯刘良玺叔刘斌袭爵。"《杨襄毅公本兵疏议》卷五《覆左军都督等府管府事侯伯自陈分别去留疏》第二三五页上、《明穆宗实录》卷四〇隆庆三年十二月戊辰条第一一页上、《皇明功臣封爵考》卷五《宁晋伯》第五一八页下、《国朝献征录》卷三《固安伯陈公行状》第一二三页上皆载刘斌为"宁晋伯"。国图本是。

卷四九二考证

页三上行一二　　盗跖

〔原考〕影印本"盗"字馍糊。

〔新考〕国图本、《潘司空奏疏》卷一《上广东均平里甲议》第二五页下、《国朝典汇》卷九〇《赋役》第五六七页下均作"盗跖",字迹清晰,可参补。

卷四九三考证

本卷未在原考的基础上有新的发现和明显推动。对原考保持肯定。

卷四九四考证

页四上行五　　吴经

〔原考〕阁本"吴"作"吕"。

〔新考〕国图本作"吴经"。然同书卷四七四嘉靖三十八年七月丙申条第五页下载"命……分守延绥左参将吕经充右副总兵官,分守凉州"。《明穆宗实录》卷二七隆庆二年十二月丁酉条第七页下载"命原镇守甘肃总兵官、署都督佥事吕经镇守陕西"。《五边典则》卷一八第四六六页上、《国榷》卷六六第四一三五页至第四一三六页也均载陕西总兵名"吕经"。馆本"吴"当作"吕"。

卷四九五考证

本卷未在原考的基础上有新的发现和明显推动。对原考保持肯定。

卷四九六考证

页二下行一一　　崔栋复称

〔原考〕旧校改"复"作"覆"。

〔新考〕国图本、《皇明驭倭录》卷八第一六二页上、《嘉靖倭乱备抄》第七八页上均作"崔栋覆称",是。

页三上行一〇　　窘搜不获

〔原考〕旧校改"窘"作"穷"。

〔新考〕国图本、《五边典则》卷二三第六四九页下均作"穷搜不获",是。

卷四九七考证

本卷未在原考的基础上有新的发现和明显推动。对原考保持肯定。

卷四九八考证

页一下行五　　希靖不敢辄受印

〔原考〕旧校改"敢"作"当"。

〔新考〕国图本、《五边典则》卷一八第四五六页下均作"希靖不当辄受印",是。

卷四九九考证

页四上行一二　　张元冲

〔原考〕旧校改"冲"作"冲",下同。

〔新考〕国图本作"张元冲"。同书卷四八四嘉靖三十九年五月戊辰条第一页上载:"升江西左布政使张元冲为都察院右副都御史,巡抚江西。"《国朝列卿纪》卷一〇三《江西巡抚附镇守巡视侍郎卿都御史年表》第六五三页下亦作"张元冲",其注文曰:"浙江山阴人,嘉靖戊戌进士。三十八年以右副都任。"查《登科录》第四四九四页、嘉靖《浙江通志》卷五二《选举志》第四〇六页、《贡举考》卷七第四四六页上、《碑录索引》第二五二三页,皆作"张元冲"。此外,《嘉靖倭乱备抄》第七九页上所载《实录》文也作"张元冲"。旧校是。

卷五〇〇考证

页一上行八　　侍读裴宇

〔新考〕国图本作"侍读裴宇"。然同书卷四六六嘉靖三十七年十一月庚寅条第三页上载"升……修撰裴宇、陈以勤为司经局洗马兼侍讲",卷五〇六嘉靖四十一年二月乙卯条第一页上载"升司经局洗马兼翰林侍讲裴宇为侍读学士,掌院事"。《国朝献征录》卷一七陈以勤墓志铭第六三二页上载:"丙辰迁修撰。戊午(嘉靖三十七年)进司经局洗马兼翰林侍讲。"疑馆本"侍读"当作"侍讲"。

卷五〇一考证

页九下行八　　建非白不善

〔原考〕旧校改"非白"作"白非"。

〔新考〕国图本、《明经世文编》卷一九六《条上地方极弊十五事疏》第二〇二五页下、《五边典则》卷四第五八一页下均作"建白非不善",是。

卷五〇二考证

页二上行一〇　　瑜吏科

〔新考〕国图本作"瑜吏科"。然同书卷五〇七嘉靖四十一年三月甲午条第三页上载:"升……礼科右给事中李瑜俱左给事中……瑜、鸣瑞俱工科。"《披垣人鉴》卷一四第三〇九页上亦载李瑜"(嘉靖)四十年升礼科右。四十一年,升工科左"。疑馆本"吏"当作"礼"。"吏""礼",音近误。

卷五〇三考证

页一上行九　　邵梗

〔原考〕三本"梗"作"楩"。

〔新考〕国图本、《嘉靖倭乱备抄》第八〇页下均作"邵梗",是。

卷五〇四考证

页二下行七　　左侍郎

〔原考〕广本、阁本"左"下有"右"字。抱本"左"作"右"。

〔新考〕国图本作"左右侍郎"。同书卷三九〇嘉靖三十一年十月戊午条第二页上载"升……都察院右副都御史王学益为刑部右侍郎",卷三九九嘉靖三十二年六月癸巳条第五页下载"升刑部右侍郎王学益为本部左侍郎"。《国朝列卿纪》卷五九《刑部左右侍郎年表》第二〇〇页上载王学益"(嘉靖)三十一年任右。三十二年转左"。国图本当是。

卷五〇五考证

页一下行三　　宣苏大同

〔原考〕旧校改"苏"作"蓟"。

〔新考〕国图本、《皇明辅世编》卷六《杨襄毅博》第七四四页下均作"宣、蓟、大同"。《明政统宗》卷二八第五五页上、《两朝宪章录》卷一七第七四五页上、《国朝典汇》卷一五九《边备》第三八四页下均作"蓟镇、宣、大"。旧校是。

卷五〇六考证

页一下行一　　编修

〔原考〕三本作"修撰"。

〔新考〕国图本作"修撰"。同书卷五一二嘉靖四十一年八月丁丑条第三页上载"升……翰林院修撰孙世芳为右春坊右中允,管国子监司业事"。国图本当是。

页五下行一二　　刘行素

〔原考〕三本作"袁淳"。

〔新考〕国图本作"袁淳"。同书卷四七六嘉靖三十八年九月甲戌条第一页载"选授……推官查光述……袁淳……俱试监察御史……淳 广东道",卷四八二嘉靖三十九年三月戊寅条第四页上载"诏各道试鉴(监)察御史温如章……袁淳……陈纪俱实授"。国图本是。

页五下行一二　　袁淳

〔原考〕三本作"刘行素"。

〔新考〕国图本作"刘行素"。同书卷四七六嘉靖三十八年九月甲戌条第一页载"选授……中书舍人鲍承荫……刘行素……俱试监察御史……行素,南京浙江道",卷四八五嘉靖三十九年六月壬寅条第一页下载"准南京 浙江等道试监察御史刘行素、赵时齐……实授"。国图本是。

卷五〇七考证

页一下行三　　赵钺

〔原考〕旧校改"钱"作"钎"。

〔新考〕国图本作"赵钺",是。详参卷三三四页六上行四"钺"条之辨析。

卷五〇八考证

本卷未在原考的基础上有新的发现和明显推动。对原考保持肯定。

卷五〇九考证

页三下行六　　张杲

〔新考〕国图本作"张臬"。同书卷四九七嘉靖四十年闰五月甲寅条第六页上载："升南京大理寺卿张臬为兵部右侍郎兼都察院右佥都御史，提督两广军务。"《国朝列卿纪》卷一〇七《总督两广尚书侍郎都御史年表》第六九六页上亦作"张臬"，其注文曰："江西进贤人，嘉靖丙戌进士。四十年起，升兵部右侍郎兼佥都任。"查《贡举考》卷六第四三〇页上、《碑录索引》第二五一三页，皆作"张臬"。馆本"杲"当作"臬"。"杲""臬"，形近误。

页八下行一一　　阳站堡

〔原考〕抱本、阁本"阳"作"汤"。

〔新考〕国图本、《国朝典汇》卷一七〇《北虏》第六〇〇页下、《五边典则》卷四第五八七页上均作"汤站堡"。嘉靖《辽东志》卷三《兵食志》第五五一页下、《四镇三关志》卷二《乘障》第八〇页下、万历《明会典》卷二二《户部九》第一四四页上皆载辽东下辖"汤站堡"。馆本"阳"应作"汤"。

页八下行一二　　虏知其饶将

〔原考〕广本作"虏军"。按"饶"应作"骁"。

〔新考〕国图本、《国朝典汇》卷一七〇《北虏》第六〇〇页下、《五边典则》卷四第五八七页上均作"虏知其骁将",是。

卷五一〇考证

本卷未在原考的基础上有新的发现和明显推动。对原考保持肯定。

卷五一一考证

页一上行四　　吴百朋

〔新考〕国图本作"吴百朋",误。当作"吴伯朋"。详参卷三八一页五下行五"吴百朋"条之辨析。

卷五一二考证

页二下行五　　论大学士

〔原考〕旧校改"论"作"谕"。

〔新考〕国图本、《明政统宗》卷二八第五八页下、《国朝典汇》卷二二《编辑诸书》第六一五页下均作"谕大学士",是。

卷五一三考证

页三下行七　　李应枢

〔原考〕广本、阁本"李"作"袁"。

〔新考〕国图本作"袁应枢"。同书卷五〇七嘉靖四十一年三月己丑条第一页上载:"升……广东布政使司左参议袁应枢为按察司副使,一元、应枢俱广西。"雍正《广东通志》卷二七《左参议》第九八页下亦作"袁应枢",其注文曰:"江西分宜人,选贡。三十七年任。"此外,万历《湖州府志》卷九《推官》第一八九页下、《皇明疏钞》卷七〇《申逆罪正典刑以彰天讨疏》第八二八页下载选贡或严嵩之婿为"袁应枢"。需要说明的是，《国朝献征录》卷五一《工部左侍郎刘伯跃传》第六五三页上载《实录》文，也作"袁应枢"。馆本"李"当作"袁"。

页八上行一　　太常寺

〔原考〕抱本"常"作"仆"。

〔新考〕国图本作"太仆寺"。同书卷五一一嘉靖四十一年七月甲午条第三页下载："升南京通政使司右参议徐养正为南京太仆寺少卿。"《国朝列卿纪》卷一五四《南京太仆寺少卿年表》第三三八页上亦载徐养正"嘉靖四十一年任"。馆本"常"当作"仆"。

页八上行三　　参议

〔原考〕抱本、阁本"议"作"政"。健按，"参议"二字疑衍。

〔新考〕国图本作"参政"。万历《山西通志》卷一二《右参政》第二三九页载有"王之诰"。雍正《山西通志》卷七九《职官》第七〇三页上载王之诰"（嘉靖）时，历任左参议、右参政、副使、总督都御史"。馆本"议"当作"政"。

卷五一四考证

页三下行四　　佥书

〔原考〕三本"书"作"事"。

〔新考〕国图本作"佥事"。雍正《广西通志》卷五三《佥事》第五四三页上载有"张冕"，其注文曰："晋江人，嘉靖间任。"《杨襄毅公本兵疏议》卷九《覆江广等处纪功御史段顾言等核勘剿平逆寇张琏等功赏疏》第三二七页下杨博原旨亦载张冕为"佥事"。馆本"书"当作"事"。

卷五一五考证

页一上行七　　吴百朋

〔原考〕阁本"朋"作"鹏",误。

〔新考〕国图本作"吴伯朋",是。详参卷三八一页五下行五"吴百朋"条之辨析。

卷五一六考证

页五下行一　　重因

〔原考〕旧校改"因"作"囚"。

〔新考〕国图本作"重囚",是。

卷五一七考证

页三上行一　　为贼渊薮

〔原考〕广本、抱本"为"下有"此"字。

〔新考〕国图本、《世庙识余录》卷二三第六五六页下、《皇明驭倭录》卷八第一六六页上、《嘉靖倭乱备抄》第八三页上所载皆与广本、抱本同,疑是。

卷五一八考证

页三上行四　　黄濂

〔原考〕阁本"濂"作"廉"。

〔新考〕国图本作"黄濂"。然民国《南安县志》卷二一《选举十六》之"嘉靖七年戊子科"第一三八页上载有"黄濂清",其注文曰"户部员外,河清弟",当即此处之人。万历《重修泉州府志》卷一五《人物志上之中》第一一四八页、崇祯《闽书》卷八八《举人》第二九〇页下、乾隆《福建通志》卷三八《选举》第二一七页下皆作"黄濂清"。馆本"濂"下当补"清"字。

页四上行一二　　李邦珎

〔新考〕国图本作"李邦珎"。然同书卷五五六嘉靖四十五年三月戊戌条第一页下载"升河南道御史李邦珍、江西布政使司左参政李一元俱为太仆寺少卿"。《国朝列卿纪》卷一五三《太仆寺少卿年表》第三二七页上亦作"李邦珍",其注文曰:"山东肥城人,嘉靖庚戌进士。四十五年由监察御史任。"查《登科录》第三四页下、《贡举考》卷七第四七〇页下、《碑录索引》第二五三四页,皆作"李邦珍"另,《皇明驭倭录》卷八第一六六页下、《国朝典汇》卷一六九《日本》第五五〇页上、《五边典则》卷二四第七一六页下所载《实录》文也皆作"李邦珍"。馆本"珎"当作"珍"。

卷五一九考证

页五上行四　　放富差贫

〔原考〕三本"差"作"役"。

〔新考〕国图本、《两朝宪章录》卷一七第七五二页上所载均与三本同,疑是。

卷五二〇考证

页三上行四　而籍之以钻求

〔原考〕旧校改"籍"作"藉"。

〔新考〕国图本、《两朝宪章录》卷一七第七五二页下均作"而藉之以钻求",是。

卷五二一考证

页四上行一一　　都给事中

〔原考〕三本"都"作"左"。

〔新考〕国图本作"左给事中"。同书卷五二〇嘉靖四十二年四月丁巳条第一页下至第二页上载"升户科右给事中赵灼……刑科右给事中陈瓒俱左给事中……邦义、瓒仍本科",卷五二一嘉靖四十二年五月辛巳条第二页下载"刑科左给事中陈瓒疏陈黜遗奸、采遗贤二事……上不悦……于是锦衣卫执瓒廷杖六十。发为民"。《掖垣人鉴》卷一四第三一五页上亦载陈瓒"(嘉靖)四十一年升刑科右。四十二年升刑科左。以言事廷杖为民"。馆本"都"为"左"之误。

页五上行一一　　杨博

〔原考〕旧校改"愽"作"博"。

〔新考〕国图本作"杨博",是。详参卷三二〇页三上行一〇"杨溥"条之辨析。

卷五二二考证

页一上行七　　李邦珍

〔新考〕国图本作"李邦珍",误。当作"李邦珍"。详参卷五一八页四上行二"李邦珍"条之辨析。

页三上行一〇　　吴百朋

〔新考〕国图本作"吴百朋",误。当作"吴伯朋"。详参卷三八一页五下行五"吴百朋"条之辨析。

卷五二三考证

页二上行一一　　玉龟生五卵

〔原考〕广本无"五"字。阁本"卵"作"卵"。〔新考〕国图本作"玉龟生五卵",《名山藏》卷二八《典谟记》第一四八页上作"龟生五卵",国图本是。

卷五二四考证

页三上行一一　　以凭察考

〔原考〕旧校改"察考"作"考察"。
〔新考〕国图本作"以凭考察",是。

卷五二五考证

页三上行一　　杨愽

〔原考〕旧校改"愽"作"博"。
〔新考〕国图本作"杨愽",是。详参卷三二〇页三上行一〇"杨溥"条之辨析。

卷五二六考证

页三下行一二　　右布政

〔原考〕三本"布"作"参"。
〔新考〕国图本作"右参政"。万历《山西通志》卷一二《右参政》第二三九页载有"耿随朝"。雍正《山西通志》卷七九《职官》第七〇五页下载"耿随朝,进士。嘉靖时任右参政,直隶滑县人"。雍正《河南通志》卷四五《进士》第六一〇页上载耿随朝"滑县人,明嘉靖丁未科。仕至参政"。馆本"布"宜作"参"。

卷五二七考证

页三下行八　　宣府独石竟外

〔原考〕三本"竟"作"境"。

〔新考〕国图本、《杨襄毅公本兵疏议》卷一一《条上经略蓟镇善后十事疏》第三八〇页上杨博原奏所载均与三本同,是。

页六下行六　　署都督佥事

〔原考〕抱本、阁本"督"作"指挥"。

〔新考〕国图本作"署都指挥佥事"。同书卷四九四嘉靖四十年三月戊子条第五页下载"淮、扬防倭署都指挥佥事张世俊充右副总兵官,分守凉州",国图本当是。

卷五二八考证

页三下行三　　邢守廷

〔原考〕阁本"廷"作"庭"。〔新考〕国图本误作"形守庭"。同书卷五二七嘉靖四十二年十一月庚寅条第七页上载:"升礼科左给事中邢守庭为兵科都给事中。"《掖垣人鉴》卷一四第三一五页下亦作"邢守庭",其注文曰:"字绍勇,号后坡,河南临颍县人,嘉靖三十五年进士。四十一年七月,由行人选户科给事中……四十二年升兵科右、礼科左。寻升兵科都。"查《登科录》第八一页上、《贡举考》卷七第四八五页下、《碑录索引》第二五四二页,皆作"邢守庭"。馆本"廷"为"庭"之误。

卷五二九考证

页一上行一二　　雨广

〔原考〕旧校改"雨"作"两"。

〔新考〕国图本、《名山藏》卷二八《典谟记》第一五〇页上均作"两广",是。

页三上行八　　乃可行

〔原考〕旧校"可"下增"久"字。

〔新考〕国图本、《典故纪闻》卷一七第三二一页、《国朝典汇》卷一五四《恤军》第三二二页上均作"乃可久行",是。

卷五三〇考证

页四下行四　　河南道

〔原考〕广本、阁本"河"上有"南京"二字。

〔新考〕国图本作"南京河南道"。同书卷四五〇嘉靖三十六年八月丁酉条第三页下至第四页上载:"选授……行人高应芳、方攸绩、金应奎、祝尧焕……俱试监察御史……尧焕,南京河南道。"《南京都察院志》卷六《河南道》第一六八页下载有"祝尧焕"。国图本是。

页五上行三　　辈毂

〔原考〕"辈"应作"辇"。

〔新考〕国图本、《明政统宗》卷二八第六六页下、《两朝宪章录》卷一八第七五四页下均作"辇毂",是。

卷五三一考证

页一上行四　　季秋

〔原考〕广本、阁本及《明督抚年表》"季"作"李"。

〔新考〕国图本作"李秋"。同书卷五二八嘉靖四十二年十二月壬戌条第六页上载："升……大理寺右少卿李秋为本寺左少卿。"《国朝列卿纪》卷九四《大理寺左右少卿年表》第五五五页上亦作"李秋",其注文曰："顺天蓟州人,嘉靖丁未进士。四十二年任右转左。四十三年升宣府右佥都。"查《登科录》第四四页上、《贡举考》卷七第四六五页上、万历《顺天府志》卷五《进士》第二〇〇页上、《碑录索引》第二五三二页,皆作"李秋"。馆本"季"应作"李"。"季""李",形近误。

页四下行六　　张晟

〔原考〕阁本"晟"作"冕"。

〔新考〕国图本作"张冕"。雍正《广东通志》卷二七《佥事》第一〇九页上亦作"张冕",其注文曰："福建晋江人,进士。"乾隆《福建通志》卷四五《人物三》第五四三页载张冕"字庄甫,晋江人,嘉靖丁未进士。授乌程令……擢广东兵备佥事。"查《登科录》第七五页上、《贡举考》卷七第四六六页下、《碑录索引》第二五三三页,皆作"张冕"。国图本是。

卷五三二考证

页四上行五　　兵百朋

〔原考〕三本"兵"作"吴",是也。

〔新考〕国图本作"吴百朋",误。当作"吴伯朋"。详参卷三八一页五下行五"吴百朋"条之辨析。《皇明驭倭录》卷八第一七五页上、《嘉靖倭乱备抄》第八八页下所载《实录》文均作"吴伯朋",可为辅证。

卷五三三考证

页三上行五　　珂复据平州

〔原考〕广本、阁本"珂"下有"得"字。

〔新考〕国图本、《五边典则》卷二三第六五二页下均作"珂得复据平凉州",疑是。

卷五三四考证

页一下行四　　色严禁

〔原考〕旧校改"色"作"乞"。

〔新考〕国图本、《国朝典汇》卷一九九《抽分税课》第八九一页上均作"乞严禁",是。

页一下行一二　　任〇署都指挥佥事

〔原考〕旧校改"〇"作"俊"。

〔新考〕国图本作"任俭署都指挥佥事"。然同书卷五二九嘉靖四十三年正月乙酉条第二页上载"命羽林前卫署都指挥佥事任俊充右参将,管京城内外巡捕事",疑是。

卷五三五考证

页二下行三　　伍惟统

〔原考〕阁本"惟"作"维"。

〔新考〕国图本作"伍维统"。同书卷四五八嘉靖三十七年四月壬辰条第四页下载"指挥伍维统"。《皇明驭倭录》卷八第一七五页下、《嘉靖倭乱备抄》第八九页上所载《实录》文也均作"伍维统"。疑是。

卷五三六考证

页一下行六　　丙申

〔原考〕旧校改"申"作"午"。

〔新考〕国图本作"丙午"。《国榷》卷六四第四〇〇三页、《明通鉴》卷六三第一七六六页均载《实录》事于"丙午"。旧校是。

页一下行一二　　吴百朋

〔新考〕国图本作"吴百朋",误。当作"吴伯朋"。详参卷三八一页五下行五"吴百朋"条之辨析。

页三下行二　　顾应贤

〔原考〕抱本"顾"作"颜"。

〔新考〕国图本作"颜应贤"。同书卷五二七嘉靖四十二年十一月甲辰条第九页下至第一〇页上载:"选授……国子监学录颜应贤俱试监察御史……应贤,山东道。"雍正《江西通志》卷五四《选举》第七八〇页下亦作"颜应贤",其注文曰:"安福人,广西中式,御史。"查《杨襄毅公本兵疏议》卷一七《覆巡视西关御史颜应贤申饬蓟镇守边要务疏》第五一〇页上、《四镇三关志》卷八《巡关》第四四五页下,均作"颜应贤"。《国朝典汇》卷一八四《诖奏》第七七四页下载《实录》事,亦作"颜应贤"。馆本"顾"宜作"颜"。

卷五三七考证

页一上行八　　及令防秋之时

〔原考〕旧校改"令"作"今"。

〔新考〕国图本、《皇明辅世编》卷六《杨襄毅博》第七四七页上均作

"及今防秋之时"。《杨襄毅公本兵疏议》卷一四《会议京营戎政核实十事疏》第四四〇页上杨博原奏作"即今正值防秋"。《明政统宗》卷二八第六八页下、《两朝宪章录》卷一八第七五五页下、《国朝典汇》卷一五〇《京营》第二八八页上均作"及今防秋之期"。旧校是。

页一上行九　　今王将入营

〔原考〕旧校改"王"作"主"。

〔新考〕国图本、《皇明辅世编》卷六《杨襄毅博》第七四七页上均作"今主将入营"。《杨襄毅公本兵疏议》卷一四《会议京营戎政核实十事疏》第四四〇页下杨博原奏、《明政统宗》卷二八第六八页下、《两朝宪章录》卷一八第七五五页下均作"主将入营"。原考是。

卷五三八考证

页四下行五　　屠义英

〔原考〕阁本、库本"义"作"羲",次行同。

〔新考〕国图本作"屠羲英"。《明穆宗实录》卷五三隆庆五年正月己丑条第六页下载"浙江按察司副使屠羲英"。《礼部志稿》卷四三《祠祭司郎中》第七九四页下亦作"屠羲英",其注文曰:"淳卿,直隶宁国县人,嘉靖三十五年进士。四十三年,繇户部贵州司调任。升提学副使。"查《登科录》第二〇页下、《贡举考》卷七第四八二页下、《碑录索引》第二五四〇页,皆作"屠羲英"。且据《登科录》知屠羲英"弟羲民",故屠羲英兄弟以"羲"字排行。馆本"义"当作"羲"。"义""羲",形近误。

页四下行八　　户部左侍郎

〔原考〕三本、库本"左"作"右"。

〔新考〕国图本作"户部右侍郎"。同书卷五二二嘉靖四十二年六月辛酉条第三页上载:"改南京户部右侍郎黄养蒙为户部右侍郎。"《国朝列卿纪》卷三六《户部左侍郎年表》第五七九页下亦载黄养蒙嘉靖"四十二年右"。此外,《明神宗实录》卷一四六万历十二年二月壬戌条第四页上载"予原任户部右侍郎黄养蒙祭葬",说明黄养蒙至死未曾任"户部左侍郎"。国图本是。

页七上行一　　谢发之

〔原考〕广本、阁本、库本"发"作"登"。

〔新考〕国图本作"谢登之"。同书卷五〇一嘉靖四十年九月癸丑条第一一页下载:"升礼科都给事中谢登之为太仆寺少卿。"《国朝列卿纪》卷一五三《太仆寺少卿年表》第三二七页上亦作"谢登之",其注文曰:"湖广巴陵人,嘉靖丁未进士。四十年由礼科都给事中任。"查《登科录》第一三页下、《掖垣人鉴》卷一四第三〇〇页下、《贡举考》卷七第四六三页下、《碑录索引》第二五三一页,皆作"谢登之"。国图本是。

卷五三九考证

页三下行一〇　　于命

〔原考〕广本、阁本、库本"于"作"林"。

〔新考〕国图本作"林命"。同书卷五二一嘉靖四十二年五月丙申条第五页下载:"升……吏科右给事中林命为左给事中……鼎、命、时亮俱工科。"《掖垣人鉴》卷一四第三一五页上亦作"林命",其注文曰:"字子顺,号梅墩,福建建安县人,嘉靖三十二年进士。四十年九月,由直隶金坛知县选工科给事中。四十二年升吏科右、工科左……四十三年复除。寻升礼科都。"查《登科录》第八二页上、《贡举考》卷七第四七八页下、《碑录索引》第二五三八页,皆作"林命"。馆本"于"当作"林"。

卷五四〇考证

页三上行三　　登庸

〔新考〕"庸",国图本、《国朝典汇》卷九三《钱法》第五八二页上均作"云",是。

卷五四一考证

页四下行二　　言官轮事

〔原考〕旧校改"轮"作"论"。

〔新考〕国图本、《明政统宗》卷二八第七〇页下、《两朝宪章录》卷一八第七五六页下、《国朝典汇》卷三〇《建言》第七三〇页上皆作"言官论事",是。

卷五四二考证

页三下行一　　画夜

〔原考〕旧校改"画"作"昼"。

〔新考〕国图本、《弇山堂别集》卷八三《科试考三》第一五八一页、《礼部志稿》卷七二《条上革弊四事》第二三〇页下均作"昼夜",是。

页三下行二　　老树

〔原考〕旧校改"树"作"挝"。

〔新考〕国图本作"老挝"。同书卷四九二嘉靖四十年正月庚寅条第三页上、《明太宗实录》卷一三三永乐十年十月己未条第一页下、《明宣宗实录》卷一三宣德元年正月己酉条第三页下、《明一统志》卷九〇《安南》第八八七页上、《楚纪》卷一〇《李田》第四三七页上皆载"老挝宣慰司"。

旧校是。

卷五四三考证

页二上行一　　李选

〔原考〕阁本"选"作"迁"。

〔新考〕国图本作"李迁"。同书卷五二六嘉靖四十二年十月乙亥条第九页上载："升巡抚保定等处都察院右副都御史李迁为工部右侍郎兼右佥都御史,总理河道。"《国朝列卿纪》卷六五《工部左右侍郎年表》第三一五页上亦作"李迁",其注文曰："江西新建人,嘉靖辛丑进士。四十二年任右。"查《登科录》第二六页上、《贡举考》卷七第四五二页上、《碑录索引》第二五二五页,皆作"李迁"。国图本是。

页二下行八　　刘沛

〔原考〕阁本、库本"沛"作"霈"。

〔新考〕国图本作"刘霈"。《明穆宗实录》卷一五隆庆元年十二月戊子条第三页上载甘肃"游击刘霈",卷六五隆庆六年正月辛未条第五页上载"沼嘉靖四十三年虏犯甘肃大孤山、河响闸儿墩等处失事罪……谪原任总兵官刘承业戍边,下指挥刘霈、杨经等巡按御史逮问"。《杨襄毅公本兵疏议》卷一六《覆陕西总督都御史郭乾等甘肃镇献捷疏》第四九一页下亦载甘肃游击名"刘霈"。馆本"沛"应作"霈"。

卷五四四考证

页四上行六　　周之末

〔原考〕旧校改"未"作"末"。

〔新考〕国图本、《世经堂集》卷五《拟廷试策问》第四五四页下、《贡举考》卷八第四九九页上均作"周之末",是。

页六下行一二　　未年

〔原考〕旧校改作"末年"。

〔新考〕国图本、《世庙识余录》卷二四第六六八页上均作"末年",是。

页七上行四　　法司拟以谋判

〔原考〕旧校改"判"作"叛"。广本此六字作"盖密有授之意者,欲寻端杀之"。

〔新考〕国图本、《世庙识余录》卷二四第六六八页作"法司拟以谋叛",可为旧校提供佐证。

卷五四五考证

页二下行一〇　　季邦珍

〔原考〕三本、库本"季"作"李"。

〔新考〕国图本、《国朝典汇》卷一四八《冒滥军功》第二六六页上均作"李邦珍",是。详参卷五一八页四上行二"李邦琛"条之辨析。

页三上行三　　陈颐等

〔原考〕广本、阁本、库本"颐"下有"正"字。

〔新考〕国图本作"陈颐正等"。光绪《慈溪县志》卷二八《列传五》第五九六页下载:"陈颐正字观甫,茂义子,嘉靖四十一年进士,知金坛县。"《登科录》《贡举考》卷七第四九五页上、《碑录索引》第二五四六页皆作"陈颐正"。此外,《国朝典汇》卷一六五《寇盗》第四六二页下载《实录》事,也作"陈颐正"。国图本是。

页四上行二　　李士华

〔原考〕广本、阁本、库本"士"作"自"。

〔新考〕国图本、《登科录》第八页下、《贡举考》卷八第四九九页上、《碑录索引》第二五四七页皆载一甲进士名"李自华",当是。

页四上行九　　右副都御史

〔原考〕抱本"右"作"左"。

〔新考〕国图本作"左副都御史"。同书卷五一五嘉靖四十一年十一月丙午条第七页上载:"升总督漕运都察院右副都御史毛恺为左副都御史,回院管事。"《国朝列卿纪》卷七六《都察院左右副都御史年表》第四四二页上载毛恺嘉靖"四十二年任左副都御史"。此外,《国朝献征录》卷四五毛恺行状第三七二页下载:"癸亥(嘉靖四十二年)擢左副都,召回协管院事。"国图本是。

卷五四六考证

页七上行三　　铁柱宫官

〔原考〕旧校删一"官"字。

〔新考〕国图本、《弇山堂别集》卷一〇〇《中官考十一》第一九〇〇页、《世庙识余录》卷二四第六六八页下、《皇明辅世编》卷五《徐文贞阶》第七〇九页下皆作"铁柱宫",是。

页一〇上行一　　太常卿

〔原考〕广本、库本"常"作"仆寺",阁本作"仆"。

〔新考〕国图本作"太仆寺卿"。《国朝列卿纪》卷一五〇《太仆寺卿年表》第三〇二页上载李敏"嘉靖四十四年任"。是疑馆本"常"当作"仆"。

页一〇上行二　　刘成业

〔新考〕国图本作"刘成业"。然同书卷五四三嘉靖四十四年二月丙子条第二页下载"副总兵刘承业"。《明穆宗实录》卷八隆庆元年五月己卯条第八页下载:"升甘州左副总兵刘承业为都督佥事,充总兵官,镇守甘肃等处。"《杨襄毅公本兵疏议》卷一六《覆陕西总督都御史郭乾等甘肃镇献捷疏》第四九一页下、《小司马奏草》卷二第五六九页上、《国榷》卷六五第四〇五八页均载甘州副总兵或甘肃总兵名"刘承业"。馆本"成"当作"承"。

卷五四七考证

页五上行一一　　斐天祐

〔新考〕国图本作"裴天祐"。同书卷五五二嘉靖四十四年十一月癸亥条第七页载:"升大理寺右少卿邹应龙为本寺左少卿,左寺丞裴天祐为右少卿。"《国朝列卿纪》卷九四《大理寺左右少卿年表》第五五五页上亦作"裴天祐",其注文曰:"直隶赣榆人,嘉靖庚戌进士。四十五年任右。"查《登科录》第七五页下、《贡举考》卷七第四七二页下、《碑录索引》第二五三五页,皆作"裴天祐"。馆本"斐"当作"裴"。"斐""裴",形近误。

卷五四八考证

页二上行六　　永家堡

〔新考〕国图本作"永嘉堡"。同页上文载"永嘉等堡"。《五边典则》卷一〇第一四二页下载《实录》文,亦作"永嘉堡"。此外,万历《明会典》卷一二六《镇戍一》第六五四页上、《三云筹俎考》卷三《永嘉堡》第六一页上、《读史方舆纪要》卷四四《山西六》第二〇二六页,皆载"永嘉堡"。馆本"家"当作"嘉"。"家""嘉",音近误。

卷五四九考证

页四上行五　　严纳

〔原考〕旧校改"纳"作"讷"。

〔新考〕国图本作"严讷",是。详参卷二五五页四下行五"严纳"条之辨析。

卷五五〇考证

页二上行一一　　邢守廷

〔原考〕旧校改"廷"作"庭"。

〔新考〕国图本作"邢守庭",是。详参卷五二八页三下行三"邢守廷"条之辨析。

页四上行一一　　刘瑧

〔原考〕广本作"刘溱"。

〔新考〕国图本、《皇明驭倭录》卷八第一七九页上均作"刘溱"。同治《苏州府志》卷五二《职官一》之"以上知府"一目第四九七页下亦作"刘溱",其注文曰:"安阳人,嘉靖四十三年六月由凤阳改任。四十五年升淮扬兵备。"万历《保定府志》卷八《知州》第一七页亦作"刘溱",其注文曰:"河南安阳县人,进士。官至副使。"查《登科录》第一〇九页上、《贡举考》卷七第四八〇页上、《碑录索引》第二五三九页,皆作"刘溱"。且据《登科录》知刘溱"弟浠",故刘溱兄弟之名均从水。馆本"瑧"当作"溱"。

页六下行一二　　任惟钓

〔原考〕旧校改"钓"作"钧"。

〔新考〕国图本、《国朝典汇》卷三四《吏部》第一一八页上均作"任惟钧",是。详参卷三七一页四上行七"任维钧"条之辨析。

卷五五一考证

页一上行一一　　潘李驯

〔原考〕广本、抱本、库本"李"作"季",是也。

〔新考〕国图本作"潘季驯"。同书卷五四七嘉靖四十四年六月丙戌条第四页上载:"升大理寺右少卿郭汝霖为本寺左少卿,左寺丞潘季驯为右少卿。"《国朝列卿纪》卷九四《大理寺左右少卿年表》第五五五页上亦作"潘季驯",其注文曰:"浙江乌程人,嘉靖庚戌进士。四十四年任右。本年转左。"查《登科录》第五一页上、嘉靖《浙江通志》卷五二《选举志》第四二九页、《贡举考》卷七第四七一页上、《国朝献征录》卷五九潘季驯墓志铭第二四一页下、《碑录索引》第二五三五页,皆作"潘季驯"。原考是。"李""季",形近误。

页一下行八　　胡惟新

〔原考〕广本、阁本、库本"惟"作"维"。

〔新考〕国图本作"胡维新"。同书卷五二七嘉靖四十二年十一月甲辰条第九页下载:"选授……行人胡维新……国子监学录颜应贤俱试监察御史……维新江西道。"乾隆《镇江府志》卷三四《名宦下》第三六页下载:"胡维新字文化,浙江余姚人,嘉靖己未进士。隆庆四年,由御史守镇江,兴学造士。升行太仆寺少卿。"查《登科录》第三二页下、嘉靖《浙江通志》卷五二《选举志》第四三七页、《贡举考》卷七第四八八页下、《碑录索引》第二五四三页,皆作"胡维新"。馆本"惟"当作"维"。

卷五五二考证

页一下行一二　　顾明世

〔原考〕广本、阁本、库本"明"作"名"。

〔新考〕国图本作"顾名世"。同治《上海县志》卷一九《人物二》第一四五一页载："顾名世字应夫,嘉靖三十八年进士,官尚宝司丞。"《登科录》第二六页上、《贡举考》卷七第四八八页下、《碑录索引》第二五四三页,皆作"顾名世"。且据《登科录》知顾名世兄弟以"名"字排行。馆本"明"宜作"名"。

卷五五三考证

本卷未在原考的基础上有新的发现和明显推动。对原考保持肯定。

卷五五四考证

页二上行五　　右副都御史

〔原考〕阁本"右"作"左"。

〔新考〕国图本缺载。同书卷五四六嘉靖四十四年五月丙辰条第五页下载："升巡抚贵州都察院右副都御史吴岳为本院左副都御史,协理院事。"《国朝列卿纪》卷七六《都察院左右副都御史年表》第四四二页上亦载吴岳"(嘉靖)四十四年任左副都御史。升吏部右侍郎"。馆本"右"当作"左"。

页三上行七　　庚辰

〔新考〕国图本缺载。该月癸巳朔,依干支顺序,己未与辛酉间只有庚申。此处前为己未事,后为辛酉事。此处当为"庚申"。《明通鉴》卷六三第一七七九页载革俞大猷职于"庚申"下,亦证馆本误。

卷五五五考证

页一上行七　　贾宜

〔新考〕国图本缺载。《皇明疏钞》卷二五《直言天下第一事疏》第七三六页上、《世庙识余录》卷二五第六七三页上均作"贾谊"。《汉书》卷四八《贾谊传第十八》第二二三〇页、《西汉年纪》卷七《文帝》第六五页下、《资治通鉴》卷一四第四七三页皆载奏言者为"贾谊"。馆本"宜"当作"谊"。

页四下行一〇　　吴一价

〔原考〕广本、阁本"价"作"介"。

〔新考〕国图本缺载。光绪《重修安徽通志》卷一七八《人物志》第三四二页下载:"吴一介字符石,桐城人,嘉靖丙辰进士。知光州……擢屯田员外郎,修洪应、乐城二殿。"《登科录》第一五页上、《贡举考》卷七第四八二页上、《碑录索引》第二五四〇页皆作"吴一介"。馆本"价"宜作"介"。

页一〇上行九　　尹枝

〔原考〕广本、阁本"枝"作"校",次行同。

〔新考〕国图本作"尹校"。同书卷四九八嘉靖四十年六月壬午条第三页载:"选授……行人郝杰……尹校……俱试监察御史……校,南京湖广道。"《南京都察院志》卷六《湖广道》第一五八页下亦作"尹校",其注文曰:"字原学,锦衣籍,歙县人。由进士。"此外,《贡举考》卷七嘉靖三十五年诸大绶榜第四八五页下载有"尹校",其籍贯为"锦衣卫"。复稽《登科录》第八〇页下、《碑录索引》第二五四二页,亦均作"尹校"。馆本"枝"当作"校"。

页十一下行六　　徐文壁

〔新考〕国图本作"徐文壁"。《明穆宗实录》卷三隆庆元年正月甲戌条第五页下载管理红盔将军"勋卫张元功、徐文璧"。《高文襄公集》卷二一《题河南伯方烨袭爵疏》第二七九页上、《皇明功臣封爵考》卷二《定国公》第三七九页上、《明谥纪汇编》卷一八第五八三页下均载定国公名"徐文璧"。馆本"壁"当作"璧"。

卷五五六考证

页一下行九　　贵州右布政

〔原考〕阁本"右"作"左"。

〔新考〕国图本作"贵州右布政"。然同书卷五〇六嘉靖四十一年二月甲戌条第四页上载："升……四川右布政使丘预达俱为左布政使……预远（达）贵州。"雍正《贵州通志》卷一七《左布政使》第四三五页下载有"丘预达"。馆本"右"当作"左"。

页三上行九　　张守植

〔原考〕广本、阁本"植"作"直"。

〔新考〕国图本作"张守直"。同书卷五五二嘉靖四十四年十一月甲辰条第三页下载："改总督仓场、督理西苑农事、户部右侍郎张守直为工部右侍郎，管理西内工程。"《国朝列卿纪》卷三八《户部总储尚书侍郎年表》第六〇六页上亦作"张守直"，其注文曰："顺天遵化人，嘉靖甲辰进士。四十四年以右侍郎任。改工部。"查《登科录》第五三八二页、《贡举考》卷七第四六〇页上、《碑录索引》第二五三〇页，皆作"张守直"。馆本"植"当作"直"。

页三下行一一　　刑守廷

〔原考〕旧校改作"邢守庭"。

〔新考〕国图本作"邢守庭",是。详参卷五二八页三下行三"邢守廷"条之辨析。

页四上行九　　李荫

〔原考〕广本、阁本"荫"作"印",次行同。

〔新考〕国图本作"李印"。同书卷五四三嘉靖四十四年二月庚寅条第五页下载:"命分守宣府中路左参将、署都指挥佥事李印充副总兵,分守延绥、定边等处。"《五边典则》卷一八第四五九页上、康熙《延绥镇志》卷三之二《官师志》之"西协定边副总兵"一目第三四四页上、《明通鉴》卷六三第一七七七页皆载延绥副总兵名"李印"。馆本"荫"当作"印"。

页五上行八　　甄霈

〔原考〕阁本"霈"作"沛"。

〔新考〕国图本仅存"甄"字。同书卷五一五嘉靖四十一年十一月乙未条第四页上载:"选授……推官刘世昌、冯成能、甄沛……俱为给事中……沛俱南科。"《明穆宗实录》卷四隆庆元年二月癸卯条第一三页下载:"升……南京工科给事中甄沛为左参议……沛,江西。"雍正《江西通志》卷四七《秩官》之"已上俱左参议"一目第五三四页下载有"甄沛",其注文曰:"鱼台人,进士。"查《登科录》第三六页下、《贡举考》卷七第四八九页上、《碑录索引》第二五四四页,也皆作"甄沛"。且据《登科录》知甄沛"兄溥"等名之皆从水。馆本"霈"当作"沛"。

卷五五七考证

页五下行九　　左佥都御史

〔原考〕广本、阁本"左"作"右"。

〔新考〕国图本作"右佥都御史"。同书卷四九七嘉靖四十年闰五月癸巳条第一页下载："升……巡抚山西、原任南京太仆寺少卿戴才为都察院右佥都御史,巡抚甘肃。"《国朝列卿纪》卷一三〇《甘肃巡抚尚书侍郎都御史年表》第一八六页上亦载戴才"(嘉靖)四十年以右佥都御史任。升巡抚陕西右副都御史"。此外,《国朝献征录》卷四二戴才墓志铭第二六一页上载其"服除,升都察院右佥都御史,巡抚甘肃……而公亦以积劳晋副都御史,巡抚陕西"。馆本"左"当作"右"。

页六上行一二　　户部左给事中

〔原考〕旧校改"部"作"科"。

〔新考〕国图本作"户科左给事中"。然同书卷五三六嘉靖四十三年七月壬戌条第七页载"升……吏科右给事中张宪臣俱为左给事中……宪臣刑科"。《掖垣人鉴》卷一四第三一六页下亦载张宪臣"(嘉靖)四十三年升吏科右、刑科左。四十五年升户科都"。馆本"户部左给事中"当作"刑科左给事中"。

卷五五八考证

页三上行九　　王疑

〔原考〕三本"疑"作"凝"。

〔新考〕国图本作"王凝"。《国朝列卿纪》卷一四七《光禄寺少卿年表》第二九五页上亦作"王凝",其注文曰:"湖广宜城人,嘉靖丙辰进士。四十五年由制勅房礼部郎中升光禄少卿。"《登科录》第一八页上、《贡举考》卷七第四八二页下、《碑录索引》第二五四〇页皆作"王凝"。且据《登科录》知王凝"兄冲"等名之均从仌。国图本是。

页五上行七　　杨朴

〔原考〕旧校改"朴"作"博"。

〔新考〕国图本作"杨博",是。详参卷三二〇页三上行一〇"杨溥"条之辨析。

卷五五九考证

页四下行二　　苏镇

〔原考〕旧校改"苏"作"蓟"。

〔新考〕国图本、《世经堂集》卷三《答戎政官说防秋谕》第四一七页上徐阶原奏均作"蓟镇",是。

卷五六〇考证

页一上行十　　八犯非时

〔原考〕旧校改"八"作"入"。

〔新考〕国图本作"入犯非时"。《名山藏》卷二八《典谟记》第一五六页上作"虏入必难得志"。《明通鉴》卷六三第一七八四页作"非时入犯"。旧校是。

页三下行一二　　又虏已深

〔原考〕旧校改"又"作"度"。

〔新考〕国图本、《五边典则》卷一八第四五九页上均作"度虏已深",是。

353

卷五六一考证

页二上行三　　吴百朋

〔新考〕国图本作"吴百朋",误。当作"吴伯朋"。详参卷三八一页五下行五"吴百朋"条之辨析。

页三上行一一　　李亚亢

〔原考〕三本"亢"作"元"。

〔新考〕国图本作"李亚亢"。《杨襄毅公本兵疏议》卷一九《覆两广提督侍郎吴桂芳等剿平河源山寇疏》第五六六页下、《名山藏》卷二八《典谟记》第一五五页下、《国榷》卷六四第四〇二九页皆载广东山贼名"李亚元"。馆本"亢"似宜作"元"。

页三下行五　　张子松

〔原考〕广本"松"作"化",阁本作"弘"。

〔新考〕国图本作"张子弘"。同书卷四八九嘉靖三十九年十月辛亥条第六页下载广东"副使张子弘"。雍正《广东通志》卷二七《按察司副使》第一〇二页下亦作"张子弘",其注文曰:"江西庐陵人,进士。三十八年任。"此外,《贡举考》卷七嘉靖二十三年秦鸣雷榜第四五八页上载有"张子弘",其籍贯即"江西庐陵县"。查《登科录》第五二八八页、《碑录索引》第二五二八页,皆作"张子弘"。国图本是。

卷五六二考证

页五下行四　　户科给事中

〔原考〕广本"科"下有"都"字。

〔新考〕引文位置当为"页六上行四"。国图本仅存"事中张宪臣"五字。同书卷五五七嘉靖四十五年四月戊子条第六页载:"升户部(科)左给事中张宪臣、吏科左给事中赵格俱为都给事中……宪臣、起鸣、士纯俱户科。"《掖垣人鉴》卷一四第三一六页下也载张宪臣"(嘉靖)四十五年升户科都"。张宪臣此时当为"户科都给事中"。广本是。

卷五六三考证

页二下行八　　韩居恩

〔原考〕三本"居"作"君"。

〔新考〕国图本作"韩君恩"。同书卷五〇一嘉靖四十年九月壬子条第一一页下载:"选授……推官韩君恩……俱试监察御史,君恩 陕西道。"《明穆宗实录》卷一六隆庆二年正月戊辰条第六页上载:"升……陕西道御史韩君恩……俱按察司副使……君恩浙江。"此外,《万姓统谱》卷二四第四一八页下载韩君恩"字符宠,□水人,嘉靖丙辰进士。授推官,升御史,历浙江按察副使。"查《登科录》第七七页下、《贡举考卷七》第四八五页下、万历《山西通志》卷二三《国朝进士》第七二二页、《碑录索引》第二五四二页,皆作"韩君恩"。且据《登科录》知韩君恩兄弟以"君"字排行。馆本"居"当作"君"。《皇明驭倭录》卷八第一八〇页上载《实录》事,也作"韩君恩",可为辅证。

页四上行六　　大理寺

〔原考〕广本、阁本作"太仆寺"。

〔新考〕国图本作"太仆寺"。同书卷五四六嘉靖四十四年五月癸亥条第九页下至第一〇页上载:"改南京太仆寺卿李敏为太常(仆)卿。"《国朝列卿纪》卷一五〇《太仆寺卿行实》第三一〇页下亦载李敏"嘉靖四十四年由南京太仆寺卿改任(太仆寺卿)。四十五年升顺天府尹"。国图本是。

页四下行八　　王庭

〔新考〕国图本作"王廷"。同卷第一页下载："升户部左侍郎王廷为南京礼部尚书。"《国朝列卿纪》卷七二《都察院左右都御史年表》第三七七页下亦作"王廷",其注文曰："四川南充人,嘉靖壬辰进士。历南京礼部尚书。四十五年改左部御史。"查《登科录》第一一页上、《贡举考》卷六第四三三页上、《碑录索引》第二五一七页,皆作"王廷"。国图本是。

页六上行六　　姜廷瑶

〔原考〕广本"瑶"作"珧",下同。

〔新考〕国图本仅存"珧"字。乾隆《掖县志》卷三《选举》第三七九页上作"姜廷珧",列于"丙辰诸大缓榜"一目下,其注文曰："字国信。初授兵部主事。历郎中。累官山西布政司参议。"《登科录》第二四页下、《杨襄毅公本兵疏议》卷一八《会议疏浚京城河渠疏》第五四六页下、《贡举考》卷七第四八二页下、万历《山西通志》卷一二《左参议》第二四二页、《碑录索引》第二五四〇页皆作"姜廷珧"。馆本"瑶"应作"珧"。

卷五六四考证

页七下行一二　　马思臧

〔原考〕抱本、阁本"臧"作"臧",是也。

〔新考〕国图本作"马斯臧"。同书卷四〇六嘉靖三十三年正月甲子条第五页下至第六页上载"选授……知县于业、尹庭、马斯臧……为试监察御史……斯臧广东道",卷四八一嘉靖三十九年二月壬寅条第一页上载"升山东道御史马斯臧为顺天府丞"。《国朝列卿纪》卷一四〇《顺天府府丞年表》第二五八页下亦作"马斯臧",其注文曰："河南钧州人,嘉靖庚戌进士。三十九年任。"查《登科录》第五八页下、嘉靖《河南通志》卷一七《科目》第二六七页下、《贡举考》卷七第四七一页下、《碑录索引》第二五三五页,皆作"马斯臧"。国图本是。《国朝典汇》卷四一举劾第二〇五页上载《实录》事,也作"马斯臧",可为辅证。

卷五六五考证

页一下行七　　姜廷瑶

〔原考〕广本、抱本"瑶"作"珛"。

〔新考〕国图本作"姜廷珛",是。详参卷五六三页六上行六"姜廷瑶"条之辨析。

页二上行八　　右副都御史

〔新考〕国图本"右"字模糊。同书卷五五五嘉靖四十五年二月第九页载:"升……都察院右佥都御史王本固为左副都御史。"《国朝列卿纪》卷七六《都察院左右副都御史年表》第四四二页下亦载王本固"(嘉靖)四十五年任左副都御史"。《国朝献征录》卷二七《南京吏部尚书王公本固传》第四〇四页上也载王本固"晋南京都察院右佥都御史……寻移北。晋左副都御史"。馆本"右"当作"左"。

页二上行九　　吏部左侍郎

〔新考〕国图本作"刑部左侍郎"。同书卷五六六嘉靖四十五年十二月戊戌条第三页上载:"改刑部左侍郎王本固为兵部左侍郎,协理京营戎政。"《国朝列卿纪》卷七六《都察院左右副都御史年表》第四四二页下亦载王本固"(嘉靖)四十五年任左副都御史。本年升刑部左侍郎"。此外,《国朝献征录》卷二七《南京吏部尚书王公本固传》第四〇四页上也载王本固"晋南京都察院右佥都御史……寻移北。晋左副都御史。历刑、兵左侍郎,协理营务。隆庆初,改吏部"。王本固此时当为"刑部左侍郎"。国图本是。

页二下行九　　供乃私运

〔新考〕国图本、《世庙识余录》卷二六第六七八页上、《国朝典汇》卷三二《辅臣考》第八三八页上均作"拱乃私运",是。

页三下行五　　右都御史

〔原考〕广本、阁本"右"作"左"。

〔新考〕国图本作"左都御史"。同书卷五六三嘉靖四十五年十月庚辰条第四页下载:"改南京礼部尚书王庭(廷)为都察院左都御史。"《国朝列卿纪》卷七二《都察院左右都御史年表》第三七七页下亦载王廷"嘉靖历南京礼部尚书。四十五年改左部御史"。国图本是。

卷五六六考证

页二下行一一　　右侍郎

〔原考〕广本、阁本"右"作"左"。

〔新考〕国图本缺载。同书卷五五二嘉靖四十四年十一月甲辰条第三页下载"改总督仓场、督理西苑农事、户部右侍郎张守直为工部右侍郎,管理西内工程",卷五五六嘉靖四十五年三月丁未条第三页上载"升工部右侍郎张守植(直)为本部左侍郎"。《国朝列卿纪》卷六五《工部左右侍郎年表》第三一五页上亦载张守直"(嘉靖)四十四年由户部改右。四十五年左"。馆本"右"当作"左"。

页三上行一一　　方繁

〔原考〕广本"繁"作"蘩"。

〔新考〕国图本缺载。同书卷三三六嘉靖二十七年五月己亥条第四页下载:"黜中书舍人方芷为民。芷,大学士方献夫侄也,以献夫荫为中书舍人。比献夫殁,二子蘩、蕖方幼,芷代为行丧。"光绪《广州府志》卷五六《选举表》第二页上亦作"方蘂",其注文曰:"以父献夫荫尚宝卿。"由上文,知方蘂兄弟之名均从艹。馆本"蘩"宜作"蘂"。

页四上行一　　皇子裕至

〔原考〕旧校改"至"作"王"。

〔新考〕国图本缺载。《世经堂集》卷五《拟遗诏》第四三九页上、《世庙识余录》卷二六第六七九页上、《国朝典汇》卷五《遗诏顾命》第三四五页下皆作"皇子裕王",是。

页四上行一一　　用钦未命

〔原考〕旧校改"未"作"末"。

〔新考〕国图本缺载。《世经堂集》卷五《拟遗诏》第四三九页下、《世庙识余录》卷二六第六七九页下、《国朝典汇》卷五《遗诏顾命》第三四六页上皆作"用钦末命",是。

页五下行八　　无不泣于下者

〔原考〕旧校删"于"字。

〔新考〕国图本缺载。《明政统宗》卷二八第八二页下、《两朝宪章录》卷一八第七六三页下、《国朝典汇》卷五《遗诏顾命》第三四六页下均作"无不泣下者",旧校是。

征引古籍

（汉）班固：《汉书》，中华书局1962年版。

（宋）司马光：《资治通鉴》，中华书局2016年版。

（宋）王益之：《西汉年纪》，景印文渊阁四库全书本。

（明）于谦：《忠肃集》，景印文渊阁四库全书本。

（明）李东阳等：《正德明会典》，景印文渊阁四库全书本。

（明）王鏊：《震泽集》，景印文渊阁四库全书本。

（明）杨廷和：《杨文忠三录》，景印文渊阁四库全书本。

（明）《钦明大狱录》，四库未收书辑刊本。

（明）顾清：《东江家藏集》，景印文渊阁四库全书本。

（明）方良永：《方简肃文集》，景印文渊阁四库全书本。

（明）王守仁：《王文成全书》，景印文渊阁四库全书本。

（明）谢纯：《漕运通志》，北京图书馆古籍珍本丛刊本。

（明）胡世宁：《胡端敏奏议》，景印文渊阁四库全书本。

（明）杨一清：《关中奏议》，景印文渊阁四库全书本。

（明）蒋冕：《湘皋集》，四库全书存目丛书本。

（明）王琼：《北虏事迹》，四库全书存目丛书本。

（明）王琼：《晋溪本兵敷奏》，续修四库全书本。

（明）朱豹：《朱福州集》，四库全书存目丛书本。

（明）费宏：《费文宪公摘稿》，续修四库全书本。

（明）毛纪：《鳌峰类稿》，四库全书存目丛书本。

（明）何孟春：《何文简疏议》，景印文渊阁四库全书本。

（明）张孚敬：《太师张文忠公集》，四库全书存目丛书本。

（明）张孚敬：《谕对录》，四库全书存目丛书本。

（明）张孚敬：《东瓯张文忠公奏对稿》，四库全书存目丛书补编本。

（明）郑岳：《山斋文集》，景印文渊阁四库全书本。

（明）《安南奏议》，国朝典故本。

(明)《皇明诏令》,续修四库全书本。
(明)李文凤:《越峤书》,四库全书存目丛书本。
(明)霍韬:《渭厓文集》,四库存目丛书本。
(明)崔铣:《洹词》,景印文渊阁四库全书本。
(明)吕柟:《泾野先生文集》,续修四库全书本。
(明)张邦奇:《张文定公靡悔轩集》,续修四库全书本。
(明)毛伯温:《毛襄懋先生文集》,四库全书存目丛书本。
(明)罗虞臣:《罗司勋文集》,四库全书存目丛书本。
(明)唐龙:《渔石集》,四库全书存目丛书本。
(明)张雨:《边政考》,续修四库全书本。
(明)廖道南:《殿阁词林记》,景印文渊阁四库全书本。
(明)廖道南:《楚纪》,四库全书存目丛书本。
(明)吏部清吏司:《明功臣袭封底簿》,明代传记丛刊本。
(明)杨本仁:《少室山人集》,续修四库全书本。
(明)王立道:《具茨集》,景印文渊阁四库全书本。
(明)夏言:《桂洲文集》,四库全书存目丛书本。
(明)夏言:《南宫奏稿》,景印文渊阁四库全书本。
(明)黄训:《名臣经济录》,景印文渊阁四库全书本。
(明)杨爵:《杨忠介集》,景印文渊阁四库全书本。
(明)张瀚:《台省疏稿》,续修四库全书本。
(明)陆粲:《陆子余集》,景印文渊阁四库全书本。
(明)刘玉:《执斋先生文集》,续修四库全书本。
(明)张岳:《小山类稿》,景印文渊阁四库全书本。
(明)杨继盛:《杨忠愍公集》,景印文渊阁四库全书本。
(明)薛应旂:《方山先生文录》,四库全书存目丛书本。
(明)万表:《皇明经济文录》,四库禁毁书丛刊本。
(明)李默、黄养蒙:《吏部职掌》,四库全书存目丛书本。
(明)高岱:《鸿猷录》,续修四库全书本。
(明)吴仲:《通惠河志》,续修四库全书本。

(明)程文德:《程文恭公遗稿》,四库全书存目丛书本。

(明)胡缵宗:《鸟鼠山人小集》,四库全书存目丛书本。

(明)唐顺之:《荆川集》,四部丛刊初编本。

(明)林希元:《同安林次厓先生文集》,四库全书存目丛书本。

(明)胡宗宪:《筹海图编》,景印文渊阁四库全书本。

(明)黄佐:《翰林记》,景印文渊阁四库全书本。

(明)黄佐:《南雍志》,续修四库全书本。

(明)郑晓:《吾学编》,续修四库全书本。

(明)郑晓:《郑端简公奏议》,续修四库全书本。

(明)严嵩:《钤山堂集》,续修四库全书本。

(明)严嵩:《南宫奏议》,续修四库全书本。

(明)田汝成:《田叔禾小集》,四库全书存目丛书本。

(明)郑若曾:《江南经略》,景印文渊阁四库全书本。

(明)杨博:《杨襄毅公本兵疏议》,续修四库全书本。

(明)谭纶:《谭襄敏奏议》,景印文渊阁四库全书本。

(明)刘隅:《范东文集》,续修四库全书本。

(明)《嘉靖倭乱备抄》,续修四库全书本。

(明)高拱:《高文襄公集》,四库全书存目丛书本。

(明)涂山:《明政统宗》,四库禁毁书丛刊本。

(明)雷礼:《皇明大政纪》,续修四库全书本。

(明)雷礼:《国朝列卿纪》,续修四库全书本。

(明)雷礼:《南京太仆寺志》,四库全书存目丛书本。

(明)项笃寿:《今献备遗》,景印文渊阁四库全书本。

(明)范守己:《皇明肃皇外史》,四库全书存目丛书本。

(明)徐阶:《世经堂集》,四库全书存目丛书本。

(明)张内蕴、周大韶:《三吴水考》,景印文渊阁四库全书本。

(明)严从简:《殊域周咨录》,续修四库全书本。

(明)孙旬:《皇明疏钞》,续修四库全书本。

(明)申时行等:《万历大明会典》,中华书局1989年版。

(明)贾三近:《皇明两朝疏抄》,续修四库全书本。

(明)陶承庆:《大明一统文武诸司衙门官制》,四库全书存目丛书本。

(明)黄光升:《昭代典则》,续修四库全书本。

(明)范钦:《嘉靖事例》,北京图书馆古籍珍本丛刊本。

(明)项笃寿:《小司马奏草》,续修四库全书本。

(明)萧彦:《掖垣人鉴》,四库全书存目丛书本。

(明)张朝瑞:《皇明贡举考》,续修四库全书本。

(明)黄凤翔:《嘉靖大政类编》,续修四库全书本。

(明)罗曰褧:《咸宾录》,续修四库全书本。

(明)王世贞:《弇山堂别集》,中华书局1985年版。

(明)王世贞:《弇山堂别集》,景印文渊阁四库全书本。

(明)余继登:《典故纪闻》,元明史料笔记丛刊本。

(明)潘季驯:《潘司空奏疏》,景印文渊阁四库全书本。

(明)董棻:《董学士泌园集》,四库全书存目丛书本。

(明)徐学谟:《世庙识余录》,续修四库全书本。

(明)吴瑞登:《两朝宪章录》,四库全书存目丛书本。

(明)张学颜:《万历会计录》,续修四库全书本。

(明)张卤:《皇明嘉隆疏抄》,续修四库全书本。

(明)凌迪知:《万姓统谱》,景印文渊阁四库全书本。

(明)焦竑:《国朝献征录》,续修四库全书本。

(明)王同轨:《耳谈类增》,续修四库全书本。

(明)焦竑:《熙朝名臣实录》,四库全书存目丛书本。

(明)焦竑:《玉堂丛语》,元明史料笔记丛刊本。

(明)王圻:《续文献通考》,续修四库全书本。

(明)朱吾弼:《皇明留台奏议》,续修四库全书本。

(明)王兆云:《皇明词林人物考》,续修四库全书本。

(明)沈德符:《万历野获编》,元明史料笔记丛刊本。

(明)俞汝为:《荒政要览》,续修四库全书本。

(明)郑汝璧:《皇明功臣封爵考》,四库全书存目丛书本。

(明)章潢:《图书编》,景印文渊阁四库全书本。

(明)郭正域:《皇明典礼志》,续修四库全书本。

(明)瞿九思:《万历武功录》,续修四库全书本。

(明)魏浚:《西事珥》,四库全书存目丛书本。

(明)朱勤美:《王国典礼》,续修四库全书本。

(明)王士琦:《三云筹俎考》,续修四库全书本。

(明)陈建、沈国元:《皇明从信录》,续修四库全书本。

(明)郭良翰:《明谥纪汇编》,景印文渊阁四库全书本。

(明)鲍应鳌:《明臣谥考》,景印文渊阁四库全书本。

(明)俞汝楫:《礼部志稿》,景印文渊阁四库全书本。

(明)张凝道:《皇明三元考》,四库全书存目丛书本。

(明)朱国祯:《涌幢小品》,续修四库全书本。

(明)王士骐:《皇明驭倭录》,四库全书存目丛书本。

(明)何乔远:《闽书》,四库全书存目丛书本。

(明)何乔远:《名山藏》,续修四库全书本。

(明)过庭训:《本朝分省人物考》,续修四库全书本。

(明)茅瑞征:《皇明象胥录》,四库禁毁书丛刊本。

(明)施沛:《南京都察院志》,四库全书存目丛书补编本。

(明)徐学聚:《国朝典汇》,四库全书存目丛书本。

(明)徐象梅:《两浙名贤录》,四库全书存目丛书本。

(明)张萱:《西园闻见录》,续修四库全书本。

(明)《太常续考》,景印文渊阁四库全书本。

(明)张鼐:《宝日堂初集》,四库禁毁书丛刊本。

(明)顾元镜:《九华志》,四库全书存目丛书本。

(明)孔贞运:《皇明诏制》,续修四库全书本。

(明)徐日久:《五边典则》,四库禁毁书丛刊本。

(明)徐日久:《鸮言》,四库禁毁书丛刊本。

(明)徐昌治:《昭代芳摹》,四库禁毁书丛刊本。

(明)唐鹤征:《皇明辅世编》,续修四库全书本。

(明)张龙翼:《兵机类纂》,四库全书存目丛书本。
(明)汪砢玉:《古今盐略》,北京图书馆古籍珍本丛刊本。
《明太祖实录》,台湾"中研院"史语所1962年校印本。
《明太宗实录》,台湾"中研院"史语所1962年校印本。
《明仁宗实录》,台湾"中研院"史语所1962年校印本。
《明宣宗实录》,台湾"中研院"史语所1962年校印本。
《明英宗实录》,台湾"中研院"史语所1962年校印本。
《明宪宗实录》,台湾"中研院"史语所1962年校印本。
《明孝宗实录》,台湾"中研院"史语所1962年校印本。
《明武宗实录》,台湾"中研院"史语所1962年校印本。
《明世宗实录》,台湾"中研院"史语所1962年校印本。
《明世宗实录》,国家图书馆藏本。
《明穆宗实录》,台湾"中研院"史语所1962年校印本。
《明神宗实录》,台湾"中研院"史语所1962年校印本。
《明光宗实录》,台湾"中研院"史语所1962年校印本。
《明熹宗实录》,台湾"中研院"史语所1962年校印本。
《崇祯长编》,台湾"中研院"史语所1962年校印本。
《成化十四年进士登科录》,宁波出版社2006年版。
《成化二十年进士登科录》,宁波出版社2006年版。
《成化二十三年进士登科录》,宁波出版社2006年版。
《弘治三年进士登科录》,宁波出版社2006年版。
《弘治六年进士登科录》,宁波出版社2006年版。
《弘治九年进士登科录》,明代进士登科录汇编本。
《弘治十二年进士登科录》,上海图书馆藏本。
《弘治十五年进士登科录》,宁波出版社2006年版。
《弘治十八年进士登科录》,明代进士登科录汇编本。
《正德三年进士登科录》,国家图书馆藏本。
《正德六年进士登科录》,宁波出版社2006年版。
《正德十二年进士登科录》,宁波出版社2006年版。

《正德十六年进士登科录》,明代进士登科录汇编本。

《嘉靖二年进士登科录》,宁波出版社2006年版。

《嘉靖八年进士登科录》,宁波出版社2006年版。

《嘉靖十一年进士登科录》,宁波出版社2006年版。

《嘉靖十四年进士登科录》,宁波出版社2006年版。

《嘉靖十七年进士登科录》,明代进士登科录汇编本。

《嘉靖二十年进士登科录》,宁波出版社2006年版。

《嘉靖二十三年进士登科录》,明代进士登科录汇编本。

《嘉靖二十六年进士登科录》,宁波出版社2006年版。

《嘉靖二十九年进士登科录》,宁波出版社2006年版。

《嘉靖三十二年进士登科录》,宁波出版社2006年版。

《嘉靖三十五年进士登科录》,宁波出版社2006年版。

《嘉靖三十八年进士登科录》,宁波出版社2006年版。

《嘉靖四十一年进士登科录》,宁波出版社2006年版。

《嘉靖四十四年进士登科录》,宁波出版社2006年版。

(清)陈子龙:《皇明经世文编》,中华书局1962年版。

(清)张国维:《吴中水利全书》,景印文渊阁四库全书本。

(清)谈迁:《国榷》,中华书局1958年版。

(清)张岱:《石匮书》,续修四库全书本。

(清)张夏:《雒闽源流录》,续修四库全书本。

(清)黄虞稷:《千顷堂书目》,上海古籍出版社2001年版。

(清)顾祖禹:《读史方舆纪要》,中华书局2005年版。

(清)汪森:《粤西文载》《丛载》,景印文渊阁四库全书本。

(清)傅泽洪:《行水金鉴》,景印文渊阁四库全书本。

(清)张廷玉:《明史》,中华书局1974年本。

(清)莽鹄立等:《山东盐法志》,四库未收书辑刊本。

(清)李清馥:《闽中理学渊源考》,景印文渊阁四库全书本。

(清)《钦定续文献通考》,景印文渊阁四库全书本。

(清)蒋兆奎:《河东盐法备览》,四库未收书辑刊本。

(清)夏燮:《明通鉴》,岳麓书社1999年版。
(明)李贤:《明一统志》,景印文渊阁四库全书本。
弘治《贵州图经新志》,四库全书存目丛书本。
弘治《徽州府志》,天一阁藏明代方志选刊本。
正德《姑苏志》,天一阁藏明代方志选刊续编本。
正德《常州府志续集》,四库全书存目丛书本。
正德《永康县志》,天一阁藏明代方志选刊续编本。
正德《袁州府志》,天一阁藏明代方志选刊本。
正德《大同府志》,四库全书存目丛书本。
(明)康海:《武功县志》,景印文渊阁四库全书本。
正德《南康府志》,天一阁藏明代方志选刊本。
嘉靖《湖广图经志书》,日本藏中国罕见地方志丛刊本。
嘉靖《广信府志》,天一阁藏明代方志选刊续编本。
嘉靖《九江府志》,天一阁藏明代方志选刊本。
嘉靖《广西通志》,四库全书存目丛书本。
嘉靖《山东通志》,四库全书存目丛书本。
嘉靖《开州志》,天一阁藏明代方志选刊本。
嘉靖《广东通志初稿》,四库全书存目丛书本。
嘉靖《鄢陵志》,天一阁藏明代方志选刊本。
嘉靖《定远县志》,四库全书存目丛书本。
嘉靖《广德州志》,嘉靖十五年刻本。
嘉靖《赣州府志》,天一阁藏明代方志选刊本。
嘉靖《衡州府志》,天一阁藏明代方志选刊本。
嘉靖《辽东志》,续修四库全书本。
嘉靖《常德府志》,天一阁藏明代方志选刊本。
嘉靖《昆山县志》,天一阁藏明代方志选刊本。
嘉靖《宁夏新志》,续修四库全书本。
嘉靖《太平县志》,天一阁藏明代方志选刊本。
嘉靖《河间府志》,四库全书存目丛书本。

嘉靖《惟扬志》,天一阁藏明代方志选刊本。
(明)魏焕:《皇明九边考》,四库全书存目丛书本。
嘉靖《陕西通志》,三秦出版社2006年版。
嘉靖《惠州府志》,日本藏中国罕见地方志丛刊本。
嘉靖《固始县志》,天一阁藏明代方志选刊本。
嘉靖《永丰县志》,天一阁藏明代方志选刊本。
嘉靖《四川总志》,北京图书馆古籍珍本丛刊本。
嘉靖《兰阳县志》,天一阁藏明代方志选刊本。
嘉靖《池州府志》,天一阁藏明代方志选刊本。
嘉靖《汉阳府志》,天一阁藏明代方志选刊本。
嘉靖《潮州府志》,日本藏中国罕见地方志丛刊本。
嘉靖《霸州志》,天一阁藏明代方志选刊本。
嘉靖《嘉兴府图记》,四库全书存目丛书本。
嘉靖《仁和县志》,四库全书存目丛书本。
嘉靖《广平府志》,天一阁藏明代方志选刊本。
嘉靖《耀州志》,天一阁藏明代方志选刊续编本。
嘉靖《商城县志》,天一阁藏明代方志选刊续编本。
嘉靖《江西通志》,四库全书存目丛书本。
嘉靖《安庆府志》,嘉靖三十三年刻本。
嘉靖《贵州通志》,天一阁藏明代方志选刊续编本。
嘉靖《河南通志》,国家图书馆本。
嘉靖《惠州府志》,天一阁藏明代方志选刊本。
(明)田汝成:《西湖游览志》,景印文渊阁四库全书本。
嘉靖《浙江通志》,天一阁藏明代方志选刊续编本。
嘉靖《宁波府志》,嘉靖三十九年(1560)刻本。
嘉靖《宣府镇志》,嘉靖四十年(1561)刻本。
嘉靖《吴江县志》,嘉靖四十年,学生书局本。
嘉靖《丰乘》,天一阁藏明代方志选刊续编本。
嘉靖《青州府志》,天一阁藏明代方志选刊本。

嘉靖《徽州府志》,北京图书馆古籍珍本丛刊本。
隆庆《赵州志》,天一阁藏明代方志选刊本。
隆庆《仪真县志》,天一阁藏明代方志选刊本。
隆庆《岳州府志》,天一阁藏明代方志选刊本。
隆庆《长洲县志》,天一阁藏明代方志选刊续编本。
隆庆《永州府志》,四库全书存目丛书本。
隆庆《临江府志》,天一阁藏明代方志选刊本。
万历《淮安府志》,天一阁藏明代方志选刊续编本。
万历《兖州府志》,天一阁藏明代方志选刊续编本。
万历《会稽县志》,天一阁藏明代方志选刊续编本。
(明)刘效祖:《四镇三关志》,四库禁毁书丛刊本。
万历《湖州府志》,四库全书存目丛书本。
万历《郴州志》,天一阁藏明代方志选刊本。
万历《应天府志》,四库全书存目丛书本。
万历《金华府志》,四库全书存目丛书本。
万历《湖广总志》,四库全书存目丛书本。
万历《杭州府志》,万历七年(1579)刻本。
万历《四川总志》,四库全书存目丛书本。
万历《吉安府志》,日本藏中国罕见地方志丛刊本。
万历《开封府志》,四库全书存目丛书补编本。
万历《绍兴府志》,四库全书存目丛书本。
万历《新修南昌府志》,日本藏中国罕见地方志丛刊本。
万历《通州志》,天一阁藏明代方志选刊本。
万历《顺天府志》,四库全书存目丛书本。
万历《福州府志》,日本藏中国罕见地方志丛刊本。
万历《广西通志》,学生书局本。
万历《贵州通志》,日本藏中国罕见地方志丛刊本。
万历《粤大记》,日本藏中国罕见地方志丛刊本。
万历《扬州府志》,北京图书馆古籍珍本丛刊本。

万历《承天府志》,日本藏中国罕见地方志丛刊本。
万历《广东通志》,四库全书存目丛书本。
万历《保定府志》,国家图书馆本。
万历《重修泉州府志》,学生书局本。
万历《龙游县志》,万历四十年(1612)刻本。
万历《续修严州府志》,日本藏中国罕见地方志丛刊本。
万历《河间府志》,稀见中国地方志汇刊本。
万历《山西通志》,中华书局2012年版。
(明)许论:《九边图论》,四库禁毁书丛刊本。
天启《海盐县图经》,四库全书存目丛书本。
(明)何三畏:《云间志略》,学生书局本。
天启《慈溪县志》,天启四年刻本。
崇祯《平湖县志》,天一阁藏明代方志选刊续编本。
崇祯《吴县志》,天一阁藏明代方志选刊续编本。
(明)曹学佺:《广西名胜志》,续修四库全书本。
康熙《延绥镇志》,四库全书存目丛书本。
康熙《德清县志》,清康熙十二年(1673)抄本。
康熙《滁州志》,清康熙二十三年(1684)刻本。
康熙《上蔡县志》,清康熙二十九年(1690)刻本。
雍正《昭文县志》,清雍正九年(1731)刻本。
雍正《广东通志》,景印文渊阁四库全书本。
雍正《江西通志》,景印文渊阁四库全书本。
雍正《湖广通志》,景印文渊阁四库全书本。
雍正《广西通志》,景印文渊阁四库全书本。
雍正《四川通志》,景印文渊阁四库全书本。
雍正《山西通志》,景印文渊阁四库全书本。
雍正《陕西通志》,景印文渊阁四库全书本。
雍正《浙江通志》,景印文渊阁四库全书本。
雍正《畿辅通志》,景印文渊阁四库全书本。

雍正《河南通志》,景印文渊阁四库全书本。

雍正《山东通志》,景印文渊阁四库全书本。

雍正《贵州通志》,景印文渊阁四库全书本。

乾隆《甘肃通志》,景印文渊阁四库全书本。

乾隆《江南通志》,景印文渊阁四库全书本。

乾隆《云南通志》,景印文渊阁四库全书本。

乾隆《福建通志》,景印文渊阁四库全书本。

乾隆《江都县志》,清乾隆八年(1743)刻本。

乾隆《福清县志》,清乾隆十二年(1747)刻本。

乾隆《镇江府志》,清乾隆十五年(1750)刻本

乾隆《掖县志》,清乾隆二十三年(1758)刻本。

乾隆《宁德县志》,清乾隆四十六年(1781)刻本。

(清)英廉等:《钦定日下旧闻考》,景印文渊阁四库全书本。

乾隆《大清一统志》,景印文渊阁四库全书本。

乾隆《鄞县志》,续修四库全书本。

嘉庆《直隶太仓州志》,续修四库全书本。

嘉庆《庐州府志》,清嘉庆八年(1803)刻本。

嘉庆《海州直隶州志》,清嘉庆十三年(1808)刻本。

嘉庆《重修扬州府志》,清嘉庆十五年(1810)刻本。

嘉庆《海州直隶州志》,清嘉庆十六年(1811)刻本。

嘉庆《常德府志》,清嘉庆十八年(1813)刻本。

嘉庆《松江府志》,嘉庆二十二年(1817)刻本。

道光《广东通志》,续修四库全书本。

道光《济南府志》,清道光二十年(1840)刻本。

道光《宝庆府志》,清道光二十九年(1849)刻本。

咸丰《青州府志》,清咸丰九年(1859)刻本。

同治《安义县志》,清同知十年(1871)刻本。

同治《茶陵州志》,清同治十年(1871)刻本。

同治《上海县志》,清同治十一年(1872)刻本。

同治《南昌府志》,清同知十二年(1873)刻本。
同治《万安县志》,清同知十二年(1873)刻本。
同治《祁门县志》,清同治十二年(1873)刻本。
同治《苏州府志》,清同治十三年(1874)刻本。
光绪《清河县志》,清光绪二年(1876)刻本。
光绪《重修安徽通志》,续修四库全书本。
光绪《广州府志》,清光绪五年(1879)刻本。
光绪《江西通志》,续修四库全书本。
光绪《保定府志》,清光绪七年(1881)刻本。
光绪《归安县志》,清光绪八年(1882)刻本。
光绪《严州府志》,清光绪九年(1883)刻本。
光绪《湖南通志》,续修四库全书本。
光绪《慈溪县志》,清光绪二十三年(1897)刻本。
民国《南安县志》,民国四年(1915)铅印本。
民国《长乐县志》,民国七年(1918)铅印本。
民国《东莞县志》,民国十年(1921)刻本。
民国《杭州府志》,民国十一年(1922)铅印本。
民国《灵宝县志》,民国二十四年(1935)铅印本。

参考及引用今人著作

朱保炯、谢沛霖:《明清进士题名碑录索引》,上海古籍出版社 1979 年版。

黄云眉:《明史考证》,中华书局 1980 年版。

林延清:《嘉靖皇帝大传》,辽宁教育出版社 1993 年版。

田澍:《嘉靖革新研究》,中国社会科学出版社 2002 年版。

张显清、林金树等:《明代政治史》,广西师范大学出版社 2003 年版。

胡凡:《嘉靖传》,人民出版社 2004 年版。

郭培贵:《明史选举志考论》,中华书局 2006 年版。

赵克生:《明朝嘉靖时期国家祭礼改制》,社会科学文献出版社 2006 年版。

尤淑君:《名分礼秩与皇权重塑:大礼议与嘉靖政治文化》,政治大学史学丛书本。

南炳文:《明清考史录》,人民出版社 2013 年版。

谢贵安:《明实录研究》,上海古籍出版社 2013 年版。

郭培贵:《明实录载会试录取数及殿试赐进士数考误》,《文史》2016 年第一期。

牛明铎:《明实录人名考误九则》,《殷都学刊》2016 年第三期。

王志跃:《明世宗实录官职考误》,《殷都学刊》2016 年第三期。

张丽敏:《明实录功臣卒时记载研究》,《文史》2016 年第四期。

展龙:《明清史料考论》,科学出版社 2018 年版。